Amor e ódio

YVONNE A. PEREIRA

AMOR E ÓDIO

Pelo Espírito
CHARLES

FEB

Copyright © 1956 *by*
FEDERAÇÃO ESPÍRITA BRASILEIRA – FEB

16ª edição – 10ª impressão – 1 mil exemplares – 1/2025

ISBN 978-85-7328-775-2

Todos os direitos reservados. Nenhuma parte desta publicação pode ser reproduzida, armazenada ou transmitida, total ou parcialmente, por quaisquer métodos ou processos, sem autorização do detentor do *copyright*.

FEDERAÇÃO ESPÍRITA BRASILEIRA – FEB
SGAN 603 – Conjunto F – Avenida L2 Norte
70830-106 – Brasília (DF) – Brasil
www.febeditora.com.br
editorial@febnet.org.br
+55 61 2101 6161

MISTO
Papel | Apoiando o manejo florestal responsável
FSC
www.fsc.org
FSC® C148257

Pedidos de livros à FEB
Comercial
Tel.: (61) 2101 6161 – comercial@febnet.org.br

Adquirindo esta obra, você está colaborando com as ações de assistência e promoção social da FEB e com o Movimento Espírita na divulgação do Evangelho de Jesus à luz do Espiritismo.

Dados Internacionais de Catalogação na Publicação (CIP)
(Federação Espírita Brasileira – Biblioteca de Obras Raras)

C475a   Charles (Espírito)

Amor e ódio / pelo Espírito Charles; [psicografado por] Yvonne do Amaral Pereira. – 16. ed. – 10. imp. – Brasília: FEB, 2025.

416 p.; 23 cm – (Coleção Yvonne A. Pereira)

ISBN 978-85-7328-775-2

1. Romance espírita. 2. Espiritismo. 3. Obras psicografadas. I. Pereira, Yvonne do Amaral, 1900–1984. II. Federação Espírita Brasileira. III. Título. IV. Coleção.

CDD 133.93
CDU 133.7
CDE 80.02.00

Sumário

In Limine   7

Primeira Parte:

1	11
2	21
3	31
4	43
5	55
6	69
7	83
8	95

Segunda Parte:
O acidente   105

1	107
2	119
3	147
4	163
5	173

TERCEIRA PARTE:
CONSOLADOR 195
1 197
2 211
3 223
4 241
5 251
6 271
7 277
8 295

QUARTA PARTE:
O PASSADO 305
1 307
2 323
3 341
4 349
5 363

QUINTA PARTE:
O DISCÍPULO DE ALLAN KARDEC 375
1 377
2 389
3 399

Conclusão 409

In Limine

Dedico este livro à Juventude Espírita do Brasil, quando se comemora o centenário de uma aurora de redenção para as sociedades terrenas, isto é — o aparecimento de um manancial de ensinamentos que as dessedentará nas justas aspirações da alma — *O livro dos espíritos,* expoente da Nova Revelação.

Não te oferto — ó mocidade generosa e idealista da terra de Santa Cruz, que te inspiras à sombra do Evangelho, e em cujos ombros repousam vultosas responsabilidades! — obra de mérito, joia literária como esperarias do Além-Túmulo e realmente mereces. Não tendo sido escritor na Terra, senão apenas um facultativo que transitou pelos canais da Medicina na época em que a magna ciência não era abrilhantada com as descobertas e aperfeiçoamentos dos dias atuais — também o não poderia ser na Pátria espiritual, onde, se milito nos arraiais das Belas-Letras, sussurrando aos cérebros mediúnicos ensaios literários, faço-o apenas no desejo de ser útil, valendo-me de temas educativos deparados aqui e além, uma vez no desempenho de sagrados compromissos com uma falange de educadores espirituais destacados para os serviços de reforma individual-social no imenso torrão brasileiro.

Para a presente obra, adaptada ao testamento do Cristo — tais as normas da aludida falange —, preferi valer-me de um tema da vida real, por mais lógico e sugestivo para os fins a que me proponho. Não te oferto, portanto, uma ficção, mas episódio dramático vivido há um século apenas, ao qual eu próprio assisti nas derradeiras etapas da minha última peregrinação terrena. Necessariamente, intercalei o romance nas páginas da realidade, a fim de que o teu coração delicado não se confrangesse demasiadamente, ante a brutaleza dos fatos em si mesmos, convidando-te a fechar o livro antes que sua moral fosse devidamente exposta. Todavia, declaro-te que a Quarta Parte deste volume foi integralmente vazada no aparelho mediúnico tal como a ouvi do próprio narrador; e que esse Gaston, a quem te habituarás a querer no decorrer da leitura, hoje reencarnado em terras do Brasil, poderá até mesmo vir a ler a sua própria história nestas páginas, pois, como tu, é jovem, coração e mente alcandorados pelas alvíssaras da Doutrina dos Espíritos. Conheci-o na França de Luís Filipe. E, conquanto não se tratasse de um titular, como aqui o coloco, mas de inspirado artista do verso e da música, foi, efetivamente, aluno gratuito do professor Rivail, operoso profissional tipográfico, merecendo a confiança do Sr. Victor Hugo para a composição das suas peças. Muitos nomes que ilustraram a literatura francesa da época recebiam de suas mãos os poemas encomendados, bem assim discursos em boa prosa e arrebatadoras canções musicadas, aos quais assinavam e publicavam como se de sua lavra fossem, validando ainda mais, assim, a glória de que se ufanavam, enquanto o verdadeiro autor, paupérrimo, de suas bolsas obtendo a remuneração, apenas era felicitado por sua pobre mãe, a quem adorava, e da qual era o único arrimo! Uma infeliz paixão de amor por certa dama da aristocracia ensejou o drama que motivou estas páginas. Acusado de crimes que não praticou, vítima de represálias odiosas, viu-se relegado a um degredo aviltante pela força imperialista de Napoleão III... e certamente teria sucumbido à pena última não fosse a intervenção generosa de Rivail. No mundo astral, em dia festivo para o Reformatório da Legião dos Servos de Maria, onde tenho a honra de professar ao lado de nobres vultos da Espiritualidade, ele próprio narrou a sua história, precisando detalhes que desconhecíamos, às vésperas de se internar em novas formas carnais, há cerca de vinte anos. Fê-lo por solicitação do grande Hugo, de quem foi inseparável no Além-Túmulo, e por quem até ali fora conduzido em visitação fraterna. Peço-te vênia — Juventude Espírita do Brasil — para alterar, em teu benefício, o epílogo deste drama. Não perderás com isso... e, quanto a mim, assim agindo, estarei certo de que, terminada sua leitura, fecharás o livro com um sorriso amável para este amigo que, no Espaço, assumiu grandes compromissos para contigo...

CHARLES
Rio de Janeiro, 1957.

Primeira Parte

Um certo homem tinha dois filhos. O mais moço deles disse ao pai: Pai, dá-me a parte da fazenda que me pertence. E o pai lhe repartiu a fazenda. E, poucos dias depois, o filho mais novo, ajuntando tudo, partiu para uma terra longínqua, e ali desperdiçou sua fazenda, vivendo dissolutamente.

(Jesus Cristo – Parábola do Filho Pródigo – *Lucas*, 15:11 a 13).

1

Gaston de Saint-Pierre!

Em Paris, nos salões aristocráticos que a nobreza do tempo de Luís Filipe[1] engalanava com a elegância e o bom gosto cuja fama se estenderia à posteridade com fulgores inesquecidos — esse nome ressoava como símbolo de gentilezas e esplendor!

Gaston de Saint-Pierre!

Que gentil-homem mais cortejado do que esse a quem chamavam "o divino Apolo",[2] na França de Luís Filipe? Que cavalheiro de mais elevada distinção ou mais completos dotes intelectuais?... Oh! e que mais perfeita formosura do que a do seu porte másculo de mancebo, que aos 20 anos se via rogado a posar para pincéis de renome, como tipo impecável para traduzir a perfeição imortal do Apolo de Belvedere?...[3]

Gaston d'Arbeville, marquês de Saint-Pierre, ídolo bajulado e invejado, em toda a parte se via requisitado como personagem

---

[1] N.E.: último rei da França, governou de 1830 a 1848.

[2] N.E.: deus da beleza, da perfeição, da harmonia, do equilíbrio e da razão.

[3] N.E.: famosa estátua de mármore representando o deus grego Apolo, que faz parte do acervo do Museu Pio-Clementino, um dos museus vaticanos. Sua datação e autoria são disputadas e sua procedência é desconhecida, mas geralmente é considerado uma cópia romana de um original grego que se perdeu. Redescoberto no Renascimento, o *Apolo* foi exposto no *Cortile del Belvedere* do Vaticano a partir de 1511, e dali recebeu seu nome. Durante muito tempo foi considerado a representação ideal da perfeição física masculina e uma das mais importantes relíquias da Antiguidade clássica.

indispensável e sedutora. Belo, elegante, gentilíssimo de maneiras, ao mesmo tempo que muito culto e possuidor de uma "verve" atraente, era com facilidade que fascinava as mulheres, as quais aos seus caprichos se rendiam escravizadas; ao passo que suas riquezas, por sua vez, cativavam as atenções do elemento masculino, pelo qual se via servilmente adulado. Sobre quantos o rodeavam, no vasto círculo de suas relações, exercia fascinação irresistível — semideus que atraía o fervor de uma multidão de crentes!

Gaston d'Arbeville descendia de velha família normanda, honesta e conceituada, que recebera foros de nobreza das poderosas mãos do cardeal duque de Richelieu,[4] graças aos serviços a este prestados pelos d'Arbeville quando o mesmo grande ministro de Luís XIII[5] achou por bem moderar a prepotência dos senhores feudais a fim de unificar a França em torno da Coroa. Era normando também e no encantador ambiente da província natal permanecera grande parte da infância, transportando-se depois para a capital do reino, a fim de aprimorar a educação que seus pais lhe desejavam dar. Em Paris, fora discípulo, primeiramente, do eminente e jovem professor Hippolyte Léon Denizard Rivail, a quem glorioso futuro deveria imortalizar sob o pseudônimo de Allan Kardec. Mas depois, a conselho deste, aperfeiçoara seus estudos por várias capitais da Europa, o que fez que abrilhantasse as capacidades intelectuais com tão peregrinos e sólidos conhecimentos que dificilmente se encontraria mancebo de sua idade que se lhe avantajasse em instrução; ao passo que nos conservatórios e academias da Itália penetrara os sublimes segredos da Arte e se fizera músico exímio e pintor inspiradíssimo.

Tocava, com desenvoltura verdadeiramente digna da sua época, o piano e a flauta. Porém, era a harpa o seu instrumento preferido.

---

[4] N.E.: Armand Jean du Plessis (1585–1642), cardeal de Richelieu, duque e político francês e primeiro-ministro de Luís XIII de 1628 a 1642; foi arquiteto do absolutismo na França e da liderança francesa na Europa.

[5] N.E.: Luís XIII de Bourbon (1601–1643), chamado *O Justo*, foi rei de França e Navarra entre 1610 e 1643. Sua imagem está inseparavelmente ligada a de seu primeiro-ministro, o cardeal de Richelieu, que lhe ajudou na reorientação da monarquia francesa.

Compositor e poeta, produzia, ele próprio, as canções e *romanzas*[6] para o seu repertório, empolgado por vero idealismo, numa época em que os sopros divinos da inspiração, lídima centelha do belo, deram aos gênios da música a glória que os imortalizaria, imprimindo, assim, também ele, nessas produções, uma feição de tão sagrado padrão idealista que teria passado à História com as palmas do gênio, se a trajetória da sua existência não fora traçada pela irresistível Lei que pesa os destinos das criaturas por meio das causas produtoras de efeitos lógicos.

Quando cantava, fazendo-se acompanhar aos sons da harpa, sua voz aveludada de tenor, rigorosamente educada, faria lembrar cenas festivas daquelas reuniões de Arte Clássica levadas a efeito em esferas educativas do Mundo Espiritual; ao passo que, muitas vezes, após dias recolhidos em abendiçoadas operosidades, apresentava aos amigos surpresos telas tão formosas quanto sugestivas, como artista do pincel que também era. Tão culto e inspirado no verdor dos anos, dir-se-ia o moço normando arrastar de existência precedente os sólidos conhecimentos que possuía, parecendo bastar diminuto esforço da vontade para que de suas faculdades revivescessem os cabedais arquivados nos sacrários da subconsciência.

Excetuando-se as Artes e os esportes, que também cultivava, pois se dedicava com mestria à equitação e à esgrima, como bom elegante da época, só se preocupava a mais com caprichos e deveres sociais.

Tão admirável personalidade parecia, no entanto, presa de singular complexo, porquanto, senhor de um caráter generoso, facilmente inclinado aos ditames do bem, por outro lado se fazia presa do mal, deixando-se resvalar para declives de excessos prejudiciais, que empanavam desagradavelmente o cintilante pendor anunciado. Dir-se-ia mesmo que temerosa dualidade lhe forçava o desvio das ações, que ele próprio antes desejaria orientadas retamente, qual se invisível comparsa obsessor

---

[6] N.E.: Na Idade Média, poema em língua românica, em oposição ao poema em latim, cuja temática é o amor cortês e o amor paixão (lírica) ou a troça (sátira); romance.

— quiçá um inimigo de remoto pretérito espiritual — porfiasse por lhe dirigir as atitudes para os níveis da perdição. Assim era que, possuindo ouro, sua maior preocupação era despendê-lo em festas opulentas e libertinagens incontidas, cometendo excessos de toda natureza!

Não obstante, envolvia-se em política, pois vivia-se a época em que ideias republicanas se avigoravam para derribarem Luís Filipe do poder e se proclamar na França a República honesta sonhada por um pugilo de nobres idealistas. D'Arbeville aderira aos republicanos e se integrara galhardamente no corpo de associações poderosas, como a Maçonaria e grêmios políticos que mais tarde apoiaram Luís Napoleão[7] na supremacia da República. Afeiçoado a tais princípios, o doidivanas que ele era tornava-se, não obstante, digno de admiração. Sincero no seu ideal político, liberal, ardoroso e, no fundo, dotado de formoso caráter inclinado à generosidade e ao heroísmo, à ideia que esposava dedicava grande parte das suas energias e da fortuna que possuía. Fundara jornais, os quais dirigia com nomes supostos, visto que, como aristocrata, vexava-se de afrontar a nobreza com o liberalismo de tais doutrinas; mantinha, por conta própria, funcionários, redatores, oficinas tipográficas, sem medir excessos, antes ainda prodigamente remunerando colaboradores das seções literárias dos seus jornais, a fim de que a suave atração das belas-letras seduzisse para aqueles órgãos o entusiasmo da juventude da Sorbonne e dos Liceus.

Antes, porém, de se instalar em Paris, Gaston de Saint-Pierre viajara por toda a Europa, atingindo até mesmo as regiões geladas da Rússia. As viagens ofereceram-lhe novas experiências e muita audácia. E quando, em certa noite de gala, pela primeira vez, as portas brasonadas do seu palácio do *faubourg* Saint-Germain se abriram para a aristocracia de Paris, já não existia em seu caráter a lenidade encantadora de outrora, capaz de recordar o adolescente da Normandia!

---

[7] N.E.: Luís Napoleão Bonaparte, sobrinho de Napoleão I. Eleito Presidente da República a 10 de dezembro de 1848, tornou-se Imperador graças ao golpe de 2 de dezembro de 1852, tendo governado a França, sob o nome de Napoleão III, até 1870.

Iniciou-se nessa noite uma vida dissoluta. A candura da alma, que não é a inocência, mas a moral, perdeu-a ele entre o turbilhão dos prazeres a que se entregou. Sobrepunham-se os excessos, cumulando-o de responsabilidades. Os prazeres mal dirigidos pervertiam-lhe a reputação, comprometendo-lhe também a honorabilidade pessoal. As companhias más, falsos amigos que pululam ao redor do incauto farejando arruiná-lo, quais moscas à roda do monturo, tentavam-no, arrastando-o para precipitosos desvios. O jogo absorveu-o. A vaidade de se mostrar invencível nas partidas para que se via tentado, levava-o a desbaratar seus imensos cabedais. E o luxo principesco de que se cercava, as imprudentes prodigalidades que praticava, parecendo joguete de sugestões perniciosas provindas da mente obsessora de algum inimigo do Invisível, e, finalmente, a vida execrável que Paris lhe proporcionava, carcomiam, de dia para dia, as preciosas sementes das virtudes que sua mãe, a senhora Assunción d'Arbeville, entre beijos e conselhos lhe introduzira na alma, ao pé do berço, nos aprazíveis dias da infância e ao alvorecer da juventude.

Do fundo da velha e tradicional Normandia, no entanto, trimestralmente vinha um correio. Era o mordomo do marquês de Saint-Pierre, seu pai. O antigo servo, Michel Blanchard, quase tão nobre quanto o velho fidalgo provinciano, dentro da sua dignidade verdadeiramente senhorial, trazia fundos, presentes e cartas. Os presentes partiam da incansável solicitude materna, que em vão convidava o ausente a uma estação de repouso na quietação do berço natal; as cartas eram epístolas do senso paterno, que invariavelmente advertiam o ingrato nestes termos:

"Meu filho,

Os nossos tabeliães de Paris advertiram-me de que as tuas retiradas bancárias foram excessivas no último trimestre. Considera, meu rapaz, que isso é bastante grave, pois elevas tuas despesas às de um príncipe, quando a prudência aconselha a moderação dos prazeres, para não vires a comprometer o futuro. Não tenciono privar-te das naturais alegrias próprias da mocidade. Todavia, aconselho-te a pensar seriamente nos dias porvindouros, a fim de não lamentares mais tarde os excessos atuais. Vem à Normandia visitar-nos. Sofremos com tua prolongada ausência e tudo em nossa aldeia relembra à nossa saudade a tua pessoa querida. Repito, meu filho: o balanço do último trimestre assustou-me! Vem sem demora. Tua mãe aflige-se e chora constantemente. Urgente será que escolhas a noiva que te convenha e te cases sem mais delongas, a fim de que as responsabilidades do matrimônio te outorguem moderação nos costumes. É necessário se faz que nos compreendas e modifiques tua conduta, para que se não derrua nossa casa nem se avilte a tua reputação."

Todavia, Gaston não atendia aos rogos dos bondosos pais. Desculpava-se fragilmente com aqueles que lhe haviam dado o ser e continuava grilhetado às teias da letal sedução que o intenso burburinho da capital sobre si mesmo exercia.

Um dia o mordomo chegou ao seu palácio de Saint-Germain carregando significativo crepe nos vestidos, de fronte carregada e semblante abatido. O moço fidalgo fizera-o entrar até o gabinete em que repousava e recebeu-o alegremente, sem atentar no luto que envolvia o velho servo.

Havia Gaston terminado a primeira refeição, à chegada de Blanchard. Eram duas horas da tarde. Na véspera, ruidoso festim em casa de um dos seus amigos levara-o a passar insone a noite toda, deprimindo-lhe as energias corporais. Mas nem por isso se sentia aborrecer. Esse admirável Gaston de Saint-Pierre possuía, a mais, a extraordinária qualidade de jamais mal-humorar-se. Risonho e amável, como sempre, fez sentar o velho servo ao pé dele e, depois das naturais efusões do primeiro momento, foi dizendo com despreocupação:

— Mas... que bons ventos te impeliram da nossa Normandia, caro Michel, antes do trimestre vencido?... Com que então te convenceste, finalmente, de que Paris é preferível à insuportável placidez da nossa pobre Saint-Pierre?...

Blanchard suspirou significativamente, e Gaston ouviu-o retorquir à interrogação com um acento de tão profunda angústia, que, mau grado seu, só então percebeu o aspecto grave do mordomo de seu pai:

— Não estou a passeio, senhor! Motivos gravíssimos trazem-me à vossa presença!...

Impressionado e sério, aquele a quem a pieguice dos bajuladores cognominou também de "o formoso d'Arbeville" sentou-se no canapé em que se recostara, só então reparando nos crepes que envolviam seu antigo pajem.

— Ó Michel! Que fazes em Paris, por Deus!... Vejo-te coberto de luto... Sucedeu-nos, porventura, alguma desgraça, Michel?... E minha mãe?... Oh, como está minha mãe?!...

Segurou o servo pelo braço, emocionado, aflito. Calmamente, o mordomo respondeu:

— A senhora marquesa desfruta boa saúde, senhor!

— Então, e este luto?... Que significam tais delongas?...

— Guardo luto por vosso pai, senhor, o mui nobre marquês d'Arbeville de Saint-Pierre, meu amo...

Como se o fragor de uma faísca elétrica o atingisse, o jovem d'Arbeville pôs-se de pé, meio alucinado:

— Pois quê?... Meu pai?... Meu pai, morto?... Não é possível, Michel, não pode ser!... Oh, meu pobre pai!... Não pode ser, meu Deus, não pode ser! Meu pobre e querido pai!...

Suas lágrimas foram sinceras. Gaston amava profundamente o pai. A desobediência em que vinha incorrendo não excluía do seu coração a ternura por aqueles que lhe haviam dado o ser. Sofreu com o inesperado da fúnebre notícia e seu coração angustiava-se, enquanto a consciência o acusava das ingratidões contra o pobre velho que tanto o quisera rever no solar onde nascera, a seu lado experimentando o labor saudável das criaturas destituídas de ambições; que clamara saudades, queixando-se do insulamento angustiante com que a ausência do filho infelicitava sua vida; que lamentara vezes sem conto a indiferença desse filho em atender às súplicas dos pais que antes desejariam vê-lo de retorno aos seus braços, saudosos de estreitá-lo contra o coração! E agora, inesperadamente, morria esse pai boníssimo sem beijar uma vez ainda aquele pedaço do seu ser, que lá se deixava ficar, em Paris, e só de longe em longe os visitava; certamente torturado de saudades, aflito durante os espasmos da agonia, pesaroso por não poder abençoá-lo, aconselhando-o por uma vez ainda!...

Michel confortou-o com o desvelo a que se habituara dispensar-lhe desde a primeira infância. E quando viu que a violência do choque cedera lugar a uma dor mais concentrada, explicou:

O velho marquês Gaston Augustus d'Arbeville, senhor de Saint-Pierre, falecera havia apenas três dias, após crise momentânea que não ensejara tempo de reclamar a presença do filho para a sua cabeceira. Fora o aneurisma. De há muito vinha o nobre senhor queixando-se de padecimentos do coração. A enfermidade agravava-se diariamente... Até que inesperada contrariedade, penosa e chocante, o fulminara!

Acabrunhado, Gaston, após compreender que o servo terminara a exposição, interrogou pensativo:

— E essa contrariedade, esse choque mortal, que origem teve?...

— Vossa respeitável mãe vo-la explicará em Saint-Pierre, senhor marquês!...

— Decerto minha mãe me espera, não é assim, Michel?...

— Roga-vos, em nome de vosso pai, que partais sem demora a Saint-Pierre, a fim de presidirdes aos funerais e selardes o mausoléu, como é tradicional que faça em vossa família o herdeiro do nome...

— Sim, Michel, partamos sem delongas... Meu pobre e querido pai, perdoa-me, perdoa-me!

Na madrugada seguinte partiram.

Profundamente atingido pelo inesperado acontecimento, Gaston passara a noite, febril e insone.

Os crepes foram dispostos nos brasões. As janelas e portões das duas residências que possuía viram-se rigorosamente selados.

O belo marquês fizera participar a alguns amigos o acontecimento que o surpreendera e despedia-se de Paris por prazo indeterminado.

Um desses amigos, certamente o único que o estimava realmente, Georges de Soissons, adido ao corpo da embaixada francesa em certo país estrangeiro, mas casualmente em Paris, na ocasião, acompanhou-o na dolorosa missão de presidir aos funerais, confortando-o qual verdadeiro irmão que se diria ser.

Na mesma noite da sua partida, porém, nos próprios salões dos clubes galantes frequentados por ele, variados comentários surgem a respeito do seu nome e da morte de seu pai:

— Eis que nossas festas perderão o brilho: nosso "divino Apolo", enlutado, não fulgirá no Olimpo destas salas a magnificência dos seus encantos! — afirmavam, pesarosas, as mulheres enamoradas.

— Não será assim! — duvidavam as mais ambiciosas — o querido marquês depressa se aborrecerá da província, não resistirá sequer a três meses de luto... e quando retornar às salas será para nos favorecer melhor, com o ouro da herança...

— Nada! Nada! — atalhavam os homens maledicentes — o pai foi milionário, mas as loucuras do filho arruinaram-no! É lá possível alguma fortuna, grande que seja, resistir a desvarios, como os tem d'Arbeville?...

— Se Gaston d'Arbeville arruinar-se, matar-se-á! — profetizavam os pessimistas dramáticos. — É orgulhoso e ateu. Não enfrentará a ruína! Um caráter como o seu não se resignará à luta pela existência!

Gargalhadas explodiram. Era evidente que o jovem normando não lograra fazer amigos leais em tais ambientes, a despeito das inúmeras gentilezas de que era pródigo. Gaston de Saint-Pierre, arruinado, era novidade a que alguns não davam crédito, mas que outros, invejosos e despeitados, desejavam acontecesse, sem, todavia, aceitarem a possibilidade, por incrível tal se lhes afigurar.

Surgiram, porém, outros assuntos. Lembraram-se de mais alguém a criticar. E o nome do "formoso d'Arbeville", como o tratavam as damas, não foi mais pronunciado naquela noite...

2

Os dias que se seguiram aos funerais do velho fidalgo foram divididos entre o pesar e as atividades oriundas da situação. Mãe e filho, após prolongado tempo de ausência, entraram em confidências. Gaston rogara à genitora informações quanto aos sucessos que agravaram a enfermidade do marquês, cuja importância antevira nas reticências do velho Blanchard. E Assunción, penalizada, expôs-lhe sem rodeios o amargor da situação — a casa de Saint-Pierre encontrava-se arruinada! Motivos variados e complexos, independentes da vontade do seu respeitável chefe e apesar do seu extremo devotamento ao trabalho, motivos aos quais as excessivas despesas do próprio Gaston não foram estranhas, eram os fatores da grave situação. Já bastante enfermo desde algum tempo, o senhor de Saint-Pierre não resistira à apreensão resultante dos últimos balanços, que lhe exigiram fadigas ininterruptas, na desesperada tentativa de remediar a situação, e tivera o mal agravado subitamente, dando-se, então, o desenlace.

Para o jovem herdeiro, a queda da casa de seus antepassados, que desde os tempos heroicos do grande cardeal fulgurava entre a honradez e a riqueza, era fato que se não coadunava com a sua pequena capacidade de resignação. Aterrava-o a perspectiva da insolvência do melindroso caso. No pequeno espaço de tempo necessário ao exame dos peritos sobre os bens de Saint-Pierre, a apreensão apoucara-o como se pertinaz enfermidade lhe houvesse depauperado as energias. Todavia, a perícia dos administradores verificara ser ainda possível reequilibrarem-se as finanças derruídas, se enérgicas medidas se articulassem para suprir as falhas existentes. O momento exigia, portanto, do jovem herdeiro, absoluto devotamento na direção das operações, orientação segura para as transações que exigiriam, além do mais, senso comercial, medidas econômicas severas e inteiro sacrifício dos antigos hábitos. Mas Gaston, sobre quem as vaidades sociais e o orgulho pessoal exercem funesto poder, entendia ser desdouro o sacar empréstimos, pedir moratórias, desfazer-se dos imóveis supérfluos que ostentava em Paris, vacilação que o levava a perder tempo precioso para a salvaguarda do patrimônio que lhe viera às mãos. Ineluctáveis confusões desorientavam-no, transformando num caos a sua mente. E, adensando-as, porventura ainda mais — a sinistra ideia, já delineada em suas cogitações exacerbadas, a qual, em sua ausência, a maledicência dos falsos amigos prognosticara a seu respeito: o suicídio!

Mas... é bem certo que a criatura humana, centelha do eterno foco do Amor, jamais se encontrará desamparada na romagem cruciante da conquista de si mesma. A Providência conhece as possibilidades morais e espirituais de cada uma, e, muitas vezes, de um acervo de maldades supostas irremediáveis faz extrair a refulgência da estrela de que somos essência.

Achavam-se nessa altura os acontecimentos quando um importante fato se colocou repentinamente entre Gaston, o seu passado de erros e a derrocada que lhe predizia desesperos nos horizontes do futuro, oferecendo-lhe refrigério e salvação.

Uma tarde, ao jantar, disse-lhe a marquesa, com a polidez acentuada que lhe era habitual:

— Ser-me-ia profundamente agradável, caro Gaston, se amanhã me concedesses certo obséquio que pretendo de ti...

— Pois que me pedireis, senhora, que vo-lo possa negar?!... São-me ordens os vossos desejos! Atender-vos-ei com agrado...

— Obrigada, meu filho! Nem eu esperava outras atitudes da tua lhaneza... É simples, aliás, o que desejo: os nossos vizinhos, senhores viscondes de Lacordaire, voltam agora à França, depois de alguns anos passados em Nápoles, onde possuem avultados imóveis. São fidalgos tourenginos, de excelente reputação, pessoas de alto valor e muita cerimônia...

— Estimaria fazer relações com os senhores de Lacordaire, minha mãe...

— Justamente, caro marquês, é o que desejo tratar... O visconde de Lacordaire e teu finado pai conheceram-se durante a mocidade de ambos, e nessa época entretiveram amistosas relações, as quais jamais foram estremecidas por qualquer incidente... Voltando agora à pátria, habitam novamente a linda herdade de Sainte-Croix, integrada ao patrimônio da casa de Lacordaire com o dote de sua esposa, e a qual conheces por confinar suas terras com as nossas propriedades; e tencionam, ao que parece, passar ali, de quando em quando, longas temporadas...

— Ouço-vos, senhora, com prazer...

— Sabendo que nossa casa ainda conserva luto pelo malogrado marquês, honra-nos o visconde com uma visita de pêsames e já amanhã aqui estará acompanhado da família, fiel ao dever de antiga afeição ao finado e à distinção social que rigorosamente observa...

— Perdão, minha mãe — interrompeu vivamente o moço —, não é o visconde de Lacordaire o mesmo de quem tenho ouvido falar Georges com tantos encômios e deferências, seu primo e amigo íntimo?...

— É o mesmo, com efeito. Os de Franceville de Soissons e os de Lacordaire unem-se por laços de parentesco e mais ainda por sólidos elos de estima. Porém, certa de que aborreces visitas, e, ademais, que tencionas excursionar amanhã pelas montanhas, ficar-te-ia agradecida, meu filho, se te impusesses antes o dever de receber pessoalmente os visitantes, dada a elevada dignidade de que são portadores...

— Com prazer o farei, senhora... Desejo mesmo estabelecer relações com um antigo amigo de meu pai, que traz, além dessa, para mim, tão preciosa recomendação, a outra, de ser aparentado com o meu caro Georges... Porém, dissestes que se fará acompanhar da família?...

— Sim, da esposa, Madeleine de Lacordaire e da filha, discípula das monjas de Santa Genoveva, de Paris...

— Ah!... Existe uma filha... uma menina?... — interrogou discretamente o moço marquês, fitando sua mãe, interessado.

— Sim, um anjo, não precisamente uma menina...

— E vós a conheceis, senhora?...

— Encontrei-a há poucos dias, acompanhada de sua mãe, na igreja da aldeia...

— E chama-se esse anjo, marquesa...?

A senhora d'Arbeville sorriu contrafeita, pois não desconhecia os pendores galantes do filho:

— Chama-se Henriette-Claire-Flavie de Lacordaire. Mas previno-te, meu filho, de que se trata de uma jovem mal saída da infância, e de educação e costumes inteiramente opostos aos das que conheceste em Paris...

— Aguçais-me a curiosidade pela menina de Lacordaire, senhora marquesa...

Assunción, contrariada, replicou com azedume:

— Basta, Gaston! Saint-Pierre não é Paris e o solar de teus maiores não deverá recordar os palácios dos bulevares ou os clubes galantes em que te divertias... Espero que te conduzas à altura da probidade de um d'Arbeville!

Retiraram-se da mesa. A nobre viúva envolveu-se nas pesadas echarpes de luto e, acompanhada por duas damas, dirigiu-se ao templo a fim de assistir aos ofícios da noite. Gaston, porém, para quem os sentimentos religiosos eram nulos, montou o seu favorito e pôs-se a cavalgar, como lhe era hábito, pelas alamedas dos bosques próximos, que rescendiam penetrantes aromas sob os derradeiros revérberos do sol-poente... Alguns minutos depois já se desinteressara da conversação mantida ao jantar. Tantos vultos femininos haviam desfilado por sua vida, que não o preocupava agora a perspectiva de se ver posto diante de uma menina encantadora...

Aliás, ouvindo falar a marquesa, afigurou-se-lhe que a jovem visitante do dia imediato seria novo padrão daquelas insuportáveis moçoilas que se deseducaram à força de se aferrarem a quantos preconceitos é possível conceber-se atrás das fanatizadas muralhas de um convento, e cuja única verdadeira qualidade é encantarem as matronas provincianas com a inexperiência e o desaponto de que dão provas na vida prática. Para ele, a menina de Lacordaire, tão expressivamente mencionada por sua mãe, se apresentaria maldisposta no seu traje de interna, não sabendo pisar numa sala senão com grandes assombros e a falar raramente, ventilando apenas assuntos piedosos. Nem outra coisa se aprenderia entre freiras severas e aldeãs da Normandia! Não o tentava, pois, a ideia de qualquer pretensão a respeito da colegial, que, indubitavelmente, seria insulsa, não obstante a atitude piegas por ele mesmo assumida à mesa de sua mãe e por esta a tempo repelida.

No dia seguinte, à hora aprazada, preparava-se com o apuro costumeiro, esperando apresentar-se à visita. Roland, seu criado de quarto, tão jovem quanto o amo e seu leal amigo, depois de o haver preparado a capricho, viera encontrá-lo ainda ao espelho, dando vaidosamente um retoque último ao vestuário:

— Os viscondes de Lacordaire aproximam-se, senhor, e a senhora marquesa roga não tardeis em vos apresentar...

O "formoso d'Arbeville" correu à janela.

— Sim! Eis que sua carruagem transpõe os portões... Para qual salão os conduzirá o tonto do Michel?...

— Para o salão nobre, senhor, segundo ordens de vossa mãe...

— Pois então desçamos... E que Michel me anuncie... Deus do Céu! Quantos incômodos por uma visita de província!...

* * *

O visconde Flávio Henri de Lacordaire era um fidalgo de avultadíssimos recursos financeiros, e acabava de ingressar com êxitos invejáveis na absorvente carreira política, que estiola no coração e na consciência do homem — tais sejam as ambições que o induzam ou a mórbida paixão em que se apoie — os legítimos conceitos de justiça. Era, além dessas vantagens de que muito se vangloriava, o que de mais conservador e preconceituoso se poderia deparar num caráter de aristocrata.

Severo, orgulhoso, presumido, senhor de uma soberbia feroz, esse caráter sombrio — padrão inconfundível do egoísta posto ao lado do pródigo, na cintilante parábola messiânica — colocava acima de todas as demais conveniências a honra do seu nome, a reputação dos brasões da casa de que descendia e o respeito às leis vigentes do país, como intransigente realista que também era. Honesto e reto até o fanatismo, incapaz de uma atitude condenável no seio da sociedade em que vivia; probo até o exagero — muito mais inspirado na vaidade de se tornar contemplado como modelo para o próximo, do que realmente impelido por virtudes —, tais qualidades eram por ele ostentadas com a orgulhosa superioridade de não admitir lacunas no procedimento alheio, achando-se, por isso mesmo, sempre pronto a condenar o próximo ao primeiro deslize observado. A um homem do povo talvez relevasse faltas, por levar em consideração a inferioridade da sua classe, à qual desprezava. Mas a um aristocrata jamais desculparia qualquer ato que desdourasse a rutilância própria da estirpe. Para a sua apreciação, o fidalgo seria um semideus, favorecido, pelo nascimento, por uma graça divina ou pela predestinação! Assim se julgava, entronizado num orgulho insuperável, assim considerava seus iguais de classe. Dentro do lar mostrava-se afável desde que respeitadas fossem as próprias vontades. Era o rei do lar! Seria o seu tirano se, dentro dos muros domésticos, não encontrasse atitudes passivas ao respeito que sabia impor. E porque se habituara assim e aos seus também assim habituara, a paz reinava em seus domínios vergados sob sua autoridade intransigente.

Todavia, tornava-se modelo de chefe de família, se considerarmos certas qualidades por ele mantidas sem desfalecimentos. Respeitável e zeloso, portador de um decoro digno de elogios, exigia para aqueles que lhe usavam o nome o máximo respeito e todas as considerações. A família era o seu grande culto, visto que era descendência sua; e quisera que o mundo inteiro o compreendesse, para, com ele, tributar-lhe as homenagens e a veneração a que, no seu conceito, teria direito. Uma única filha o matrimônio lhe concedera. De Lacordaire rendia a esse pedaço do seu ser um preito de veneração quiçá incomparável, se se conceber que seus afetos se mesclavam com o sentimento indefinível do avarento pelo tesouro a que monta guarda. Educava-a sob a severidade do critério observado pelos próprios costumes, por julgá-los incorruptíveis; e confiava em que, sob tão sadia direção, os destinos de Henriette Flavie seriam como os destinos gloriosos dos predestinados! E, cioso do seu futuro, imaginara dar-lhe para esposo um aristocrata modelar que reunisse, a par de um aglomerado de qualidades excelentes, muitas vantagens financeiras e reconhecida inclinação afetiva por ela própria.

Na pessoa de seu primo Georges de Franceville, marquês de Soissons, encontrara o senhor de Lacordaire a personagem ideal, que zelaria pelo seu formoso ídolo com os desvelos de que se faria este merecedor. De incomum envergadura moral, e desfrutando posição destacada no país, pois que servia nos misteres diplomáticos com absoluta competência, o jovem de Soissons preencheria, com efeito, as pretensões de um pai fanatizado pelo afeto e pelas ambições, tal o visconde Flávio. Todavia, tencionando uni-los mais tarde, visto que se apossara das iludíveis inclinações de Soissons por sua filha, desta não contava exigir obediência cega se porventura, contra toda a expectativa, repugnasse à menina as pretensões de ambos — sua e de Soissons —, desde que fosse este substituído por novo pretendente, digno, como o primeiro, de tão alto acolhimento. Quanto à esposa, jamais permitira imiscuir-se na educação da filha. À pobre senhora fora conferido tão só o desempenho de zeladora do lar e das necessidades intrínsecas da família, missão que a digníssima fidalga desempenhava sob os mais elevados princípios das virtudes domésticas.

Era, pois, com essa altiva personagem que o frívolo e leviano marquês d'Arbeville se defrontaria!

Por muito senhor de si que fosse, como na realidade era, visto a grande prática dos meios sociais que tinha, Gaston não se conseguiu forrar à grande surpresa dos encantos pessoais da menina Henriette Flavie. Curvando-se polidamente diante dela, enquanto o pai lha apresentava, imediatamente concluía que considerações errôneas e apressadas formara da colegial elogiada por sua mãe, na véspera. A filha de Lacordaire dir-se-ia daquelas criações angelicais, trazidas do país do ideal para a mágica realidade de telas imortais pelos artistas do passado. Tudo nessa atraente criatura era encanto, graça, lenidade indescritíveis. Sua beleza clássica, de linhas impecáveis, arrebataria a sensibilidade de quem quer que fosse, que, vendo-a, se forçaria a buscar no céu comparações para defini-la.

Gaston era um artista. Pulsavam em suas faculdades psíquicas as sublimes vibrações de emoções superiores! A imaculada formosura da virgem que acabavam de pôr diante de seus olhos cativou-lhe as atenções.

Conversaram. A superioridade de suas maneiras avantajou-se no conceito do príncipe das salas: sua cultura era vasta e sólida, seus modos distintos e nobres, sua graça ingênua e cativante. Não se trataria, certamente, de uma mulher medíocre! Oh! Não apresentavam tão sedutores característicos as demais jovens que conhecera! Quando, pois, o Sr. de Lacordaire, levantando-se, dera por findo o cumprimento do dever social que se impusera, dispondo-se a retirar-se, Gaston já a si mesmo afirmava que a jovem provinciana lhe conquistara singular simpatia. Já escravo de seus hóspedes, permitira-se a gentileza de acompanhá-los à carruagem — lembrando as atitudes encantadoras do finado pai, em cuja mesa camponeses e aldeões se sentavam para com ele cear. Depois, quando, por uma vez ainda, contemplou Henriette Flavie ao lado de sua mãe, acomodada nos estofos do carro; quando a viu, envolta na suave penumbra das cortinas de couro, muito delicada na alvura sugestiva do irrepreensível vestido de musselina branca, que faixas de cetim atavam à cintura, prenunciando-lhe a perfeição das formas; quando, levado por necessidade imperiosa de lhe confessar, por qualquer modo, as fortes impressões que o dominavam, a fitou fixamente em plenos olhos, os quais o clássico chapéu de plumas, branco também, sombreava com sugestivos acentos de melancolia — Gaston de Saint-Pierre sorriu lealmente, emocionado com aquela indescritível satisfação interior, de que se originam grandes sentimentos afetivos!

Timidamente, a moça, assim contemplada, baixou os olhos... não, porém, sem antes retribuir a insinuante gentileza...

A carruagem movimentou-se célere, sob os estalos do chicote no dorso dos cavalos... e Gaston, pensativo, só deixou de segui-la com o olhar depois que os pesados portões de Saint-Pierre se fecharam sobre ela...

Então, subiu lentamente as escadarias que levavam aos aposentos próprios, mas, enquanto subia, fenômeno singular positivava-se às suas faculdades anímicas, segredando-lhe aos ouvidos como se alguém lhe falasse, com ele subindo os mesmos degraus:

— Deste o primeiro passo para a jornada tormentosa dos testemunhos inapeláveis, Gaston d'Arbeville! Prepara-te, acautelando-te: esta criança influirá decisivamente no teu destino!...

Angústia insopitável e indefinível ofuscou-lhe por instantes o coração, perturbando-lhe o raciocínio como se de sua fronte porejassem suores de agonia...

No entanto, fora impressão rápida, sem base para afligi-lo declaradamente... e, como sempre, no resto daquela tarde, deu-se às cavalgadas ao longo das velhas estradas ensombradas de frondosos arvoredos, seguido de perto pelo fiel Roland...

3

Passaram-se alguns meses, durante os quais se estreitaram as relações entre as casas de Lacordaire e de Saint-Pierre. Gaston deixara-se permanecer na terra natal e parecia ressurgir para vida nova, demonstrando acentuado interesse em ações laboriosas que possibilitassem a recuperação das finanças de sua casa. Satisfeita, a senhora de Saint-Pierre observava a transformação do filho e se rejubilava com a boa vontade, pelo mesmo demonstrada, em atendê-la quanto aos deveres a executar no círculo de operações que a situação exigia; e, incessantemente, animava-o nos excelentes propósitos que voluntariamente ele se impusera, ora aconselhando-o docemente ou advertindo-o com um exemplo generoso. Durante esse espaço de tempo, entretanto, o jovem normando visitara Paris algumas vezes, levado pela imposição das negociações comerciais afetas à sua casa, pois assumira, finalmente, a direção dos próprios interesses, como fora desejo de seu malogrado pai.

Todavia, não era simplesmente no intuito de reorganização da grandeza periclitante de seus brasões que d'Arbeville se resignava aos exaustivos labores campesinos, renunciando às normas da passada conduta: era para não deixá-los empalidecer no confronto com os da casa de Henriette! Tampouco somente o amor ao trabalho o levara a se resignar tão depressa às dúlcidas solidões de Saint-Pierre, concitando-o a ponderações criteriosas, a mais coerentes ilações que as mantidas primitivamente. Era porque ali também vivia Henriette, e em seus olhos as promessas de um porvir cintilante de felicidades deslumbraram sua alma, enamorando-a de amor e de esperanças!

Gaston d'Arbeville amava Henriette de Lacordaire!

Amava-a como se em toda a sua vida outra coisa não fizera senão adorá-la, certo de que suas almas se irmanavam sob o vigor de leis morais indissolúveis, e que o porvir vincularia progressivamente aquele estranho sentimento que dele se apossara, atando-o para sempre ao seu destino!

No fim de um ano de suave convivência com a herdeira de Lacordaire, o velho solar de Saint-Pierre parecia ao jovem marquês o cenário ideal, onde quereria permanecer durante toda a sua vida!

A mais singela bonina que se lhe deparasse entre as silvas da campina, ou o inseto desgracioso que pairasse aqui e ali, sugando o néctar das flores agrestes, continham para ele, agora, os mais sugestivos encantos, porque, agora, a todas as coisas atendia pela boa vontade da renovação que o vero sentimento do espírito cria em nosso ser. Sua própria mãe apresentava-lhe encantos novos. Somente agora lhe compreendia o valor das qualidades pessoais. Como lhe era agradável, agora, a sua companhia! E que formosas as suas virtudes, inavaliáveis tesouros não entrevistos no curso das relações femininas que voluteavam em torno dele, na colmeia intensa de Paris! Sua mãe, bem como o anjo estremecido de Lacordaire, oferecia aos novos cotejos das suas próprias ponderações modelos inapreciáveis da mulher moralmente educada, dignificada pelo critério das atitudes cotidianas. Junto de ambas reconhecia-se dignificado também, esforçando-se por, no conceito íntimo de si mesmo, se tornar digno do amor como do apreço de ambas.

E, nesse ambiente novo e sadio para ele, sob o amparo tutelar daqueles dois corações afetuosos e desinteressados, o leviano moralmente também se engrandecia, tão extasiado sob a lenidade do presente ditoso que desfrutava, que se não apercebia da possibilidade de um futuro adverso...

Henriette, com efeito, graciosa e formosíssima, dir-se-ia uma parcela do Céu encarnada na gentileza de uma forma feminina. Ao se avistar sua encantadora figura, invariavelmente trajada de branco, por piedosos votos de sua mãe, que a temera perder durante certa enfermidade grave da infância; com os cachos de cabelos louros, daquela fulguração fluida do sol nas manhãs de estio, a lhe pousarem graciosamente sobre os ombros depois de moldurarem a fronte em caprichosos anéis; contemplando-se suas formas clássicas, de uma beleza, por assim dizer, imaterial, muito alva a pele, como se de leite e açucenas pudesse ser tecida, olhos profundos e doces onde transluzia a cor azul do firmamento, ter-se-ia a impressão de que contemplando aparição idêntica foi que o gênio de Rafael[8] criou as telas dos seus anjos. De toda a sua pessoa irradiavam-se estranhos atrativos, o que a tornava irresistivelmente sedutora, chamando a si, naturalmente, a admiração de quem quer que diante dela se demorasse.

Visitavam-se com frequência as duas famílias, tornando-se indispensável a presença de uma no solar da outra. Frequentemente, assim, os dois jovens se avistavam, com agradáveis ensejos para estreitarem os elos afetivos que desde o primeiro dia haviam prendido seus corações. Nessas visitas, ou nos longos passeios que faziam acompanhados pelas senhoras de Lacordaire e d'Arbeville, Gaston apenas se deixava reconhecer como o galã famoso dos salões de Paris pela elegância das maneiras e a distinção no trato. Sua preocupação maior era mostrar-se afável, atencioso para com a menina por quem se apaixonara: hoje, auxiliava-a na colheita de borboletas e flores agrestes, pelos bosques de Sainte-Croix; amanhã, rindo-se com ela como dois meninos em férias, deitava migalhas aos cisnes que boiavam, tranquilos, nos tanques do elegante parque. Aqui, colhia trevos e morangos pelos prados atapetados de relva, durante as aprazíveis excursões; acolá, atava-lhe as fitas da cintura ou do chapéu ou carregava os alforjes da merenda e das coleções de plantas e insetos. E pelas tardes

---

[8] N.E.: Rafael Sanzio (1483–1520), pintor, escultor e arquiteto italiano. O seu gênio reunia todas as qualidades: perfeição do desenho, vivacidade dos movimentos, harmonia das linhas, delicadeza do colorido. Deixou grande número de obras-primas. É considerado *o poeta da Pintura*, como Ovídio foi considerado *o músico da Poesia* e como Chopin é considerado *o poeta da Música*.

cálidas, enquanto as duas matronas conversavam na lenidade dos terraços e o visconde examinava memoriais políticos, alheio às demais preocupações, o "divino Apolo", feito servo humilde, tocava o balanço suspenso de velhas galhadas para divertir o seu ídolo, embalando-a docemente, e sussurrando-lhe aos ouvidos delicadas confissões de amor, as quais faziam-na rir, prazenteira como uma criança mimada, enquanto o rubor lhe tingia as lindas faces do colorido forte das papoulas do canteiro e, à roda, os pavões passavam, de plumagens vistosas levantadas, e os cisnes, além, boiavam faceiros numa feliz convivência...

Os senhores de Lacordaire, assim como a marquesa de Saint-Pierre, não só conheciam o idílio do jovem par como até apoiavam a união. O visconde Flávio, que nutrira pelo Sr. de Saint-Pierre, pai, admiração leal, reconhecendo-lhe a austera nobreza de caráter, não obstante trazer em mente outros projetos de aliança para sua casa, percebendo as ternas inclinações da filha por d'Arbeville, dizia secretamente à esposa que aceitaria Gaston, cuja afeição por Henriette se tornava visível, porquanto a honorabilidade dos brasões e a situação financeira dos mesmos nada ficariam a dever aos seus próprios, pois, por essa ocasião, os prejuízos que pesavam sobre os cofres de Saint-Pierre ainda não tinham ultrapassado os gabinetes dos notários e dos banqueiros. Madeleine de Lacordaire transmitia à filha as simpatias paternas. Comovida e risonha, Henriette comunicava ao afetuoso namorado as prometedoras novidades trazidas por sua mãe. Este, ofuscado pelas próprias esperanças, dividia com o coração materno a imensa felicidade que lhe inundava o coração.

E eram todos felizes...

Todavia, os prejuízos financeiros em Saint-Pierre eram gravíssimos, consoante ficou esclarecido, e as medidas capazes de minorá-los mais difíceis de execução do que a princípio se julgara. Impossível afastar o acervo de impasses com a presteza e o sigilo imaginados no primeiro momento. A d'Arbeville seria inadiável conseguir moratórias generosas, empréstimos bancários ou particulares, hipotecas urgentes, mesmo a venda de imóveis cuja manutenção sobremodo onerava a já sobrecarregada casa, a fim de solver compromissos vultosos e sair-se com honra da ruína, resignando-se depois a recomeçar, com a vida singela do pequeno agricultor, em Saint-Pierre.

A isso mesmo o aconselhava a prudente previsão materna, que não enxergava desdouro na modéstia do viver simples da província.

O jovem marquês, porém, não se poderia facilmente acomodar a descer do pedestal em que desde a infância se reconhecera suspenso, mormente agora, quando alvoradas fagueiras surgiam para a sua vida sentimental, apontando-lhe sublimes ideais a atingir. Seria indispensável, oh, sim! tentar o impossível para se manter equilibrado, sem que transpirasse na sociedade a luta íntima que sustentava! Não! Não se deixaria abater pelo primeiro sopro da adversidade! Reagiria, lutaria, venceria!...

No entanto, o desconcertante fantasma da realidade impunha-se, apesar das energias que vibravam em sua alma; e, ansioso, via escoarem-se os dias sem se poder definir aos olhos do visconde quanto às pretensões sobre Henriette Flavie. Tolhia-o a perspectiva lamentável contra a qual se debatia, pois não ignorava que tudo se esclareceria uma vez proposta a aliança matrimonial entre as duas casas. A ideia de que viesse de Lacordaire suspeitá-lo de interesses junto à fortuna da filha, sabendo-o arruinado, levava-o, portanto, a dilatar o ensejo da proposta, dando-lhe forças, todavia, para tentativas salvadoras sobre a melindrosa situação.

Presa de inenarráveis angústias, pensou em recorrer ao seu amigo de infância, Georges de Franceville de Soissons, bastante leal, rico e relacionado para socorrê-lo com bons êxitos na crítica emergência, o qual, fiel aos deveres da carreira diplomática, mantinha-se afastado da pátria. Obtida para tanto a aprovação de sua mãe, d'Arbeville dirigiu-se ao gabinete de trabalho no intuito de executar o que delineara em pensamento, escrevendo-lhe uma carta. Sim! Vazaria no coração desse amigo incomparável as tempestades que tentavam destroçá-lo. E fê-lo, com efeito! Relatou com minúcias, em missiva longa e patética, sua ruína financeira, a paixão de amor em que se absorvia, as esperanças e os desalentos daí consequentes, relembrando ainda a fé, que em seu coração prosseguia, inabalável, na antiga afeição que unia ambos, e em nome da qual pedia socorro.

Se Georges recebesse essa carta, certamente d'Arbeville estaria salvo da ruína e em condições de desposar a rica herdeira de Lacordaire, porquanto o jovem diplomata possuía caráter elevado bastante para sacrificar-se em benefício do antigo condiscípulo, e sem, ademais, revelar o segredo do amor que também nutria por Henriette. Mas estava determinado, pelas leis sábias que presidiam à romagem terrena desses três espíritos colocados à frente de testemunhos redentores, que aqueles dois irmãos pelo coração jamais se entenderiam relativamente ao sentimento que a ambos abrasava, sem que um do outro nada suspeitasse.

Terminada a longa epístola, lembrança decepcionante interpôs-se entre ele e seus projetos, anulando-lhe os intuitos: Georges de Franceville era primo de Flávio de Lacordaire, íntimo daqueles a quem ele próprio, Gaston, temia desgostar. Por muito honrado e discreto que fosse o marquês, não revelaria um dia ao afim que ele, Gaston, lhe solicitara socorro para escapar à ruína e desposar Henriette?

Que conceito de sua ombridade, aliás, formaria a gentil menina no dia em que se inteirasse de que seu noivo recorrera à proteção de um parente dela própria, a fim de conseguir a vitória dos intentos?...

Afoitamente, despedaçou a carta:

— Não! Não recorrerei a Georges! — monologou irritado. — Mil vezes não! Será a mim mesmo que deverei a conquista de minha felicidade! Vencerei sozinho!

Realmente, Georges de Soissons era uma alma boníssima, encarnada num invólucro masculino. O visconde Flávio Henri, desejando-o para esposo da filha, não fazia mais que justiça aos elevados dotes pessoais desse jovem cujo caráter admirável era digno de respeito e consideração. Ele e Gaston eram amigos íntimos, sinceramente afins desde a infância. Longemente aparentado também com Assunción d'Arbeville, por linha materna, aquele encantador fidalgo afeiçoara-se profundamente ao belo filho do Sr. de Saint-Pierre, desde menino, quando se instruíam ambos sob a direção dos mesmos professores e convivendo nos mesmos internatos. Um pouco mais velho que d'Arbeville, Georges era também mais criterioso e sensato. Desgostavam-no as leviandades do amigo, delas prevendo consequências desastrosas. Mas porque reconhecesse que, no fundo, Gaston trazia sentimentos generosos, perdoava-lhe sempre que o via errar e continuava dedicando-lhe a mesma sólida e singular afeição. Por sua vez, Gaston temia-o, respeitava-o mesmo, estimando-o profundamente, e chocando-se quando o reconhecia agastado. Sem poder satisfatoriamente definir a singularidade da afeição que ao amigo consagrava, o que d'Arbeville sentia ressaltar dos próprios sentimentos para com ele era uma estranha, insólita impressão de piedade.

Por que piedade?...

Porque a intraduzível comoção, misto de compaixão e ansiedade angustiante, pungindo a alma de Gaston durante certos momentos em que fitava o semblante afável do condiscípulo, em cujos lábios eterno sorriso, aflorando discretamente, era o traço mais característico? Que misteriosas, sacrossantas reminiscências se aviventavam da subconsciência do jovem doidivanas, vislumbrando às súbitas tenebroso passado em que ambos se agitaram, talvez dramaticamente?...

Não o sabia ele. Mas sentia-o! E para Gaston o bondoso Georges era mais do que o amigo preferido, porque era o irmão dileto, por quem sacrificaria até mesmo a vida!

Amigo íntimo também de Lacordaire e seu parente, Georges convivera algum tempo com Henriette Flavie, por ela sentindo-se profundamente atraído desde as primeiras impressões. A timidez que lhe era apanágio em assuntos sentimentais, porém, e natural delicadeza, fizeram-no manter-se tão discretamente, que a ingênua menina não só jamais lhe compreendera as fugidias confissões, como nem mesmo por ele se interessara, supondo oriundas do parentesco as homenagens de que era alvo. O mesmo não sucedera, entretanto, à sagacidade do visconde, que imediatamente projetara vantajosa aliança, rejubilando-se com a descoberta a respeito do excelente primo.

Os deveres profissionais que afastavam Georges frequentemente da França provocavam prolongadas ausências entre os dois jovens amigos. Certamente, por esse motivo, ignorava o "divino Apolo" os sentimentos afetivos de Georges por uma dama — porquanto, criterioso e prudente, este jamais confidenciava em assuntos sentimentais com quem quer que fosse — e ainda menos quando essa dama se chamasse Henriette de Lacordaire. Por sua vez, d'Arbeville, que não o tornara a ver desde os funerais do pai, jamais se referira ao seu amor, nas cartas que lhe escrevia, não obstante pô-lo a par das relações estabelecidas com a casa de Lacordaire, e não o fizera por não desejar confiar a um pedaço indiscreto de papel referências sobre aquela que as melhores considerações lhe merecia. Aliás, conhecendo-o tão de perto o jovem de Soissons, acreditá-lo-ia agora, se, porventura, por meio da estreiteza de uma simples missiva lhe participasse que se apaixonara por sua linda prima de Lacordaire?

Assim colocado em tão aflitivo dilema, tomou a resolução de relatar à própria Henriette o que se passava consigo mesmo, levado por significativo sentimento de dignidade. Confessou-lhe quanto entendeu conveniente: as adversidades advindas para Saint-Pierre, as amargurosas elucubrações em que se debatia, o próprio passado de rapaz inquieto e leviano, assim os contumazes receios pelo futuro. Mas a superioridade mental da jovem herdeira, que ao melindroso relato ouviu com bondade, alcançando as honestas intenções do noivo, e se desinteressando de vantagens financeiras para tão somente aspirar à ventura do amor consagrado pelo matrimônio; o gesto generoso e admirável, postergando desvarios do pretérito por um presente repeso e um futuro de boa vontade para reabilitação integral, levantaram o ânimo do acabrunhado fidalgo, facultando-lhe a renovação das esperanças.

Ficara, assim, estabelecido que Henriette se conformaria de boa mente com a vida modesta da província, caso os esforços empregados pelo marquês redundassem improfícuos para reconquistar a posição perdida. Dedicar-se-iam ambos, uma vez unidos para sempre, ao doce aconchego do lar, sem outras ambições que a estabilidade do seu amor e a tranquilidade dos filhos, que as bênçãos do Altíssimo lhes concederiam... Aconselhara-o mesmo a não se expor a demasiados sacrifícios: ela o esperaria por indeterminado prazo, jurando-lhe fidelidade absoluta! Que ouvisse antes o prudente alvitre de sua mãe: vendesse os imóveis supérfluos a fim de solver as dívidas mais prementes; hipotecasse alguns outros e conservasse Saint-Pierre, valioso bastante para fazê-lo recuperar-se...

Livre de mortais preocupações, encorajou-se ele a descer do pedestal de orgulho onde preferiria deter-se para todo o sempre. Transportou-se, portanto, a Paris, e iniciou as providências para o que lhe pareceu urgente.

O nobre palácio do *faubourg* Saint-Germain foi vendido sem delongas, sob admiração dos antigos comensais que o ajudaram a arruinar-se. Outro, nas proximidades do *Bois de Boulogne*, seguiu o primeiro, sem intermitências. As preciosas coleções de Arte desceram dos altares em que suas inclinações artísticas as haviam colocado, e se dispersaram ao som irritante do martelo de um leiloeiro. Acompanharam-nas as carruagens principescas, com nobres parelhas de pura raça inglesa e normanda, sem transição... E os fogosos ginetes árabes, glórias das paradas hípicas e festas de gala a que era chamado a concorrer — após, sob seus olhos pensativos, deixaram as cavalariças célebres de Saint-Germain para as de certo mercador inglês dado a costumes aristocráticos... E nem mesmo o relicário dos antepassados: armaduras, aparelhamentos de guerra que serviam aos d'Arbeville desde três séculos, escapou à renovação que sobre o antigo aluno do Dr. Rivail se iniciava...

Paris murmurou e espanto geral alvoroçou a nobreza. Realizou-se o que o belo marquês receara daquele gesto: o fragor de sua queda fora retumbante! Partida dos gabinetes dos notários, a notícia de sua ruína cruzou as ruas, penetrou os salões, atingiu as relações do moço fidalgo e se confirmou com o memorável acontecimento da dispersão dos seus bens! Seu nome, então, rodou de boca em boca, na girândola ingrata dos comentários. Fecharam-se-lhe antigas intimidades. Seus companheiros e amigos de outros tempos recebiam-no distraidamente, esquecendo-se de convidá-lo para as festas que realizavam. As damas sorriam-lhe contrafeitas, levadas somente pela afetação social, já lhe não encontrando semelhanças com Apolo. Partidários políticos, certos de que não mais poderiam sugar de sua bolsa quantias avultadas para o que denominavam o bem da causa, fechavam-lhe a entrada para sessões secretas, excluíam-no das atas e das diretorias e riscavam-lhe o nome das listas de sócios beneméritos... E seus defeitos e erros, suas ações censuráveis do passado, que todos haviam incentivado e dos quais compartilharam, foram relembrados com malícia, comentados e agravados sob o exagero da maledicência...

O ídolo tombara do frágil pedestal de ouro em que se apoiara, despedaçando suas fictícias glórias sob a força do egoísmo humano!

Gaston então se contemplou e reconheceu-se repudiado pela própria sociedade que o endeusara. Sua ruína trazia, além de outras, a ardente decepção de compreender que a sociedade em que vivia era, com efeito, corrompida e venal; e que não seria em ambientes tais que se encontrariam caracteres desinteressados, capacitados para a função honrosa da vera consideração ao próximo! Sofreu, mas resistiu.

Contava readquirir ainda a posição perdida para, um dia, confundir os ingratos. Poderosa altivez e estranha serenidade mantiveram-no tranquilo e digno à frente do escândalo. Soubera cair, como o desejara sua mãe: com a honra própria de um d'Arbeville. O amor de Henriette encorajara-o! A fé nesse amor e a confiança num promissor futuro, que traria para os seus braços Henriette envolta em vaporosos véus de noivado, retiveram-no à beira do desespero, sustentando-o na amargura do momento! Enganaram-se aqueles que lhe haviam prognosticado o suicídio como remate a uma possível ruína! Gaston não se lembrou do suicídio! Não pensou na morte como solução para a adversidade que se estendera sobre seus passos! Não quis morrer! O que ele queria, era viver! Viver por Henriette e para Henriette!

4

Algumas figuras representativas das finanças do país — capitalistas, alta burguesia, judeus comerciantes e até mesmo vultos menos preconceituosos da aristocracia — acabavam de fundar importante firma exportadora de produtos do reino e importação de matérias-primas não existentes no mesmo. Habilmente organizada, a dita sociedade — a que nos dias atuais se denominaria "Companhia" — trazia honesta reputação e, logo de início, se impusera no conceito geral pelas garantias que oferecia aos clientes e aos acionistas. Existiam filiais e representações no estrangeiro e falava-se em estender suas atividades pelo Pacífico, nas plagas recompensadoras da grande e dourada América, que refulgia riquezas na longitude setentrional. Seria, como tudo indicava, emprego de capital vantajosíssimo, ao mesmo tempo que ação patriótica, porque se propagariam produtos franceses, quiçá pelo mundo inteiro.

Gaston sentiu-se tentado a explorar o terreno. Interessava-lhe sobremodo o assunto, visto que pertencia agora, como, aliás, os seus antepassados, às classes produtoras do país — como fidalgo agricultor que era. Oxalá tão louras perspectivas lhe soerguessem a fortuna e o conceito! Ademais, seria meio honroso de viver e de empregar capital; e o Sr. de Lacordaire, conhecendo-o laborioso como o fora seu velho pai, certamente se encheria de confiança para recebê-lo na família. Raciocinou longamente, levado por excelente franqueza e boa vontade, e capacitou-se de que a dita agremiação viera ao encontro de suas próprias necessidades. Balanceou, em seguida, os haveres que possuía, reuniu capitais disponíveis, hipotecou ainda terras e granjas espalhadas até para aquém da Normandia, pesou e estabeleceu divisas revelando apreciável tino administrativo e, entregando a direção interna de Saint-Pierre à competente vigilância de sua mãe e de Michel Blanchard, filiou-se à companhia como sócio. Tudo indicava que se obrigaria a estender-se em viagens longas pela França como por países estrangeiros. Não se opôs, inclinado ao trabalho para a recuperação do antigo poderio.

Todos os pormenores estabelecidos, aceito que fora, com sincero júbilo, pelos capitalistas burgueses, que o receberam com honra e confiança, o "divino Apolo", agora transformado em deus Mercúrio,[9] encheu-se de ânimo e esperanças e pensou que era tempo de se dirigir a de Lacordaire a fim de solicitar a mão de Henriette. Tornou, pois, ao solar paterno especialmente para atender ao melindroso assunto; e, já no dia imediato, visitou seus vizinhos de Sainte-Croix, a fim de estabelecer com a noiva querida o dia mais propício para oficialmente se apresentar ao visconde como pretendente à mão dela.

Passeavam, nessa tarde, pelas aleias pitorescas do velho parque, comovidos e felicíssimos, mãos ternamente enlaçadas, pronunciando apenas curtas frases de amor, entre sorrisos e pequenas promessas sempre renovadas. As duas matronas bordavam à sombra dos castanheiros... Cansado de caminhar, o jovem par aproximou-se do tanque no qual os cisnes boiavam à espera das migalhas costumeiras... Mas insólita comoção perturbava-os nesse dia, que se tornaria inesquecível. Não viram os cisnes, não lhes atiraram guloseimas... Espessas ramadas floridas teciam discretos cortinados ao redor de ambos... Docemente, como transportado por unções religiosas, Gaston atraiu a si o anjo louro que o animara ao culto do dever e, estreitando-o ao coração, depôs-lhe nos lábios o fervoroso ósculo do seu amor, selando o eterno consórcio de suas almas...

---

[9] N.E.: Mensageiro dos deuses, patrono dos comerciantes, da Astronomia, da eloquência. Corresponde a Hermes na Mitologia grega.

***

Com admiração do moço marquês, o visconde Flávio, após ouvir religiosamente suas exposições, recebeu com frieza a solicitação da mão de Henriette.

D'Arbeville era desses homens cujo temperamento impulsivo e franco encobre, frequentemente, preciosas qualidades de honradez e lealdade, que não raro se estendem às raias da delicadeza de consciência. Incapaz de qualquer gesto refalsado que redundasse em prejuízos ou decepções para outrem, seus desregramentos de rapaz haviam tão somente a ele molestado, sem complicar-lhe a consciência quanto a incômodos causados a quem quer que fosse. Afigurou-se-lhe, por conseguinte, dever de honra expor ao visconde as últimas transações feitas por sua casa, conquanto o fizesse discreta e delicadamente, assim evitando que o severo fidalgo colhesse de outras fontes o que só ele estaria em condições de verdadeiramente esclarecer. Entendera, pois, fiel aos princípios de lealdade dos seus antepassados, que, franqueando o coração ao pai da futura esposa, quanto aos contratempos surgidos em Saint-Pierre, provar-lhe-ia a honradez dos próprios sentimentos e intenções e se poria a coberto de suspeitas ofensivas. E o Sr. de Lacordaire — nobreza de princípios, retidão de caráter insofismáveis — louvar-lhe-ia a franqueza e não só lhe concederia a permissão solicitada como até elevaria, provavelmente, o grau de consideração que lhe dispensava.

Sobressaltou-se, pois, desagradavelmente, observando a severidade que gradualmente se acentuava na fisionomia do visconde a cada nova palavra que emitia. Mas seu sobressalto agravou-se, transformando-se em penosa ansiedade, em decepção angustiante, quando, contra toda a expectativa, o orgulhoso fidalgo, usando de excessiva cerimônia para a intimidade que vinculava as duas famílias, se furtou a uma explicação definitiva, apresentando subterfúgios demasiadamente frágeis para vaticinar conclusões satisfatórias:

— Sobremodo honra-me a vossa solicitação, Sr. marquês — respondeu ele, empertigado numa soberbia desconcertante, após a longa exposição do "formoso d'Arbeville" —, e felicito-me por haver merecido do vosso conceito as preferências para a aliança que propondes. Não obstante, pesa-me declarar-vos que considero *mademoiselle* demasiadamente jovem para as responsabilidades do matrimônio, e que venho mesmo pensando em retorná-la ao convento a fim de aprimorar-lhe a educação... Não pensava casá-la, portanto, tão cedo... Todavia, rogo-vos a fineza de aguardardes meu regresso de Paris para discutirmos o presente assunto. Tenciono partir já amanhã... Como vedes, não disponho de prazo para reunir conselho com a senhora viscondessa a fim de estabelecermos o destino que convirá à *mademoiselle*...

De Lacordaire levantara-se ao pronunciar as últimas palavras, parecendo não prestar atenção na descortesia que praticava com a Srª de Saint-Pierre, que entendera de bom aviso acompanhar o filho em visita de tão grande responsabilidade.

A polidez obrigava o solicitante a conformar-se com a decisão do interlocutor. Gaston e sua mãe retiraram-se, sem poderem cumprimentar sequer a viscondessa, que não comparecera ao salão, desagradavelmente impressionados com o rumo inesperado que tomara a situação.

A verdade, no entanto, era que, ouvindo a nobre relação do jovem de Saint-Pierre, Flávio de Lacordaire chocara-se até o âmago do ser, impressionando-se desagradavelmente ante as deduções tiradas a cada frase ouvida do interlocutor.

Chegando a Paris, retumbou-lhe imediatamente aos ouvidos, já contaminados de prevenção, o fragor da ruína de Saint-Pierre, a qual, sendo fato recente, repercutia ainda com escândalo nas rodas da nobreza. Fácil foi, portanto, a Flávio Henri colimar o alvo que trazia em mira, isto é, investigar pormenores a respeito da personagem em apreço.

Amor e ódio

O nome do pretendente à aliança com sua casa era assunto preferido nos ambientes aristocratas e financistas. Sucedia então o que sucede invariavelmente em ocasiões análogas: Gaston surgia, agora, de todos os lados, no conceito de seus mesmos comparsas, como portador de todos os defeitos, elemento nocivo aos meios sociais que tivessem dignidades a zelar e cujo caráter se aviltara ao contato de todas as dissoluções! Todas as vozes, a que se dirigira Flávio à procura de informes, ecoavam aos seus ouvidos decepcionados apontando ao marquês leviandades impróprias de um fidalgo, ações censuráveis, iniquidades antes criadas pela maledicência de despeitados e antigos rivais. Nenhuma voz a seu favor! Nenhum gesto amigo que lhe atenuasse as antigas inconsequências, ao em vez de agravá-las! Muitos de seus próprios correligionários políticos, que tanto lhe deviam, agora que já não poderiam dele esperar as mesmas prodigalidades pecuniárias, criticavam-no vilmente, na sanha demoníaca de tudo censurar e maldizer por hábito, por pouco não o acusando de traidor da pátria! A qualquer porta que batesse de Lacordaire em busca de informações que garantissem a felicidade da filha, o nome do marquês d'Arbeville era batido pelo descrédito com a rigidez da impiedade que não trepida jamais em agravar e destruir aqueles que durante muito tempo lhe fizeram sombra. Completamente desmoralizado a partir do momento em que sua ruína fora conhecida, Gaston de Saint-Pierre já não possuía admiradores na sociedade que o endeusara corvejando-lhe as riquezas!

Vivamente impressionado, o austero visconde deixou a meio os afazeres que o tinham levado à capital e correu à Sainte-Croix, receoso pelo momento, que se lhe afigurou gravíssimo.

"Não!" — pensava indignado. — "Jamais Henriette Flavie usaria o nome de tal homem! Esse nome envilecido por um descendente que não honrara as tradições da família macularia a probidade de que se orgulhava a casa de Lacordaire! Não! Saberia defender a filha das garras do abutre feroz que ameaçava destroçar-lhe o porvir! Henriette era uma criança! Na sua idade as paixões não são duráveis: esqueceria o primeiro sonho ao próprio embate da primeira desilusão!..."

Ao chegar a Sainte-Croix, seu primeiro cuidado fora ordenar à esposa providenciasse enxoval e bagagens para a menina, porque sem tardança fá-la-ia retornar ao convento, a fim de aperfeiçoar a educação. Não se referira à solicitação, que de Gaston recebera, sequer a sós com a viscondessa, guardando antes o mais absoluto silêncio sobre a momentosa questão.

Entretanto, sabedor do regresso de seu vizinho, o moço de Saint-Pierre, enervado e ansioso, esperava cerimoniosamente a comunicação oficial, a que o dever de polidez obrigaria o Sr. de Lacordaire, a fim de apresentar-se e receber a resposta a que tinha direito. Tardava, porém, esse comunicado, o que não augurava feliz resultado para as suas pretensões.

Ao findar do terceiro dia, incapaz de esperar por mais tempo, deliberou apresentar-se, de qualquer forma, diante do homem cujas mãos sustinham o seu destino, e solicitou uma entrevista.

O mordomo da aprazível mansão de Sainte-Croix fizera entrar o marquês para um pequeno salão de cerimônias. Profundo silêncio pesava sobre a habitação. Apreensivo, não vislumbrara o vulto gracioso da noiva nos terraços onde, habitualmente, ainda ao longe a entrevia, à sua espera. Porém, passos abafados se fizeram ouvir na antessala e o visconde Flávio, austero e dando mostras de grande severidade na fisionomia carregada, deu solene entrada no salão, enquanto o visitante foi ao seu encontro esboçando espontâneo movimento de afabilidade.

Compreendendo, porém, ao primeiro instante, a disposição hostil de seu vizinho, de Saint-Pierre, decepcionado, dissera sem preâmbulos ao que vinha. E Flávio Henri de Lacordaire, sem mesmo tentar disfarçar a animosidade de que se sentia possuído, respondeu-lhe incisivamente, parecendo não desejar maiores explicações:

— Lamento, Sr. marquês de Saint-Pierre, ver-me obrigado a declarar-vos não ser possível atender à vossa solicitação. De modo algum convém à casa de Lacordaire uma aliança com a casa de Saint-Pierre!

O entendimento fazia-se com ambos os interlocutores de pé. Flávio de Lacordaire não convidara seu hóspede a sentar-se.

Gaston retorquiu, serenamente, quase altivo:

— Contudo, espero, Sr. visconde, que me honrareis com uma explicação sobre a recusa que julgo não merecer e que me vem ferir profundamente...

— A explicação que desejais, senhor — tornou Flávio impaciente, com frases ligeiras e em tom hostil —, seria tão desagradável para vós como para mim... Rogo-vos poupar-nos a ambos o dissabor de vo-la dar...

Gaston encontrava-se profundamente apaixonado. Todo o seu ser confrangeu-se sob a insuportável humilhação da rude negativa. O amor, não raro, leva aquele que ama a suportar dolorosas humilhações. O "divino Apolo", atingido em cheio no coração, debateu-se desesperadamente, pela causa própria, como o náufrago na ânsia suprema do salvamento. Em tom incerto, emocionado, o pobre moço apelou ainda:

— Visconde... senhor... amo *Mademoiselle* de Lacordaire... Depus nesse grandioso sentimento, que pela primeira vez sinto fazer pulsar meu coração, todas as minhas esperanças de felicidade, como a própria vida!... Dai-me as razões de vossa recusa, que talvez não sejam bem fundamentadas, pois sinto-me sincero e leal; e a fim de que aos vossos olhos eu me justifique, se porventura vossa presente resolução implica algo desfavorável surgido contra mim... pois que, dantes, vossas atitudes me levaram a crer que aceitaríeis essa união... Oh! por quem sois, não arruineis dois corações que se procuraram e compreenderam ternamente...

— Basta, marquês!

— Compreendo, Sr. de Lacordaire! A situação delicada, mas não irremediável, que no momento atravessa a casa de Saint-Pierre, e a qual lealmente expus, para que me não acusásseis de segundas intenções nessa aliança, é o escolho que vos leva a desfavorecer-me... — bradou d'Arbeville, cujo orgulho ofendido se exaltara; e em seguida, continuou, em tom quase suplicante:

— Eu não vos peço me concedais a mão de *mademoiselle* neste momento... Dai-me, porém, vossa palavra, que ma concedereis mais tarde... Sou jovem! Lutarei! Reerguerei minha casa ao nível da vossa, reconquistarei o antigo brilho de meus antepassados, vencerei!

Por um instante, Flávio de Lacordaire quedou-se impressionado. O acento de sinceridade, de suprema dignidade, de que se impregnaram as últimas palavras do moço fidalgo, pareceu-lhe, por um momento, vazado da mais elevada expressão de honradez. Sem o saberem, aqueles dois homens encontravam-se num desses momentos decisivos da vida humana, que aos seus configurantes poderão conferir legítimo galardão espiritual perante a sábia Lei que tudo regula em torno dos destinos das criaturas; ou conservá-los, simplesmente, na inferioridade das paixões em que se agitam. A chave do futuro, todavia, naquele impressionante *staccato* da vida de ambos, pertencia a de Lacordaire. Se esse homem, de coração enrijecido no orgulho, se deixasse inspirar, naquele instante, por uma parcela de boa vontade em contribuir para a satisfação de outrem, e apertasse a mão ao opositor, dizendo: "Creio em ti, vejo que és sincero, sê bem-vindo ao seio de minha família" — teria estendido sobre o abismo do seu próprio passado a ponte salvadora que facilmente o conduziria a porto compensador do futuro espiritual, que o aguardava, poupando--se amargas decepções por meio da dor, porque teria cumprido sábio preceito divino, cristãmente expungido, com o perdão, máculas de velho ódio adquirido em anterior existência planetária. Mas não o fez! Não quis fazê-lo, apesar do momento de reflexão que no minuto supremo a consciência lhe concedia... Então, depôs sobre os ombros do inimigo de outrora, que agora não desejava senão o perdão, o esquecimento e a reconciliação, a cruz das provações expiatórias, deixando que acontecimentos cruciantes — aliás inevitáveis, porque originários de causas enraizadas no pretérito — seguissem o seu curso doloroso, tornando-se, porém, ele mesmo, daquele momento em diante, a pedra do escândalo que deveria chegar, responsável que se fez, como instrumento voluntário, da punição que a sábia Lei aplicaria, mesmo que ele não se apressasse em executá-la, inspirado nos maus pendores do próprio caráter.

Retorquiu, então, aos veementes protestos que ouvia, com uma conclusão suprema:

— É escusado, marquês d'Arbeville!... E rogo-vos considereis terminada esta desagradável entrevista...

— Esclarecei-me, por quem sois, visconde, dos motivos por que sou repelido... a fim de que me seja permitido removê-los...

— Pois bem, já que indiscretamente o exigis — e Flávio de Lacordaire chamou a si, para pronunciar esta crua objurgatória, toda a gravidade que o momento requeria:

"Quereis os motivos?... Ei-los: quando animei com minha tolerância as vossas preferências pela menina de Lacordaire, era que supunha conhecer-vos por intermédio das respeitáveis tradições de vossa casa. Hoje, porém, conheço melhor o verdadeiro critério, o caráter pessoal e particular do atual marquês de Saint-Pierre, porque mo foi revelado pela nobreza da Corte de Luís Filipe; e por isso me nego a favorecer os vossos intentos, por não considerar-vos digno bastante da minha confiança!"

Cumprimentou com um leve movimento de cabeça o interlocutor interdito, o qual se tornara lívido de indignação, e, chamando o mordomo, exclamou:

— A carruagem do Sr. marquês... — enquanto acrescentava, dirigindo-se a este:

— Espero da vossa qualidade e honra de fidalgo, olvideis haver conhecido *Mademoiselle* de Lacordaire.

Emudecido, Gaston fitou longamente o visconde, ferido no mais profundo de sua alma, como atendendo a súbitas revivescências da subconsciência, que das profundezas do espírito apontava em de Lacordaire o inimigo implacável do pretérito, incapaz de perdoar e esquecer. Quis retrucar, revidando o que julgava insulto. Conteve-se, no entanto, vislumbrando em pensamento, como por encanto, a figura nobre de seu pai, incapaz que fora de uma ação, de um gesto menos solidário ou delicado, e o qual como que lhe sussurrava aos ouvidos, docemente, naquele momento gravoso de sua vida:

— Retira-te em paz, meu filho... Será o mais prudente...

Então, tomou das mãos do mordomo o chapéu e a bengala que lhe eram apresentados; e, agitando com suprema elegância sua capa de forros de seda branca, que deixou evolar pela sala ondas de precioso perfume, a fim de traçá-la nos ombros, saiu sem mesmo cumprimentar o visconde. Ao transpor, porém, o limiar do salão que acabava de deixar, dirigindo-se para a escadaria, acompanhando o mordomo, ouviu, surpreendido, que vibravam estrepitosa gargalhada atrás de si, como alguém que se rejubilasse com a decepção que acabava de sofrer. Voltou-se bruscamente, no intuito de reconhecer o insensato que assim procedia. E vislumbrou, então, com intraduzível surpresa, chocando-se até a mais profunda sensibilidade da alma, um vulto singular, espécie de fantasma humanizado, que, além, dir-se-ia esconder-se entre os reposteiros... Era uma estranha figura de mancebo, perfil clássico de medalha florentina, cuja indumentária lembraria a Regência, cabelos em desalinho, o peito tarjado de sangue vivo e espumejante, que lhe escorria de horrível ferimento na garganta, em que um punhal se cravara...

Fora visão rápida, mas que lhe permitira compreensão exata de detalhes...

Desorientado, lívido, sentindo a alma contaminada por insólitas vibrações, angustiantes e maléficas, Gaston desceu as escadarias tocado de alucinação, sem bem compreender o que se passava em derredor, somente recuperando o uso normal do próprio raciocínio quando a carruagem rodava sob as ramadas benfazejas dos velhos carvalheiros que o viram nascer...

Três dias depois o "divino Apolo" deixava os bosques queridos da aldeia natal a fim de retomar o curso de seus afazeres nas convulsões de Paris, enquanto a loura Henriette, banhada em lágrimas, dava entrada no Convento do Sacré-Coeur de Rouen, a fim de aprimorar a educação.

5

Gaston de Saint-Pierre arrendara, em Paris, o primeiro andar de um vasto e nobre edifício da rua de Lafayette, ali passando a residir. Tratava-se de um bairro comercial, e a constante agitação das classes laboriosas movimentava-o até as primeiras horas da noite. Não existia nessa rua qualquer residência senhorial que indicasse a presença de um aristocrata. Mas d'Arbeville não chegara a se impressionar seriamente com mais esse episódio de sua já acidentada vida. Pesava-lhe, é certo, a diferença do ambiente, pois fora brusca a mudança do aristocrático palácio de Saint-Germain para a muito prosaica rua de Lafayette. Para quem, como ele, fulgira entre os mais notáveis astros da aristocracia, o modesto primeiro andar onde agora residia seria humilhante.

Todavia, esse jovem, em cujo caráter seus detratores teimavam em descobrir tendências negativas, trazia nos refolhos da alma preciosas inclinações para o bem, que principiavam a germinar.

O homem vulgar, cuja mentalidade se tisna das caligens dos preconceitos primitivos, alcança e aceita somente aquilo que brutalmente se impõe por formas ou atos exteriores, na objetividade passageira das circunstâncias de momento. O Juiz supremo, no entanto, atenta de preferência nas possibilidades que se ocultam nos arcanos da consciência das suas criaturas, sem se demorar a criticar o exterior, ou seja, as ações que os homens, não raramente, praticam arrastados mais pelas circunstâncias favoráveis do meio em que vivem do que mesmo por suas verdadeiras inclinações e vontade. Deus conhece essas possibilidades. As tendências generosas que houver serão carinhosamente incentivadas dentro do harmonioso mecanismo de suas próprias leis, as nobres predisposições auxiliadas por outros tantos fatores que se conjugam na magnífica trama da vida... E as sementes de virtudes que lá se deixavam estar, nos refolhos da alma humana, ocultas ao mundo, mas visíveis a Deus, germinam, crescem, florescem, frutificam na primavera sacrossanta da reabilitação... E assim é que de um delinquente se elevará a probidade do homem de bem; de um libertino, a gravidade da sensatez; de um réprobo, a humildade e a solicitude do crente... Deus, o Pai todo bondade e todo misericórdia, é o sábio e paciente jardineiro que cultiva na alma imortal de seus filhos os germens das virtudes com que os dotou a todos.

Daí porque Gaston d'Arbeville sentia que um senso novo se impunha dentro de seus raciocínios, melhor orientando-o para as peripécias que se apresentavam, agora, em sua vida...

Aliás, que lhe restaria fazer, senão resignar-se à vida de seu novo bairro? Não era ele próprio, agora, comerciante também? Não era do trabalho exaustivo, das preocupações profundas de homem de negócios, dos esforços junto a burgueses laboriosos que estava vivendo, contando reabilitar-se financeiramente, a fim de reconquistar posição para ofuscar de Lacordaire e dele receber Henriette? Porventura aqueles burgueses simples, trabalhadores honrados, almas temperadas no cadinho de pelejas rudes, não se mostravam seus amigos desinteressados, sabendo que já bem pouco possuía, recebendo-o amistosamente em seu meio, despreocupados da sua reputação de fidalgo?

Outrora, conquanto esposando ideias liberais, longe se julgava de ombrear-se a homens como esses, que agora o serviam nas críticas circunstâncias em que se encontrava. Reconhecia-os, agora, nobres e probos. Admirava-os! Grandiosa qualidade reconhecia que era, no coração de um ser humano, a ausência do orgulho de casta!...

Preocupado com estas ilações do próprio raciocínio, porém, resignado, sentiu-se bem na singelez do seu primeiro andar. Aliás, seu bom gosto de artista, os desvelos de seu criado de quarto, que jamais abandonaria o amo, e a solicitude materna, que lhe provera as malas de tudo o que fosse útil e agradável, transformaram sua casa em habitação encantadora, à qual nem mesmo faltava o encanto de alguns tabuleiros ricamente floridos ao longo do terraço, transformando-o em aprazível jardim suspenso.

Entregara-se, então, com labor digno de elogios, às atividades da sua associação, e embrenhava-se no mundo das finanças internacionais, interessando-se pelos produtos de toda natureza. O senso de responsabilidade apresentou-se, inspirado pelo trabalho, e, despertando-lhe brios novos, serenamente encaminhou-se ao cumprimento dos deveres profissionais. O valor construtivo de que era capaz revelou-se por meio das meritórias e abendiçoadas lutas inerentes ao trabalho cotidiano, mostrando admiráveis qualidades que jaziam adormecidas em seu caráter — e Gaston, então, reconheceu o quanto era superior e digno para um homem o fato de viver à sua própria custa, sob a proteção do seu trabalho! Amava seus labores e reconhecia-lhes os encantos. Sua alma de grande idealista perfumara-os de generosos aspectos, de múltiplos atrativos. Reconhecia em seus afazeres um amigo que o guiava sincera e desinteressadamente. Deles fizera uma individualidade digna de ser amada e respeitada, visto que lhe oferecera socorro em ocasião adversa!

O pobre marquês, porém, apesar de tudo, sofria.

Às horas de repouso, tornavam os dissabores e as apreensões do coração avultavam amargurosas e desconcertantes. Todas as noites, findos os afazeres, e muitas vezes fatigado, Gaston entregava-se ao repouso e, dando asas à meditação, aprazia-se em reler páginas do amado livro das recordações. Os bosques de Saint-Pierre, com seus espinheiros cheirosos e as macieiras fecundas, os lagos e jardins de Sainte-Croix, onde desfrutara horas suavíssimas ao lado de Henriette, eram recordações que ele evocava fielmente, cruciando-se de saudades, vibrando as mesmas dulcíssimas emoções experimentadas então! Mas nem sempre as páginas desse livro sentimental apresentavam detalhes assim fagueiros e confortadores... À lembrança da humilhação infligida por de Lacordaire, revoltava-se, o coração contundido, envergonhado frente a si próprio, vendo-se obrigado a acovardar-se por circunstâncias irremovíveis no momento.

Então, o coração opresso, a mente torturada pelo clamor angustiante de inelutáveis elucubrações, levantava-se agitado e como que irradiando emoções superiores. Empunhava a harpa, a qual amava com a veneração do verdadeiro artista, ou sentava-se ao piano. A inspiração descia do Infinito para rociar-lhe a alma com ondas de ritmos arrebatadores e puros, levando-o a transvasar para a música a dor que o lacerava, assim criando melodias deíficas, sonatas ou *romanzas*, árias ou prelúdios que seriam eloquentes expressões da Arte formosa e incomparável. De outras vezes, preferia sentar-se à secretária e escrever. Tomava da grande pluma e traçava, em versos maviosos, encantadores poemas bucólicos, elegias mimosas, romances sugestivos ou ternos, os quais, ainda por ele adaptados à melodia anteriormente imaginada, dele faziam admirável intérprete das duas artes divinas — Música e Poesia!

Um mês depois de se haver instalado novamente em Paris, Gaston de Saint-Pierre dirigiu-se a Rouen a fim de visitar sua jovem prometida. Não conhecia as ordens do visconde a respeito da filha. Julgara, portanto, possível vê-la facilmente, e, ansioso sob a impetuosidade do seu caráter ardoroso e inquieto, já se imaginava contemplando-a, enternecido à lembrança do encanto irresistível que irradiava de toda a pessoa de sua bem-amada. Mas, gentilmente recebido pela superiora dirigente do importante estabelecimento, na qualidade de parente da menina de Lacordaire, conforme achara por bem apresentar-se, apenas pudera colher informações acerca de sua saúde, pois declarara-lhe a respeitável dama, penalizada dentro da rigidez das suas responsabilidades, que ordens paternas lhe vedavam permitir à nobre educanda quaisquer visitas que não apresentassem licença escrita pelo próprio punho do visconde.

Decepcionado, o ansioso marquês confessou-se impotente para remover o inesperado empeço. Uma ordem do visconde ser-lhe-ia totalmente impossível obter. As antigas relações haviam sido definitivamente rompidas entre as duas casas. A senhora Madeleine já não visitava sua amiga viúva d'Arbeville; e Flávio Henri, se com seu antigo vizinho se encontrava algumas vezes, em Paris, furtava-se mesmo à polidez de cumprimentá-lo.

No entanto, o coração que devotadamente se consagra a outrem geralmente adquire, pela força das circunstâncias, a preciosa virtude da perseverança.

Gaston não desesperou ante a declaração da digna religiosa, antes, perseverou no intento que o animava, a si mesmo prometendo o consolo insuperável de rever a lirial criatura que lhe perfumara o coração com as suaves essências de um sentimento sincero e dignificante.

Ora, por determinado domingo de cada mês, a ilustre congregação franqueava ao público seu grande Santuário.

Situado de molde a tornar-se independente do edifício conventual, o Santuário oferecia aos fiéis entrada em seu recinto sem devassar quaisquer dependências daquele, o qual, no entanto, a este se ligava por comunicações internas.

Uma vez ao mês, portanto, os nobres portões do Santuário descerravam-se em hospitaleiro acolhimento ao mundo. As naves se abarrotavam de fiéis e ofícios solenes eram celebrados em honra ao padroeiro. Não se fechavam, então, senão à noite, as portas chapeadas da capela. Devotos de todas as classes iam e vinham, patenteando os ardores das próprias convicções... Enfermos acorriam para a súplica de milagres em troca de prendas que, fervorosos, depositavam sobre o altar. Mendigos postavam-se aqui e acolá, pelas cercanias, espreitando compensadoras coletas. Ao meio-dia abriam-se os portões do Dispensário mantido pela nobre casa, atendendo à distribuição de dádivas à pobreza a ele filiada, serviços estes desempenhados pelas excelentes mestras e suas educandas, que eram substituídas alternadamente, de mês a mês. E o dia prosseguia ruidoso e festivo, entre manifestações de fé e fraternidade...

Ao suave anunciar do Ângelus,[10] porém, o incenso perfumoso subia em espirais graciosas, de turíbulos esbraseados... Os grandes lustres de cristal, pendentes da abóbada do venerando templo, enchiam-se de luzes fulgurantes. O capelão ornava-se com vistosos paramentos e iniciava seus misteres sacerdotais, coadjuvado por outros religiosos menores... O órgão vibrava, em notas melancólicas e doces, de pureza emocional, suas cordas que se diriam tangidas por delicados frêmitos imateriais; e cânticos suaves, que traziam à lembrança nomes veneráveis de gênios da música sacra, enchiam de melodias a nave repleta de fiéis silenciosos, de luzes e perfumes...

Eram os ofícios da noite — o *Te Deum* —[11] com que se encerravam as cerimônias...

Ora, enquanto ia e vinha pelos locais descritos, o jovem marquês não só observava que o Santuário era guardado em velório, durante o dia todo, por duas religiosas, que se revezavam de duas em duas horas, até os ofícios da noite, como reconhecia em uma delas certa jovem pertencente ao círculo de suas relações sociais, quando em Paris se vira no apogeu da fortuna. Essa jovem — Alice du Féval — desaparecera subitamente dos salões, sem que ele jamais se preocupasse em indagar do seu paradeiro. Deparando-a, agora, sob véus religiosos, surpreendeu-se profundamente, aliando, porém, imediatamente, à extraordinária novidade a ideia obsidiante por que se deixava dominar: comunicar-se com a noiva reclusa!

---

[10] N.E.: A hora do Ângelus (ou Toque das Ave-Marias), que corresponde às 6h, 12h ou 18h, relembra aos católicos, por meio de preces e orações, o momento da Anunciação — feita pelo anjo Gabriel a Maria — da concepção de Jesus Cristo, acreditada como livre do pecado original. Em algumas localidades, os sinos das igrejas chegam mesmo a tocar de maneira especial para que se dê início às respectivas orações.

[11] N.E.: Hino litúrgico católico atribuído a Santo Ambrósio e a Santo Agostinho, iniciado com as palavras *Te Deum Laudamus* (A Vós, ó Deus, louvamos).

Como tentá-lo, porém?... Nenhum alvitre lhe socorria a ríspida ansiedade!

Em qualquer outra circunstância, ao reconhecer Alice envergando o feio burel de monja, ter-se-ia mantido discreto, não se fazendo reconhecido. Mas presa de insopitável impaciência que lhe vinha postergando o senso do raciocínio, aproximou-se da jovem religiosa e, apresentando-lhe cumprimentos, manifestou a satisfação, como a surpresa, de ali encontrá-la. Falaram-se durante alguns curtos minutos, segundo o regulamento da casa. Não obstante, no decorrer da curta palestra nada mais se atreveu solicitar senão informações quanto ao domingo seguinte, obtendo como resposta a desalentadora notícia de que apenas uma vez em cada mês se realizavam as mesmas festividades.

Passou-se um longo mês, portanto, durante o qual d'Arbeville se conservara em angustiosa expectativa, sem lograr a mais leve notícia do seu ídolo.

Sob o império de enervantes induções, viu chegar, finalmente, a data para nova peregrinação a Rouen. Contando encontrar a jovem prometida nos serviços do Dispensário, uma vez que, no mês anterior, ela ali não comparecera, preparara longa missiva confiando-lhe projetos futuros, renovando afirmativas anteriores, expondo as razões por que deveria ausentar-se por indeterminado prazo, visto que, dentro em breve, deveres imperiosos o obrigariam a longas viagens. Entretanto, chegando ao Dispensário, e ali se demorando durante todo o tempo da distribuição das dádivas, não logrou satisfação para a ansiosa expectativa que trouxera. Vagou, decepcionado e contrafeito, pelas dependências franqueadas ao público, pondo-se a investigar meio seguro de fazer chegar às mãos da menina a ardente missiva que escrevera. Compreendendo, apreensivo, que o sol declinava e as primeiras tonalidades do crepúsculo não tardariam a se apresentar, dando ocasião a que no Santuário se iniciassem as cerimônias da noite, decidiu-se o moço marquês à mais ousada tentativa que nessa tarde de ansiosa expectação sua mente rescaldante lhe poderia sugerir.

Alice du Féval servia no plantão do Santuário junto a uma religiosa de idade avançada, a qual não levantava jamais os olhos do livro de orações, enquanto ela própria se repartia na vigilância de praxe. Nada mais simples, portanto, do que aproximar-se e pedir-lhe auxílio. Sentia temerário o intento. Qualquer ação, porém, urgia tentar, impondo-se ao marasmo a que se reduzira seu caso sentimental. Disposto a tudo, enervado ante a cansativa espera, acercou-se da freira, que preparava círios para um altar, e falou respeitoso, ao passo que ela se perturbava, tornando-se ainda mais lívida:

— Minha boa irmã... vede diante de vós um homem desesperado, cuja única esperança se encontra na bondade que irradia das vossas atitudes...

Comovida, a jovem freira balbuciou, percebendo que o fidalgo se interrompia:

— Explicai-vos, senhor, e verei se me será permitido aliviar as agruras do aflito que, na casa do Senhor, suplica mercê...

— Obrigado!... Dizei-me: conheceis, entre as alunas confiadas a esta nobre instituição, a menina Henriette Flavie de Lacordaire?...

— Sim, conheço-a... e até a estimo particularmente... É uma das mais benquistas educandas do Sacré-Coeur...

— E seria possível, boa irmã, confiar-vos um segredo, contar com o vosso auxílio e discrição para me poder dirigir à menina de Lacordaire, ao menos uma única vez, enviando-lhe uma missiva por vosso intermédio?...

A noviça sobressaltou-se!

— Com que direito — respondeu severa — falais-me dessa forma? Sabeis que me propondes a cumplicidade de um crime?...

Mas o antigo príncipe das salas revidou serenamente, acentuando as palavras com o sentimento que a ocasião exigia:

— Tomo Deus por testemunha da honestidade dos meus propósitos, *Mademoiselle* Du Féval!... Vós me conhecestes noutro tempo... Compreendereis, portanto, que não seria levianamente que aqui me acho suplicando um favor que saberei agradecer... Eu e a menina de Lacordaire nos amamos há já algum tempo... Não obstante, a negativa do Sr. visconde, seu pai, proíbe-nos a ventura das justas aspirações do coração... Tenho necessidade de viajar, de deixar a França por indeterminado prazo... Pesa-me, porém, afastar-me sem que me possa entender com ela acerca do nosso futuro... Ó minha senhora, por quem sois!... Vejo a mesma bondade de outrora em vosso olhar... Ajudai-nos!... Dizei-me que compreendeis o suplício que nos crucia... Concordai em levar a Henriette esta missiva... Dizei que fareis tal sacrifício para alívio de um coração rijamente lacerado, que vos procurou como derradeira esperança!...

Assustada, a pobre freira circunvagou o olhar desvairado em derredor, investigando se não foram por outrem ouvidas as palavras a ela dirigidas, enquanto, trêmula, protestou:

— Não sabeis o que pedis, Sr. marquês! Oh, por quem sois, retirai-vos!... buscai outro meio, esse é impossível, não posso!...

Todavia, Gaston insistia, forçando a conversação, que se prolongava para maior constrangimento da ansiosa monja:

— Que, ao menos — insistia ele —, transmitisse à menina Henriette recados verbais, narrando-lhe o que dele ouvia no momento. Que lhe descrevesse as angústias que contemplava, notificando-lhe as saudades que o dilaceravam... a fim de que a pobre continuasse confiando em sua palavra, certa de que não fora olvidada por aquele que lhe jurara fidelidade eterna!

E tanto ardor pôs d'Arbeville nas palavras que proferia, tanta eloquência encontrou, na própria aflição, a fim de convencer a tímida noviça, que esta concluiu, desejando livrar-se do colóquio imprudente, que poderia despertar a atenção de estranhos:

— Está bem, Sr. marquês! Basta! Farei o que me é proibido: auxiliarei vossos intentos! Confiai-me a carta e descansai, porque ainda hoje passará às mãos da menina de Lacordaire...

O resultado desse colóquio foi que a freira e a discípula sentiram estreitarem-se os laços de boa estima que desde antes as uniam. Houve confidências de parte a parte. Alice du Féval fez mais: favoreceu, com minuciosos cuidados, a resposta de Henriette à carta de Gaston e ainda uma outra missiva de Gaston em resposta a Henriette. Correspondência regular estabeleceu-se entre o casal de noivos, graças à solicitude da freira do plantão do Santuário e ao ouro do marquês, que comprara a dedicação de mais de um serviçal das cozinhas e dos pátios do estabelecimento. Enquanto decorria o primeiro mês, porém, as duas jovens reclusas, esperando a volta do marquês, concertavam o meio de permitir a Henriette falar ao noivo. O caso parecia, em síntese, mais simples do que a princípio imaginaram.

O edifício do convento, como sabemos, separava-se do Santuário por pequenas passagens interiores, ou galerias, as quais permitiriam fácil acesso a uma e outra dependências. Nos dias festivos as mesmas passagens eram rigorosamente interditadas, existindo ordens para que ninguém delas se utilizasse senão às horas de celebração, exceção feita às religiosas incumbidas da vigilância da capela, as quais, necessariamente, precisariam delas se utilizar, para o que traziam cada uma as suas chaves. Tais galerias, portanto, e adjacências, permaneceriam em completa solidão, durante grande parte do dia. Acresce a circunstância de que, aos domingos, era lícito às educandas se recrearem nos claustros ou no parque, repousarem em suas celas ou tratarem da correspondência para a família, no escritório que lhes era destinado. Seria fácil, assim sendo, furtar-se por alguns minutos à habitual vigilância, desde que, em desespero de causa, se conseguisse alguma audácia. Ademais, certas de que uma comunicação com o exterior seria inverossímil, as boas monjas jamais admitiriam a hipótese de que um enredo se tramasse dentro dos seus muros a fim de consegui-lo, e ainda menos que tal intento fosse produto do cérebro de uma novel serva tão tímida como Alice e de uma das mais conceituadas discípulas que o colégio se honrava de hospedar.

À primeira entrevista na galeria de acesso ao Santuário sucedeu-se a segunda. A esta sucedeu-se a terceira. E finalmente uma vez em cada mês Gaston e Henriette falavam-se, patrocinados por Alice du Féval.

Não havia do que temer-se. A jovem noviça atendia ao plantão da tarde, quando todas as atenções se voltavam, geralmente, para os acontecimentos do Dispensário. No intervalo que a ela e à velha companheira permitia descanso, porém, era o recinto velado por outras duas religiosas, que se revezavam com aquelas. Informado de como deveria proceder, Gaston, cautelosa e temerariamente, atingia a sacristia, onde igualmente existiam altares convidando à contrição; inteirava-se da passagem que levava ao local determinado e encontrava-se com a noiva, que no momento exato burlava as vigilâncias internas intrometendo-se pelos labirintos de corredores e galerias que levavam à sacristia. Inalterável solidão envolvia aquelas silenciosas passagens, a que ricos vitrais emprestavam indefinível encanto. Somente por ali transitariam as religiosas substitutas do plantão do Santuário.

Aliás, o próprio marquês, temendo a arriscada aventura, tornava rápidas as visitas à noiva por aquela forma. Palavras trocadas à pressa, promessas ainda uma vez repetidas, pequenos queixumes de saudades, um anseio de esperança, era tudo o que se passava nos parcos instantes em que se avistavam. Vigilante, Alice, de fora, logo os relembrava, com discretas pancadinhas na porta exterior, que não deveriam ser imprudentes.

Pesaroso de se ausentar da França, agora que sucessos novos lhe permitiam rever o ídolo por quem daria a própria vida, o moço fidalgo adiava indefinidamente as projetadas viagens, embalado pelo fictício contentamento de alguns minutos de felicidade, de longe em longe, quando a prudência aconselharia medidas enérgicas e decisivas para a consecução dos esponsais.

E cinco meses se escoaram céleres...

Um dia, porém, pelo sexto mês, a insustentável situação teve o seu inevitável desfecho.

Alice du Féval, vigilante, avisara já aos imprudentes noivos que terminassem a entrevista. Urgia o regresso da jovem à cela, antes que sua ausência fosse notada pela irmã vigia.

Alguns minutos mais e o plantão seria rendido. Aquele corredor era passagem forçada para o Santuário... Mas é tão penoso o momento da despedida para dois corações que se idolatram!... Mais um adeus, um pedido mais, uma promessa ainda... e o tempo se dilata sem que se torne percebido...

Inquieta, a jovem noviça, observando que Gaston tardava em aparecer de volta ao Santuário, vai, pela segunda vez, adverti-los de que se apressem, fazendo soar as pancadinhas convencionais na porta que dá para a sacristia. Custava-lhes, porém, sobremodo, o se separarem naquele dia. Sobre seus corações apreensivos, estendia-se esse véu sombrio de inexplicável amargura, criador de funestos pressentimentos, que comumente precede os acontecimentos decisivos. Henriette chorava. Ansioso e enternecido, o belo marquês encorajava-a com protestos de esperança, desencorajado, por sua vez, de afastar-se deixando-a presa de tão inquietante desânimo.

De súbito, suas atenções se voltaram para insólito rumor de passos e vozes abafadas, que se fizeram sentir na galeria maior que inevitavelmente se comunicava com aquela onde se achavam. Impossível tentar ocultar-se, passando à sacristia e ganhando, de qualquer forma, o corpo da capela, porque acabavam de assomar no extremo da galeria, bem à frente deles, as duas religiosas que renderiam o plantão.

Aterrada, fora de si, a pobre menina refugia-se atrás do marquês, o qual a ampara suavemente, pelo braço, avaliando a gravidade do momento e disposto a enfrentá-lo. Vendo-os, as duas mulheres soltaram um grito de surpresa e o primeiro gesto que tiveram foi o de retornarem ao sítio de onde haviam saído. Mas fora indecisão passageira. O fato de ali surpreenderem uma educanda, envergando o traje especial do internato, acompanhada de um cavalheiro, encheu-as de estupor, permitindo-lhes coragem para a reação. Investiram novamente, e, então, exaltadas por justa indignação, vociferaram, enquanto arrebataram Henriette de ao lado do marquês:

— *Mademoiselle*! Oh! Que significa isto?... Como chegastes até aqui?... Como ousastes, cavalheiro?... Quem sois?... E como pudestes profanar este recinto?...

Seguiu-se um momento de confusão. Aturdido pelo assombro, o próprio Gaston não soube, de momento, desculpar-se e desculpar Henriette. Esta, por sua vez, mortalmente pálida, tremia como varas de junco, parecendo querer desmaiar a cada instante. Finalmente, o próprio marquês, dominando-se, falou, com respeitoso cumprimento:

— Apenas eu sou o culpado desta infração, minhas senhoras... Conduzi-me à presença de vossa Madre Superiora... A ela procurarei explicar...

— Retirai-vos desta casa, senhor! — foi a única resposta. — Sois indigno de permanecer sob os umbrais do Sacré-Coeur...

Gaston fez um gesto respeitoso e afastou-se, reconhecendo que as boas monjas estavam com a razão, enquanto as pesadas portas atrás dele se fecharam com estrondo.

6

Eximimo-nos de minudenciar o prosseguimento do rigoroso inquérito estabelecido muros adentro do convento, a marcha dos interrogatórios minuciosos, os quais, iniciados que foram nos gabinetes da direção interna, desceram a investigar até os últimos serviçais das cozinhas como dos pátios, para mencionarmos apenas os suplícios morais suportados por Henriette e Alice du Féval, até que esta, incapaz de maior resistência, tudo confessou minuciosamente, o que fez se encerrasse o mencionado inquérito e que Alice, após expiar a penalidade imposta pelo egrégio tribunal da congregação, fosse pelo mesmo considerada desligada dos votos do noviciado, e, portanto, expulsa da instituição que não soubera respeitar.

No entanto, Gaston, desesperado, deixara-se ficar na velha capital normanda, esperando os acontecimentos. Em vão solicitara audiências à Superiora. A despeito das respeitáveis tradições do nome dos d'Arbeville em toda a Normandia, não foi recebido. Em vão rondara os muros impenetráveis do castelo religioso, na esperança de obter notícias dos acontecimentos internos ou de enviar quaisquer informes que pudessem revigorar o ânimo daquela a quem estremecia, adivinhando-a presa de atrozes dissabores. Nada conseguira, permanecendo, ele próprio, prisioneiro de preocupações recalcitrantes.

Findo, porém, o inquérito e verificada a responsabilidade faltosa da jovem educanda, cujo feito escandalizara o estabelecimento, sua Madre

Diretora compreendeu, contrafeita, já lhe não ser possível continuar aceitando a jovem de Lacordaire como discípula. A falta era punível de expulsão. A digna religiosa fizera um correio especial a Sainte-Croix, solicitando com urgência a presença dos viscondes de Lacordaire. O pobre pai, fanático no seu amor pela filha, fizera-se acompanhar da esposa e galopara sem descanso em incômodas carruagens, que devoraram léguas em poucas horas, temendo que a urgência com que fora reclamada sua presença implicasse perigos de saúde e quiçá de vida, na pessoa da filha querida, sem suspeitar sequer da possibilidade de algo desagradável implicando d'Arbeville.

Ouvida, porém, que fora a decepcionante versão da Superiora, o altivo fidalgo sentiu-se indignar até a vergonha, e no mais íntimo do ser deixou recrudescer a aversão pelo jovem marquês e a revolta pela desobediência da filha, à qual jurou dominar a despeito de tudo. O certo era que Henriette de Lacordaire, para confusão e vergonha de seu orgulhoso pai, já não poderia ser aluna do Sacré-Coeur, por não o permitir a respeitabilidade da nobre instituição. Pesarosa, a Superiora rogou ao Sr. de Lacordaire levasse consigo a filha, depois de exculpar-se repetidas vezes e enxugar o pranto que teimosamente lhe aljofrava as pálpebras.

De Lacordaire pensara, a princípio, exigir do marquês satisfações pelo procedimento junto a Henriette, enviando-lhe testemunhas para um desagravo pelas armas. Mas Flávio, sendo escravo da honra do nome, seria também hábil calculista, fino ponderador das consequências. Refletiu que um duelo faria estrugir o escândalo, arrastando o nome de Henriette a comentários desairosos, e o fato que poderia ser encerrado entre as muralhas de um convento viria a lume, prorrompendo em desabonadores conceitos por parte da opinião alheia. De outro modo, a ser conhecido o incidente, anulados estariam os projetos que tinha em mente ativar no intuito de dissuadi-la, definitivamente, da inclinação pelo detestado fidalgo de Saint-Pierre. Sorveu, pois, em silêncio, a taça de fel que Gaston lhe apresentara e refreou seu ódio sem recorrer às armas...

Não obstante, a d'Arbeville afigurou-se dever de honra oferecer satisfações ao Sr. de Lacordaire, pois considerava o grave acontecimento incurso no seu justo aspecto.

Por isso mesmo, dirigiu-se a Saint-Pierre e, uma vez ali, visitou Sainte-Croix, solicitando ao visconde o favor de uma entrevista. Não foi, porém, atendido, e o antigo favorito das salas sentiu enrubescer-lhe as faces o pejo de se ver despedido de uma antecâmara por um simples criado de quarto, como talvez jamais o tivesse sido o último dos senhores da Normandia! Contudo, insistiu no propósito, escrevendo-lhe longa missiva. Vazou, nessa epístola traçada com os mais leais sentimentos de que era capaz, os motivos que o animavam a procurá-lo a fim de oferecer-lhe satisfações pelas ocorrências do Sacré-Coeur, as vibrantes razões do seu coração disposto a perseverar no empenho de lhe conquistar a confiança. Devolvida intacta, pelo mesmo mensageiro que a fora levar a Sainte-Croix, essa carta provou-lhe, finalmente, que entre ele e o pai daquela a quem amava existia um abismo que sua vontade não desejaria senão transpor, mas que o orgulho e a rudeza daquele preferiam aprofundar.

Entrementes, Flávio abandonara precipitadamente a pitoresca herdade onde residia desde a volta da Itália, e, com a família, tomara o rumo de Paris, ficando aquela residência sob a guarda de leais servidores. Por sua vez, Gaston, voltando à capital, certificou-se de que o visconde ali não se demorara, levando Henriette e sua mãe para certa propriedade que possuía em pleno coração da Touraine, às margens do Loire, o que o deixou sobremodo confuso. Felizmente para o marquês, porém, uma carta de Henriette, convidando-o a ouvi-la em sua nova residência, viera desoprimi-lo de angustiante expectação, afiançando-lhe a moça, ademais, que o pai, mal as instalara ali, na propriedade de Belleville, partira em viagem para Varsóvia, onde certamente se demoraria muitos dias, a julgar pela importância das negociações de que trataria e às quais aludira com muita veemência, em sua presença.

Pressuroso, o moço normando correu à Touraine, e, conquanto essa visita não fosse oficialmente realizada, os jovens noivos sempre encontraram oportunidade de se entenderem detalhadamente, quanto à forma por que agiriam em face das circunstâncias. Dessa entrevista, que se realizara sob os auspícios da senhora Madeleine, ficara estabelecido que Gaston, após as inadiáveis viagens que pretendia fazer, voltaria a solicitar a mão de Henriette. Caso, porém, se visse novamente repelido, munir-se-ia dos direitos de descendente de antigos servidores da França, e de fidalgo, para suplicar a interferência do Rei a fim de obter o necessário beneplácito do rígido visconde. E Luís Filipe, bonachão e desejoso de atrair simpatias, não se furtaria a um favor que estava habituado a fazer para quem lho pedisse. Assentaram a época em que novamente se encontrariam para cuidarem do matrimônio tão ardentemente desejado e se despediram resignados e mesmo jubilosos, certos de que um ano não se passaria sem que seus ideais fossem colimados.

Tão enérgica resolução serenara como por encanto o ânimo do jovem marquês; e, certo de que sua adorável prometida o aguardaria fiel às promessas firmadas, tornou a Paris e, decidido a vencer, reintegrou-se nos afazeres que dele exigiam as melhores aplicações de inteligência como das ações. Iniciou então a série de viagens em torno de alguns países vizinhos, certo de que tudo correria ao encontro das próprias aspirações.

* * *

Georges de Franceville, marquês de Soissons, a quem entrevimos acompanhando Gaston de Saint-Pierre nos funerais de seu pai, ingressara na diplomacia havia já algum tempo, e o fizera com tão altas capacidades que por muitos amigos era já considerado uma das grandes esperanças da pátria. Contava apenas 25 anos, e, leal, probo, inteligente e muito culto, seu caráter adamantino retrataria a figura respeitável do homem de bem, tornando-o benquisto em toda parte a que fosse chamado a conviver. Sua vida, ao contrário da que levara seu amigo d'Arbeville, fora um hinário de sensatez e labor desde a adolescência até o instante em que o trazemos diretamente para as nossas páginas. Jamais voz alguma se levantara sobre seu nome senão para lhe bendizer as ações, pois que, além das muitas qualidades pessoais que lhe exornavam o caráter, sabia também unir esforços em benefício das classes desfavorecidas da sociedade, fosse favorecendo generosamente um hospital ou um orfanato, fosse levantando uma escola para jovens paupérrimos da província, com o prestígio do seu ouro ou do seu nome, ou ainda convertendo em salário honrado o auxílio ao necessitado.

Conquanto fisicamente estivesse longe de ombrear com a galhardia do impecável jovem de Saint-Pierre, não era desagradável à observação e com este rivalizaria na distinção das maneiras e na polidez do trato. Seu semblante invariavelmente sereno, porque jamais se agastava com o quer que fosse; sua simpática fisionomia eternamente aclarada por discreto sorriso, que fazia o seu característico inconfundível, e seus belos olhos, de um azul forte, pensativos e doces, depressa desviavam a atenção que se prestaria às rugas profundas que começavam a lhe enfear a fronte, resultantes das longas elucubrações profissionais, e à robustez pouco aristocrática do seu corpo, que começava a engordar. Era, porém, indubitavelmente, personalidade encantadora, em quem o gênio mais exigente nada encontraria para depreciar.

Flávio Henri estimava-o com grande consideração, confessando-se seu mais fervoroso admirador. Que visse unidos os brasões de Lacordaire aos de Franceville, por uma aliança matrimonial entre sua filha e esse jovem modelar, e nada mais desejaria para a formosa criança, considerando-a alçada aos páramos de indestrutível felicidade! A convivência entre Henriette e Georges fora, não obstante, diminuta. Nascida às margens do Loire, isto é, em Belleville, criada na Itália, onde por muitos anos residiram seus pais, dada a insopitável atração que o visconde sentia por aquela nobre nação, só de longe em longe se avistavam, e assim mesmo durante visitas muito rápidas, em vista do acervo de labores que assoberbava as horas da existência do moço diplomata. Quando a menina atingira as 12 primaveras, portadoras de indubitáveis graças futuras, os pais houveram por bem transportá-la para a terra natal, aí confiando-a à guarda das excelentes religiosas de Santa Genoveva de Paris, a fim de se lhe desenvolver a educação. Ali permanecera cerca de cinco anos a formosa jovem. Georges visitava-a de quando em quando, a pedido mesmo dos viscondes, que permaneciam em Nápoles, e acompanhando-se de suas manas, virtuosas damas da aristocracia, em quem os dignos pais da menina depositavam confiança; não se permitindo, no entanto, jamais o convidá-la para sua casa, uma vez que a tanto se oporiam os regulamentos do nobre estabelecimento, como a rigidez dos costumes do visconde. De um momento para outro, porém, ausentara-se Georges da França, integrando-se nos misteres profissionais. Flávio de Lacordaire, mais tarde, tornara à pátria para se dedicar à política. Henriette, por sua vez, combalida pela longa reclusão, deixara o convento e fora habitar Sainte-Croix em companhia dos pais. Havia completado os 17 anos. Tornara-se então encantadora donzela, cujo coração despertava para os intensos transportes da vida. Fora então que surgira a insinuante figura do jovem Sr. de Saint-Pierre, por uma inesquecível tarde de outono. Henriette Flavie apaixonara-se irremediavelmente por esse mancebo ardente que lhe correspondera às mais gratas aspirações da alma, para sempre fechando o coração a influências outras que não fossem as do sentimento que lhe dedicava!

Não obstante, Georges e Gaston estimavam-se profundamente, conforme sabemos, como irmãos afetuosos que pareciam ser. Mas Gaston, para quem então a vida transcorria entre prazeres deprimentes e ilusões irrefletidas, não se dava conta de outras relações sociais senão aquelas adquiridas entre a galanteria dos clubes ou dos salões feéricos, jamais se detendo a cultivá-las na probidade dos ambientes familiares, como o eram as do solar de Franceville. E se, conquanto íntimos, Georges resistia aos convites do amigo para noitadas ou festas galantes, por sua vez Gaston se desinteressava das reuniões familiares, da preferência do outro. Talvez graças a tais complexos, jamais acompanhara Gaston o amigo às visitas que o sabia fazer, de quando em quando, a certa menina, sua prima, interna de um convento de freiras, cujos pais residiam na Itália...

Detalhes singulares, dignos de anotação, circundavam a estranha afinidade existente entre os dois amigos. Às vezes, o generoso fidalgo de Soissons surpreendia o "formoso d'Arbeville" fitando-o tristemente, como se de envolta com o olhar com que o fitava irradiasse também um sentimento de incontida piedade. Então, sorrindo sempre, com o inalterável bom humor que nele era o característico da generosidade que florescia em sua alma, Georges interrogava-o bondoso:

— Por que me fitas assim?...

Ao que o outro respondia com evasivas, corrigindo as impressões que lhe afloravam à mente. O certo era, porém, que, intimamente, Gaston sentia penosas sensações de angústia lhe invadirem a alma ao fitar, em certas ocasiões, o semblante tranquilo do amigo. Súbitos clarões mentais lhe acendiam no pensamento a lâmpada das reminiscências do pretérito, durante uma fração de segundo, e ele como que reconhecia no amigo querido um ente mais estremecido ainda, a quem se sentia incompreensivelmente atado por laços misteriosos, cuja natureza lhe era completamente ignorada. De outras vezes quando haviam por bem desfrutar temporadas em companhia um do outro, na residência de um ou do outro — pois, como Gaston, de Franceville possuía também uma residência particular —, alta noite Gaston se erguia do leito, qual sonâmbulo em pleno transe, cruciado pela dolorosa angústia que frequentemente o apoucava. O móvel do pesar, como sempre, era Georges. Transportava-se, alucinado e pávido, ao aposento do outro, bradando aflitamente por seu nome e, não raro, desfeito em lágrimas. De Franceville despertava atônito, serenava o amigo, reconduzindo-o ao leito com maneiras e frases paternais, e, acomodando-o novamente, ia dizendo, entre um sorriso e uma terna admoestação:

— Tens febre... Deliras... São os excessos que praticas, as vigílias frequentes...

— Não, Georges, não é nada disso... Ouvi-te gemer e bradar por socorro... Estavas banhado em sangue, no fundo de uma prisão!... Ó meu Deus, eu enlouqueço!... Esta visão me persegue em sonho!...

Georges sorria bondosamente, ministrava-lhe drogas calmantes, vendo-o a tremer, enquanto o acalmava:

— Sim, o que tens é um profundo esgotamento nervoso... Precisas de repouso... Dorme, Gaston... Eu nunca me senti tão bem, descansa!...

No entanto, o bondoso Georges enganava-se. Não se tratava, em verdade, de um nervosismo originado de excessos. Gaston trazia vigor pleno de todas as suas faculdades. Eram, antes, ardentes lampejos da consciência profunda, que durante o sono deixava escapar de seus arquivos a lembrança dolorosa de um passado terrível, de encarnação pretérita, que dormitava sob as camadas sensoriais da mente. Oh! seria também o pressentir de um futuro trágico que se enredava ao drama do pretérito, o qual já acenava irremediáveis dores ao seu espírito previamente advertido pela Providência!...

A separação impôs-se entre os dois, porém, com o afastamento do bondoso de Franceville, Henriette aparecera, assinalando fase nova no destino de d'Arbeville. Sobrepuseram-se as peripécias. O amigo ausente ignorava fatos tão numerosos quanto importantes, porque o doidivanas que ficara em França, absorvido por outra paixão mais ardente e dominadora, arredara-o para segundo plano, desinteressando-se de missivas confidenciais e de incômodos para visitá-lo na distante Varsóvia... E por tudo isso ignoravam completamente que amavam a mesma mulher!

Deixando a família em Belleville, Flávio Henri dirigira-se à Polônia, rumo de Varsóvia, permitindo-se tão exaustivo incômodo no intuito de estabelecer entre Saint-Pierre e os de Lacordaire um abismo intransponível. Silenciara, porém, quanto aos propósitos que se lhe radicaram no cérebro, nada revelando sequer à esposa. Chegando à pátria dos mais nobres cavaleiros do passado, procurou sem tardança o primo de Soissons em sua própria residência, situada num dos mais aprazíveis bairros da cidade. Georges recebeu-o com inequívocas provas de consideração. Fez questão de hospedá-lo consigo, cercou-o de amabilidades, felicitou-o entusiasticamente pelo ingresso na política do Rei e, naquela mesma noite, convidou-o à ópera, onde havia representação de gala.

Georges de Soissons amava Henriette e Flávio o sabia. Aos seus olhos perscrutadores não haviam passado despercebidas a insistência com que Georges seguia as atitudes da moça, nem a expressão de apaixonado interesse com que a ela se dirigia, quando, visitando a própria filha em Paris e ali passando pequenas temporadas, recebia, por sua vez, a visita de Soissons. Muitas vezes, a observação de Flávio surpreendera em de Franceville funda melancolia ao fitar o semblante puro da formosa menina, que se conservava alheia a tais preocupações, ao passo que contínuas distrações o assaltavam ao tabuleiro do xadrez se porventura a imagem de Henriette rondasse próximo. E, com efeito, não se enganava o altivo titular. O marquês de Soissons amava-a terna e profundamente, e isso havia descoberto no próprio coração quando era ela ainda uma trêfega andorinha protegida pela simplicidade da adolescência. Agora, voluntariamente posto diante de seu jovem afim, Flávio de Lacordaire não cessava de examiná-lo. Dir-se-ia querer adivinhar as próprias expressões do seu pensamento! Que lhe encontrasse livres a palavra e o coração e seu antigo projeto seria realidade, para felicidade da menina e confusão do detestado d'Arbeville! E tanto investigou e observou, tanto examinou e deduziu, valendo-se de inteligentes subterfúgios, que, no fim do terceiro dia, não só pôde capacitar-se de que o moço diplomata não olvidara o sonho da juventude como até conservava da encantadora colegial uma doce e saudosa recordação.

Certo de que nada deveria recear, na tarde do terceiro dia, à mesa do xadrez, e depois de preâmbulos ardilosamente preparados, Flávio de Lacordaire, afetando simplicidade, exclamou para o primo, no decorrer da conversação:

— Futuro brilhante, portanto, vos aguarda, meu caro marquês! Prevejo-o dos mais vantajosos, pois que assim mo predizem os vossos invulgares méritos! Observo, porém, mau grado meu, que, apesar dos progressos incontestáveis, sois ainda um ser incompleto... fato que sobremodo vem contristando os vossos amigos em geral e a mim em particular...

De Franceville sorriu intrigado, não compreendendo a insinuação do interlocutor; e, no tom de extrema polidez, que nele traía um caráter afetuoso, retorquiu:

— Não vos compreendo, senhor! Como assim?!... Em que teria eu incorrido no desagrado de meus amigos?...

— É que... os anos se sucedem, marquês... Já completastes as 25 primaveras... Comenta-se que vos deixais ficar celibatário...

— Talvez tenham razão os meus amigos em tal comento a meu respeito — replicou, pensativo, o diplomata —, porque... sim, é bem possível que jamais me case!...

— Permiti-me, caro futuro ministro, que, muito a meu pesar, vos declare que não primais pelo bom gosto em viver...

Georges sorriu:

— Ao contrário, caro primo! Julgo-me possuidor de excepcional bom gosto... E talvez por isso mesmo se me torne impossível o matrimônio...

— Perdão... Estais enigmático... Alguma paixão, talvez?... Um amor infeliz?...

— E se assim fosse, visconde?...

— Eu vos declararia inteligente bastante para transformardes o destino e vos fazerdes feliz...

— Impossível... pois se não fui compreendido pelo objeto dos meus sonhos?!...

— Ah! — fez de Lacordaire afetando surpresa e agastamento. — Sempre supus livre o vosso coração, meu caro marquês, tanto que, a seu respeito... Bem, não falemos mais no assunto... É a sua vez de jogar, marquês!

Vivamente interessado, Georges moveu distraidamente os seus peões e, olhos brilhantes fitos no astuto parente, prosseguiu:

— Pelo contrário, visconde, tratemos do assunto, sim!... Interessa-me sobremodo o que haveis pensado a meu respeito...

— Repito, meu caro Soissons, não falemos em tal... Julguei ainda livre o vosso coração, eis tudo!...

— Para vós tenho-o livre, Sr. de Lacordaire! Falai, eu vo-lo suplico!

— Bem, se o exigis... Julgando-vos, pois, livre de coração, há algum tempo venho sonhando formosos projetos a respeito de vossa pessoa, marquês, a qual admiro e prezo com sincera afeição...

— Pois quê!... Tendes sonhado a meu respeito, visconde?... — interrompeu o amigo de d'Arbeville encantado com o rumo da conversação — Oh! E quem sabe se os vossos sonhos se coadunam com os meus quanto à vossa pessoa?...

— Ah! Também mantendes sonhos formosos quanto à pessoa de vosso primo de Lacordaire, marquês?...

— Sim...

Fitaram-se com inteligência e Flávio Henri prosseguiu, prometendo-se não perder terreno:

— Em suma: dar-se-á o caso de que vos haveis escravizado de amor por mim, vosso primo de Lacordaire?...

Confiante, Georges, cuja natureza delicada já se comovia, confessou ansioso:

— Não afirmarei que me sinta apaixonado precisamente por vós, Sr. visconde, mas...

— Mas?...

— Olhai ao redor de vós e encontrareis ao vosso lado, usando o vosso nome, aquela que me poderia tornar escravo de seus encantos, a única a quem eu, de todo o coração, concordaria em desposar...

Emocionado, Flávio pousou a destra sobre a destra do diplomata, que descansava sobre a mesa, exclamando:

— Georges!

E Georges, dominado por emoção ainda mais intensa, respondeu:

— Flávio!

— Então, Georges, meu amigo, meu filho! É bem verdade que a amas?... Não me enganaram as minhas suposições?... Gozarei ainda a honrosa ventura de vos contemplar unidos?...

O jovem diplomata passou a mão pela fronte, momentaneamente empanada por uma nuvem de melancolia, e redarguiu com sentimento:

— Se a amo!... Perguntas-me ainda, Flávio?... Meu Deus! Nada mais tenho feito senão adorá-la, desde que se fez adolescente... e tenho amargado mil martírios, Flávio, porque não pude ainda ser retribuído em meu profundo sentimento...

— Desposarias, portanto, de bom grado, *Mademoiselle* de Lacordaire e a tornarias feliz?...

— Oh! ela, e não outra, apenas! Não tenho, porém, esperanças... Não sou amado... Henriette é uma criança... É grande a diferença de nossas idades...

— Responde, Georges: desposá-la-ias de bom grado?...

— Ah!... Por que me sugeres insensatas esperanças?... Sim, sim, Flávio, desposá-la-ia, e seria o mais feliz dos homens! E tão profundo, e tão intenso seria o amor de que a cercaria que, estou certo, sentir-se-ia ela também a mais feliz das mulheres!

Flávio de Lacordaire, então, levantou-se. Tomou entre as suas as mãos nobres de Franceville e, voltando ao tratamento cerimonioso do início, o qual lhe pareceu mais concorde com a solenidade do momento, exclamou emocionado e vibrante:

— Se assim é, vinde comigo à nossa França, Sr. de Soissons: vossa noiva vos espera em Belleville!

7

Ao chegar a Paris, e enquanto esperava seguir para Belleville, o primeiro cuidado de Georges fora buscar o amigo de Saint-Pierre, no intuito de lhe participar o grande e inesperado acontecimento que marcaria etapa nova em sua existência, e convidá-lo para as bodas. Sabia-o residindo agora na rua de Lafayette e para lá se dirigiu, impressionando-se, não obstante, desagradavelmente, ao verificar as novas condições de vida do antigo condiscípulo. A este não lograra encontrar, inteirando-se, porém, de que a premência de graves interesses detinha-o afastado da França. Todavia, gozando da intimidade do dono da casa, e por isso mesmo respeitado e considerado por seu mordomo Roland Martini, a este pôs em confissão quanto aos acontecimentos financeiros da casa de Saint-Pierre, por essa forma se informando dos pontos capitais dos mesmos. Penalizado e desgostoso a um mesmo tempo, por não lograr conhecer sequer o paradeiro exato daquele cuja estima tão grande era ao seu coração leal, refletiu que o auxiliaria a recuperar-se, para tal empenho pretendendo arregimentar todas as forças de que poderia dispor, não descansando enquanto o não visse reintegrado na antiga posição. Bem desejara partir à sua procura, encontrá-lo com a presteza julgada necessária e exprobrar-lhe o procedimento inqualificável, por ingrato, de ocultar-lhe acontecimentos, à sua ajuda não recorrendo nas horas difíceis por que passara. Mas urgia atender ao compromisso com de Lacordaire, visitar Henriette, firmando o pacto fagueiro que transfigurava sua alma inundando de inefáveis felicidades seu coração e sua vida. Legou, portanto, a segundo plano, o amigo ausente, prometendo a si mesmo tudo tentar em seu benefício no momento que se ultimassem as cerimônias e preocupações do matrimônio a realizar-se.

Não obstante, deixou sob os cuidados de Roland longa missiva para Gaston, recomendando sua remessa urgente no momento que fosse conhecido seu paradeiro. Nessa carta, participava seus próximos esponsais com *Mademoiselle* de Lacordaire, a quem — dizia — amava profundamente havia muito, e para os quais reclamava com muito empenho a sua presença.

A carta fora escrita sobre a secretária do próprio de Saint-Pierre. Roland, posto a par do acontecimento, ficara aterrado, sem saber o que tentar para defesa do amo. Calara, todavia, presumindo um rompimento entre este e a jovem de Lacordaire sem que ele próprio, Roland, o soubesse. E, assim, devido à discrição e ao respeito de um criado de quarto, continuou Georges ignorando o romance iniciado por Gaston e Henriette entre as melancólicas paisagens da velha Normandia... Entrementes, a Henriette Flavie pareceram demasiadamente ardentes as atenções a ela dispensadas por seu primo de Soissons desde o primeiro dia de sua chegada a Belleville. Até então se lembrava de que o vira sempre perfeitamente discreto. Agora, porém, logo no primeiro dia, falara-lhe docemente dos próprios sentimentos a seu respeito, exaltara, em tom singular, as graças e virtudes de que a julgava portadora e até ousara premir-lhe com força o braço de encontro ao peito, durante o passeio para que a convidara à tarde, pelas perfumosas ruas do parque de Belleville, sob os olhos complacentes de seu pai. À noite surpreendera-se ainda mais, e a inquietação que a acometeu, então, afligiu-a seriamente.

A sós com seu primo no salão de música, onde era realizado um sarau musical em sua honra, este se aproximava delicadamente, sentava-se a seu lado e, tomando-lhe das mãos por entre incontidas emoções, beijava-as transportado, enquanto lhe dizia:

— Amo-te tanto, minha Henriette!... Oh! tremo só em pensar que se poderá esvair a felicidade que sonho obter com a tua posse!... Por quem és, não me faças sofrer demasiadamente, com essa timidez que se me afigura indiferença...

Perturbada, a menina não sabia o que responder, preferindo retirar-se da sala precipitadamente, enquanto o diplomata se quedava desapontado e entristecido.

A sós em seus aposentos, Henriette pôs-se a chorar, compreendendo tudo! Viu, com clareza de raciocínio, o que tramavam contra seu amor pelo infeliz d'Arbeville. Somente agora compreendia a razão por que seu pai lhe proibira falar do marquês em presença do Sr. de Soissons e porque para com este lhe ordenara mostrar-se atenciosa. Mas, revoltada, a si mesma jurou resistir a todas as peripécias e opressões concernentes a afastá-la daquele a quem dedicara o coração. Se de Franceville insistisse, ser-lhe-ia franca, revelando toda a verdade! Georges era generoso. Não houvera entendimento prévio entre ela mesma e ele, o que a animava à resistência; e, além do mais, d'Arbeville era seu amigo íntimo, o que se lhe afigurou garantia para seus propósitos.

Todavia, a tanto não dera ensejo a vigilante argúcia do Sr. Henri de Lacordaire.

Na manhã seguinte, Henriette recebeu de seu austero pai convite para procurá-lo em seu gabinete particular, antes de descer para o passeio matinal.

A jovem tremeu. Seu pai jamais a convidava a conversações secretas senão para assuntos de absoluta gravidade. Presa de mortais inquietações, prevendo o dramático enredo em que se veria envolvida, dispôs-se a atendê-lo, sabendo impossível furtar-se à ordem que tal convite representava.

Cumprimentou-o, no entanto, com humildade; e de Lacordaire, osculando-a docemente na fronte, fê-la sentar-se numa poltrona que lhe ficava fronteira, servindo-se de grandes atenções.

— Menina Henriette... Minha querida filha — começou Flávio Henri, imprimindo na própria voz inflexões a um só tempo graves e afetuosas —, antes de iniciarmos o assunto que neste momento nos reúne, é meu dever agradecer-vos a atenção que a vosso pai dispensais, acorrendo tão prontamente ao chamamento que vos foi dirigido há pouco...

— É meu dever atender as vossas ordens, senhor! — balbuciou a jovem com voz opressa. — Nada tendes que agradecer...

— Tendes sido boa filha, minha cara Henriette — continuou o severo pai traindo a comoção —, e a Deus louvo pelo favor a mim concedido, de vos possuir por filha...

— Obrigada, meu pai...

— Menina Henriette... Minha filha! Deus é testemunha do muito que vos amo e das sérias preocupações que me causam o vosso futuro... Para vós tenho desejado as mais sublimes venturas... e esforço-me incessantemente, no sentido de positivá-las nos caminhos que o destino vos reservar...

A moça permaneceu silenciosa, aterrada, porém, com a significação desse preâmbulo, cuja finalidade entrevia.

O visconde continuou, quiçá mais docemente:

— Sois uma criança, minha filha, e nada compreendeis da vida! Cumpre, portanto, a vossos pais preparar e orientar convenientemente a felicidade que tanto mereceis... Não tarda que completeis os 20 anos e nessa idade é preciso casarem-se as jovens bem-apessoadas...

— Assim o julgo também, senhor! — vibrou a jovem abruptamente, contrastando com a atitude passiva anterior.

— Tenho pensado profundamente em casar-vos... e, querendo ver-vos ditosa, acabo de escolher para vós, depois de maduramente refletir, o homem talhado nos verdadeiros moldes para um esposo ideal...

Henriette fitou o pai em muda interrogação, pálida e agitada por violenta comoção, enquanto ele prosseguiu sem ensejar uma possível réplica:

— Sim!... Trata-se do mais digno dos fidalgos da França; do mais criterioso jovem que me honro de conhecer, do melhor e mais estremecido amigo de nossa casa: o marquês de Franceville de Soissons, a quem temos a honra de hospedar neste momento!

A jovem levantou-se, presa de incontida indignação, e, porventura ainda mais lívida, protestou resolutamente:

— Enganais-vos, senhor! Não é esse o nome que deveis proferir!... Minha mão já vos foi solicitada por outrem... E pesa-me declarar-vos que nosso primo de Soissons jamais poderá ser meu marido!

— E por que não o será, menina Henriette, uma vez que vos ama, que acaba de pedir vossa mão, que lha concedi porque será capaz de fazer-vos feliz, e porque tem sido essa união o meu mais caro sonho paterno?... Por que o não será?...

— Porque não o amo, senhor! E repugna-me atender a conveniências em prejuízo do sentimento...

Flávio Henri levantou-se calmamente. Sabia espinhosa a missão que se impusera. Não ignorava difícil tarefa o ter de levar a filha à obediência quando reconhecia opostos aos dele próprio seus desejos e vontades. Revestiu-se, portanto, de uma paciência de que seria incapaz em ocasiões normais, no intuito de agir o mais suavemente possível; e, indo e vindo pela sala, como dominando ameaças de excitação, prosseguiu:

— Sim, minha filha! Não passais de uma criança teimosa, a quem vosso pai deverá conduzir servindo-se da experiência que tem das coisas do mundo!... Não refletis sequer na infantilidade da asserção que acabais de proferir!... O Sr. de Saint-Pierre não é homem que resista a um confronto com Georges de Soissons, malgrado serem, infelizmente, amigos íntimos!... A uma jovem dotada de bom senso, portadora das virtudes de que deve ter minha filha, não será dificultosa a escolha!...

— Não amo o Sr. de Soissons, meu pai! Não o amarei jamais, apesar do quanto o considero!

— Ser-vos-á fácil amá-lo, querida menina! Um homem do valor do marquês de Soissons impõe-se rapidamente à admiração e ao afeto... e, antes mesmo dos esponsais...

— Rogo-vos que não me tortureis tanto, meu pai! — vibrou a moça resoluta, enquanto as lágrimas prorromperam de seus belos olhos. — Amo o Sr. de Saint-Pierre e desejo permanecer fiel à minha palavra empenhada, como ao sentimento que lhe consagro... Não posso! Não posso! Jamais serei esposa de outro homem que não seja Gaston de Saint-Pierre!

— Nunca, Henriette de Lacordaire! — bramiu exaltado, desfazendo-se do tratamento cerimonioso conservado até então — Oh! jamais Gaston de Saint-Pierre será teu marido! A essa união que o próprio céu execraria oponho-me eu, teu pai e teu senhor!

— Amo a d'Arbeville e não o atraiçoarei jamais! Mil vezes preferirei morrer!...

— Enlouqueceste, desgraçada?! Ousas contradizer-me, quando aponto uma providência capaz de garantir-te a felicidade?...

— Não terei felicidade unindo-me a um homem quando amo a outro!...

— Pois exijo que deixeis de pensar neste outro porque é indigno de ti e da honra de fidalgo! Minha palavra empenhada com o Sr. de Soissons jamais voltará atrás!

— Ó meu pai, meu bom e querido pai! — soluçou a pobre moça, atirando-se aos braços do visconde numa suprema tentativa de convencê-lo com lágrimas e blandícias — Por quem sois, rogo-vos que retireis vossa palavra! Não me obrigueis a um ato que me tortura e repugna! Não caveis minha desventura forçando-me a essa união que de modo algum meu coração aceitaria de bom grado!

O visconde repeliu a filha. Suas faces purpureadas indicavam indignação:

— Basta, *mademoiselle*! A aliança realizar-se-á! Assim o quero! Assim há de ser!

— Apelarei para os sentimentos generosos do Sr. de Soissons, confessando-lhe toda a verdade!...

— Não o farás, desgraçada, ou lançarei sobre ti minha eterna maldição!

— Buscarei o socorro de Gaston contra a opressão que me infligis!... Atirar-me-ei aos pés de Sua Majestade suplicando-lhe proteção para me unir a Gaston! Mas não desposarei jamais outro homem!

De Lacordaire ia investir contra a filha e cometer talvez uma violência. Mas refletiu a tempo, calcando a explosão da cólera que ameaçava externar-se. Aproximou-se da filha alucinada pelo desespero e exclamou surdamente, porém vibrante de energia e austeridade, voltando ao tom cerimonioso:

— *Mademoiselle* Henriette, ouvi-me! Sabeis que a palavra de Flávio Henri de Lacordaire é o seu padrão de honra, o seu penhor sagrado! Pois bem! Casareis com o marquês de Franceville de Soissons porque com ele empenhei minha palavra que essa união se realizaria! E agora será a vós! a vós, Henriette de Lacordaire! que darei a minha palavra, padrão de honra de Lacordaire: Se vos confessardes a de Franceville declarando que aborreceis essa união porque a outro estremeceis, que não a ele, procurarei o miserável d'Arbeville de Saint-Pierre e dele exigirei, pelas armas, satisfações pelo ultraje cometido contra a respeitabilidade do meu nome no Convento de Rouen! Se a d'Arbeville de Saint-Pierre vos dirigirdes pedindo-lhe a intervenção a fim de malograr os projetos que tenho em mira, procurá-lo-ei do mesmo modo, exigirei as mesmas satisfações... e o sangue de um de nós dois — que ficará estendido no campo de honra, porque será um duelo mortal — encerrará o drama que vossa leviandade vem de provocar! Refleti, agora!

A formosa noiva de d'Arbeville diminuía-se, aterrada, na grande poltrona. Conhecia sobejamente a rigidez do caráter paterno para poder duvidar de sua assertiva. Vacilou, portanto, e por um momento sentiu-se aniquilada. De súbito, porém, convulsivo pranto pareceu sufocá-la, enquanto o desespero ameaçou apoderar-se de sua mente. Alucinada, atirou-se aos pés do pai rogando-lhe a libertasse do sacrifício ingente. Que a encerrasse ele em algum mosteiro, porquanto, preferiria o claustro ao matrimônio imposto ao coração que já a outro pertencia! Não desposaria Gaston, prometia-lhe! Mas que ao menos a deixasse amá-lo em silêncio, na solidão consolativa das recordações que saberia guardar do seu amor... ainda porque Georges mereceria ser feliz e ela apenas lhe poderia oferecer o coração ulcerado por uma renúncia que jamais seria completa, pois sentia que jamais se extinguiria em sua alma o sentimento que tinha como escopo Gaston de Saint-Pierre!

O orgulhoso visconde, porém, limitou-se a erguê-la, dizendo em tom incisivo:

— Dei-vos a minha palavra de honra do que farei se for desobedecido. De tudo estais ciente. Agora podeis retirar-vos!

Não obstante a desconcertante ameaça do pai, Henriette Flavie tentou comunicar-se com Gaston. Dele não recebera quaisquer notícias desde que partira, uma vez que haviam assim mesmo assentado, por entenderem mais prudente. Dirigiu-lhe, portanto, esperançada, apesar de ignorar-lhe o paradeiro, longa missiva expondo-lhe a situação amarga e rogando-lhe o devido socorro, implorando, todavia, cautela contra as represálias do visconde. Sua criada de quarto, a boa e fiel Francine, tivera a inteligência de encaminhar essa missiva, a qual, três dias depois, era recebida no primeiro andar da rua de Lafayette pelo mordomo Roland Martini.

Roland afligiu-se, recordando a comunicação feita por Georges e inteirando-se, pelo portador da missiva, de que o assunto era gravíssimo e que urgia encontrar o marquês a fim de ser-lhe entregue a missiva. Mas Roland apenas recebera vagas notícias do amo. Na sede da empresa, a que se filiara este, igualmente pouco puderam adiantar, uma vez que seu digno representante, investido de alta missão comercial, possuía credenciais para deliberar com autonomia, livre de noticiário circunstanciado. Encontrava-se na Hungria a última vez que enviara notícias, mas ali não se demoraria também, eis tudo!

Um emissário especial que o procurasse pelo centro da Europa seria ideia inexequível!

Que fazer?...

A carta voltou para o primeiro andar da rua de Lafayette e foi encerrada na gaveta da secretária do jovem marquês, a despeito da boa vontade do servo em atender *Mademoiselle* de Lacordaire.

Passaram-se alguns dias.

Outra missiva, no entanto, buscara Gaston em Paris, acompanhada, porém, de uma terceira, destinada à marquesa de Saint-Pierre. Roland explicara, pesaroso, a ausência do amo e a lamentável impossibilidade de com ele comunicar-se urgentemente, rogando ao portador comunicasse o fato à expedidora da missiva. Desesperada, compreendendo que Gaston tardava, Henriette dirigira-se também à sua mãe, suplicando-lhe a intervenção generosa junto de Sua Majestade, a rainha, a seu favor, naquela hora amarga e decisiva de sua vida. Mas Assunción d'Arbeville encontrava-se ainda na distante Normandia, zelando pelos haveres de Saint-Pierre, os quais não tencionava abandonar. Da Touraine a Paris tardou o emissário; de Paris às solidões normandas tardou ainda mais o correio especial contratado pelo fiel Roland a fim de levar a carta ao seu destino.

Em verdade, assim agindo, a formosa de Lacordaire já não esperava ser atendida. Somente o desespero de causa a induzira à tentativa de um supremo recurso para salvaguardar a própria felicidade da bancarrota que o consórcio inevitável para ela representava. Dir-se-ia o náufrago, que, vendo-se a soçobrar, se agarra ao último destroço que lhe resta para ainda por um instante iluminar-se de fictícia esperança!

Realmente! Que poderia fazer em tão ingrata circunstância uma pobre mulher como Assunción d'Arbeville, provinciana tímida e inexperiente? Apenas afligir-se como mãe e chorar sobre as ruínas das esperanças do filho, de quem se apiedava infinitamente! Aliás, o próprio Gaston só muito ousadamente interviria nos graves fatos expostos por Henriette, a Assunción se afigurando mesmo que o filho não vacilaria em renunciar à aspiração que acalentava uma vez ciente de que Georges de Franceville era o rival com quem se teria de haver. Assunción era mãe. Temeu pelo filho. E diante do fato que se lhe apresentou irrevogável não tentou alcançá-lo onde estivesse, por entender, ademais, desnecessária a tentativa diante da premência do tempo apontado pela ansiosa missivista.

Entrementes, o silêncio do "formoso d'Arbeville" impressionava desagradavelmente a pobre moça. As insídias de uma expectativa aflitiva e deprimente tira-nos, muitas vezes, o senso do raciocínio e impele-nos a suposições injustas. Henriette não se convencia de que seria bem possível a Gaston, e mesmo necessário ao feliz desenlace dos projetos de ambos, dilatar a ausência além do previsto, impossibilitando-se, por esse modo, receber com presteza os seus aflitivos apelos. Discernindo sob a percussão de insólitas angústias, não compreendia que o desgraçado, se fosse inteirado do que se passava, acorreria a atendê-la a despeito de qualquer sacrifício, ainda que para deixar-se morrer de desgosto sabendo Georges o rival!

Para ela, Roland ou a marquesa tê-lo-iam encontrado facilmente; e se tardava tanto em atendê-la, se a deixava lutar sozinha sem algo tentar para defesa dos seus anelos, seria porque se acovardara ante os empeços, deliberadamente afastando-se da peleja na hora decisiva. A desesperança tisnou de ingratas elucubrações o coração da inexperiente menina. Decepção amarga, julgando-se abandonada pelo noivo a quem tanto estremecia, cerceou-lhe as derradeiras forças. Assediada pelo impositivo de circunstâncias inelutáveis, ia, dia a dia, resistindo menos à terrível pressão da vontade paterna. Muito apaixonado, de Soissons desdobrava-se em veementes atenções, ao passo que Flávio Henri, seguindo seu triste desempenho de tirano bem-intencionado, não desprezava ensejos de apontar inconveniências no caráter do último dos fidalgos, como chamava a d'Arbeville, para melhor avantajar os méritos de Georges. Já se haviam assinado as escrituras. Tanto de Franceville como de Lacordaire tinham empenho em que as cerimônias se realizassem rapidamente, e por isso apressou-se quanto possível o dia em que se trocariam as alianças, jungindo-se os brasões. Todavia, o temor do visconde, que esperava de Gaston qualquer tentativa desesperada, exigira do primo número limitadíssimo de convidados, devendo ainda a cerimônia realizar-se em Belleville mesmo, e com absoluta simplicidade.

Pela terceira vez, no curto espaço de um mês, Roland Martini vira subir as escadarias do primeiro andar da rua de Lafayette um portador de Belleville com uma carta urgente para seu amo. Desta vez, porém, escrevera-a Georges, que, estranhando o silêncio prolongado do amigo, novamente a ele se dirigia com uma participação e novo convite para suas bodas.

Tentando um recurso supremo, Henriette, que sentia o coração porventura ainda mais molestado pelo suposto descaso do noivo bem-amado, tentara obter do pai uma delonga à realização das cerimônias, sob pena de confessar a de Franceville a coação de que era vítima. Mas de Lacordaire, temendo ver Gaston surgir de uma para outra hora interferindo em seus projetos, fê-la sentir ainda uma vez o peso da sua orgulhosa autoridade, ao responder:

— Tentai-o, *mademoiselle*! E vereis o sangue de vosso pai, ou o sangue do Sr. de Saint-Pierre — talvez ambos — regarem a questão que teimais em complicar!

Então, sem forças para continuar lutando; sem esperanças que a reanimassem à resistência; vencida pelo desânimo, ao se julgar atraiçoada por aquele a quem acima de tudo amava, a formosa ex-aluna das monjas do Sacré-Coeur atraiçoou os próprios sentimentos, perjurou o amor do infeliz marquês de Saint-Pierre!

E assim foi que — por uma tarde amena e festiva, na capela nobre do solar de Belleville, na pitoresca Touraine, toda envolta em musselinas brancas, coroada de rosas virginais e velado o rosto cândido com os vaporosos véus de noivado — Henriette Flavie de Lacordaire recebeu, das mãos trêmulas do nobre marquês de Franceville de Soissons, o simbólico anel das desposadas...

Cânticos, luzes e perfumes esvoaçavam pela nave do nobre templo... Sinos álacres lançavam pelos vales e serranias a grata nova de um esponsalício ovacionado entre sorrisos e alegrias... Mas do coração da jovem desposada, como único preito àquele supremo dia de sua vida, corriam apenas as lágrimas de uma saudade perenal e inesquecível, ao seu grande amor sacrificado!

Henriette-Claire-Flavie de Lacordaire era marquesa de Soissons!

8

Era pela manhã, e o sol vivo do estio cintilava num céu docemente azul, iluminando Paris, que mais uma vez despertava, febril, para as lides costumeiras.

Um carro comum, dos que se alugam a viajantes urbanos, acabava de parar à porta de um grande prédio da rua de Lafayette que, a essa hora, já se encontrava cheia de animação, com o seu comércio bem movimentado. Um viajante, com as vestes cobertas de pó e dando mostras de grande fadiga, saltou do estribo do carro, e, pelo seu aspecto desalinhado, reconhecia-se que chegara a Paris havia pouco, tendo viajado durante muitas horas em alguma incômoda diligência proveniente de região muito afastada.

Esse viajante era Gaston de Saint-Pierre.

A barba crescida, os grandes olhos negros pisados de sono, Gaston estampava, com efeito, o esforço exaustivo da jornada empreendida.

Roland Martini descera os degraus da escada a dois e dois, apressado em auxiliar o amo, e chamado pela porteira do prédio, a qual, não se contentando em tocar furiosamente a campainha de alarme, ainda lhe bradava pelo nome, prestativa e amável para com o hóspede fidalgo:

— Sr. Martini! Ó Sr. Martini! Onde te meteste, que não desces a retirar as malas ao teu amo?... Ai, meu Deus, que estes criados normandos sempre são uns parvos!... Cá nós, os do Anjou, nos gabamos de ser espertos, tais quais os parisienses... Tende a bondade, Sr. marquês, tende V. Ex.ª a bondade de me confiar as malas, já que o seu criado... Ó Sr. Martini, eis que chega o Sr. marquês!...

Roland desceu, esbaforido com a algaravia da angevina, com quem vivia às turras por questões bairristas. Mas, vendo que era o amo que realmente chegava, encheu-se de júbilo e, por entre exclamações cordiais, apossou-se das malas e conduziu o marquês, que pausadamente subia as escadas desfazendo-se das luvas empastadas de pó.

Extenuado e, mau grado seu, dolorosamente pensativo, d'Arbeville apenas falava por monossílabos, completamente dominado pelo mau humor. Quatro meses havia que se encontrava ausente e regressava agora de Flandres, depois de pequena excursão a serviço da associação a que se filiara. Forte indisposição abatia-o, oprimindo-lhe o coração. Paris afigurou-se-lhe carregada de melancolia, e sua casa, de ordinário agradável e pitoresca, com as janelas floridas de gerânios e os tabuleiros de rosas ao longo dos terraços, pareceu-lhe um túmulo, assim velada pelos reposteiros que interceptavam a claridade. Afastou-os nervosamente, ele próprio, para que ondas de luz inundassem o interior. Mas o sol, alvissareiro e amigo, encheu de vida a solidão daquelas dependências, e, fixado em sua alma por meio de pressentimentos lutuosos, o mau humor insistiu em afligi-lo.

Solícito, Roland providenciou banho e almoço para o jovem amo, servindo-o com as costumeiras atenções, coadjuvado pelos demais servos. Mais sereno então, refazendo-se ao contato benfazejo do lar, Gaston de Saint-Pierre, envolvido em vistoso roupão, fazia fumegar perfumado charuto, repousando em confortável divã.

De chofre, já sonolento, indagou de Roland, que ia e vinha pelo gabinete dispondo utensílios que descobria fora dos competentes lugares:

— Que notícias chegaram em minha ausência, caro Roland?... Nem uma carta, porventura?...

O criado sobressaltou-se. Vieram-lhe à lembrança a visita de Georges e os sucessos de Belleville. Em presença do amo, avaliava em toda a sua grave extensão a responsabilidade de que se investira retendo as cartas urgentes de *Mademoiselle* de Lacordaire sem diligenciar encontrá-lo. Os esponsais já se teriam realizado, a julgar pelo noticiário do último portador de Belleville com os convites do Sr. de Soissons.

Penalizado ao ouvir aquela pergunta, titubeou:

— Nenhuma notícia, meu senhor... quero dizer... há novidades, sim... o Sr. de Franceville procurou-vos... chegaram cartas... mas não creio que...

— Que respondes para aí, grande estouvado?... Há notícias ou não as há?... Georges encontra-se em Paris e só agora mo dizes?...

— Não, meu senhor... mas é que... muitas coisas aconteceram em vossa ausência...

Gaston sentou-se impressionado:

— Mas... tu te perturbas?... Alguma coisa desagradável?... Minha mãe...?

— A senhora marquesa continua bem...

— *Mademoiselle*?...

— Chegaram cartas de Belleville...

— Dá-me as cartas, Roland, depressa!

O criado saiu, tornando ao gabinete instantes depois com um maço de correspondência, que foi entregue com mãos trêmulas.

Um sorriso de satisfação aflorou aos lábios de d'Arbeville, a despeito da advertência de Roland, reconhecendo entre a correspondência as letras de sua mãe, de Henriette e de Georges — as três personagens queridas, que dele mereciam todas as forças afetivas do coração. Preferiu inteirar-se primeiramente do que dizia sua mãe, a fim de se consagrar à leitura das missivas da noiva querida sem mais preocupações. Todavia, à proporção que seus olhos se fixavam nas frases da missiva materna, iam-se dilatando exageradamente, dentro das órbitas, enquanto súbita lividez lhe cobria as faces e as mãos tremiam, traduzindo a violência da emoção que lhe precipitava as pulsações do coração. A carta da senhora Assunción dizia o seguinte, bem refletindo as profundas impressões que também a ela amarguravam:

"A nobre menina de Lacordaire acaba de participar-me encontrar-se firmado o contrato de seus esponsais com o seu primo e nosso estimado amigo, marquês de Franceville de Soissons, graças à tirânica opressão movida pelo Sr. visconde, seu pai. Essa notícia surpreende-me e confunde-me, meu filho, pois que, torturada pela desesperação do inesperado acontecimento, a pobre criança lamenta-se dolorosamente, tornando-te responsável pelo infortúnio que sobre seu coração desabou, visto absolutamente não desejar desposar o marquês. Acrescenta que em vão apelou para os teus sentimentos, chamando-te a interferir a fim de evitar a realização do fato, mas que, decepcionada, via-se inexplicavelmente olvidada no fundo de Belleville sem lograr notícias tuas. Seja como for, lembro-te de que és herdeiro do sangue generoso dos d'Arbeville e que, portanto, honrando as tradições de tua eminente casa, te portes com dignidade e heroísmo em face da adversidade. Não esqueças, meu filho, que Georges de Soissons é o teu melhor amigo, e que, nesse drama que deves dar por encerrado, existem particularidades que nos escapam ao raciocínio, as quais devemos respeitar."

Como louco, d'Arbeville atirou para o lado a carta de sua mãe e abriu com precipitação as restantes, isto é, as de Henriette Flavie e

Amor e ódio

Georges. Leu-as acometido de insólito pesadelo, julgando-se dementado, sem o auxílio do raciocínio para refletir. A violência da surpresa aniquilava-o! O infeliz sentia o cérebro vacilar, negando-se a aceitar o que seus olhos viam:

Não, não era possível que tão grande decepção abatesse as suas esperanças! Tão grande desventura jamais pudera conceber para o seu destino! Era, aquilo, desvario de seu cérebro atordoado pela exaustão da viagem de dias e dias consecutivos!... Henriette, Georges e sua mãe amavam-no, não pretenderiam aniquilá-lo escrevendo tais monstruosidades!

Henriette, o seu maior triunfo na existência, o ídolo consagrado em seu peito acima de todos os afetos, traí-lo assim, com um perjúrio abominável, e depois acusá-lo de relapso nos compromissos para com ela? Ressentir-se agastada, quando, curvado a sacrifícios ingentes longe dela, cuidava de lhe preparar condigno futuro, e quando a própria vida daria em sua honra e por seu bem?... E Georges?... Zombaria acaso dele, por meio daquela carta infame e daquele convite?... Georges não era, então, o amigo dileto?... Por que então lhe arrebatara a noiva querida?... Ou ignoraria que Henriette Flavie era sua prometida?... Não lho dissera ela, então?... Não lho revelara a austera dignidade do visconde?...

Releu-as uma vez ainda, obstinando-se na dúvida, tal a repulsa de todo o seu ser na aceitação da execrável realidade. Fez que Roland lhe relatasse cem vezes tudo quanto sabia. Acusou-o rudemente pela incúria e desinteresse demonstrados, deixando de partir, ele próprio, a procurá-lo, como lhe era dever em circunstância tal; acusou sua mãe, Georges, de Lacordaire e a própria Henriette. E depois, a ninguém mais podendo responsabilizar pelo acerbo revés, acusou a Providência, blasfemo e inconsolável. Então, compreendendo não existir outro recurso a não ser a aceitação da irremediável realidade, a dor indescritível que azorragava suas faculdades tisnou-lhe o brilho do raciocínio, convertendo-o em verdadeiro alucinado. Desvairado, exausto da viagem e do excesso de amargura, irreconhecível, tais as expressões de revolta e sofrimento que se lhe estampavam na fácies transtornada, Gaston despedaçou as cartas que lhe assinalaram o destino e entrou a rasgar e despedaçar tudo quanto estivesse ao alcance das mãos. Móveis, quadros, ornamentos, reposteiros, tudo depredou e destruiu, acometido de súbita loucura, para horror dos criados que acorriam surpreendidos, enquanto Roland, incapaz de suster as lágrimas, tentava acalmá-lo. De súbito, porém, estacou, tal se algo surpreendente lhe despertasse a atenção obumbrada pelo delírio momentâneo. Virou-se violentamente, a ver quem gargalhava tão acintosamente às suas costas, divertindo-se com sua desgraça. E então, aterrado, viu a três passos de si a mesma singular personagem entrevista na mansão de Sainte-Croix quando do seu entendimento decisivo com o Sr. de Lacordaire: um jovem de perfil florentino, trajado ao tempo da Regência ou de Luís XV, com um punhal cravado na própria garganta, de onde o sangue rubro corria tragicamente, aos borbotões... Mas fora célere a sinistra visão... E, passado o estupor, só ficara à sua frente a amarga realidade do momento!

Entretanto, sentiu-se o moço normando abalado até o mais remoto arquivo de sua alma, apavorando-se, mau grado seu, como se ignóbeis reminiscências acudissem subitamente, aos atropelos, num impulso de impressões macabras. Trêmulo e tão pálido qual o próprio fantasma, e presa de pensamentos e resoluções confusas e ilógicas, vestiu-se à pressa e saiu para a rua, incapaz de permanecer em casa por mais tempo, contrariando ainda os protestos do fiel criado, que desejava segui-lo. Uma vez fora de casa, dirigiu-se, quase instintivamente, à residência de Georges, situada no bairro de Saint-Germain, com o propósito de averiguar até onde se estenderia a acerba realidade anunciada nas cartas recebidas e para ao amigo pedir satisfações pelo que julgava inominável traição. Insólitas vibrações nervosas alteravam-lhe as atitudes, habitualmente polidas, e o formoso semblante, que se diria alucinado por visões sinistras. Gentilmente recebido pelo mordomo do fidalgo diplomata, que o sabia íntimo da casa, foi inteirado de que o amo partira com a jovem esposa para uma viagem de núpcias em torno da Europa, devendo, depois, regressar a Varsóvia, reintegrando-se nos afazeres do elevado cargo afeto à sua competência.

Amor e ódio

Fora de si, Gaston retirou-se, não sem surpreender o serviçal com as atitudes estranhas que trazia, parecendo não compreender o que consigo se passava. A decepcionante surpresa, esmagando-lhe o coração, entorpecia-lhe também o raciocínio. Pôs-se, então, a vagar pelas ruas de Paris, sem destino, como acometido de loucura, indiferente à fadiga, como à necessidade de repouso. Paris, sua vida, o mundo inteiro se lhe afiguravam negro abismo de um universo despedaçado, onde só ele persistia para sofrer a irremediável derrocada que se abrira em torno! E, como louco, ouvia que o fragor dessa derrocada emitia vibrações que ecoavam pelas sensibilidades de sua alma traduzindo o nome da bem-amada, que se fora para sempre, aquela gentil criança que lhe transfigurara a vida, e cujo vulto encantador se desenhava à sua imaginação torturada pelo amargor, como a forçá-lo a sentir com mais ardentes revoltas a imensurável dor da traição inominável!

Henriette! Henriette!

Ele a chamava, balbuciando-lhe o nome instintivamente, mas parecia que ela ali estava, a caminhar com ele. Ouvia-lhe a voz blandiciosa e terna, reconhecia-lhe o azul puríssimo dos olhos, como o luzir dos cabelos louros atados com mimosos laços brancos... Mas era dentro do seu coração que ela estava, escravizando sua alma para afligi-lo com o pungir de uma saudade que deveria acompanhá-lo para todo o sempre!

Henriette! Henriette!

Perdera-a para sempre! Fora atraiçoado por ela, em cuja lealdade confiara tanto!...

Via-a nos braços de Georges, e, então, sentia que o ciúme lhe despedaçava o coração. Como pudera, esse amigo tão querido, vilipendiá-lo tanto? E que seria dele, agora, duplamente atingido no coração pela deslealdade de uma ingratidão, arruinado, desesperançado, humilhado em seus mais dignos sentimentos, como em seu orgulho de homem e de fidalgo?

Exasperando-o, o ciúme arrastava-o à revolta, enquanto entrechoques cruciantes de ideias e projetos infelizes fervilhavam em sua mente incendida e atordoada. Pensou em vingar-se do Sr. de Lacordaire, ao qual atribuía tão amaro insucesso. Sim! Iria a Belleville, ofenderia o visconde em sua própria casa, bater-se-ia com ele, matá-lo-ia, e selaria com aquele sangue vil o drama que o próprio de Lacordaire houvera por bem criar com a intransigência desumana do seu orgulho! E, sem mesmo cogitar de regressar a casa, repousar, para depois se transportar a Touraine demandando Blois, em cujos arredores ficava Belleville, resolveu partir em meio do giro alucinado que iniciara, para isso alugando um carro a bom preço, e seguindo imediatamente. Mas dir-se-ia que mãos invisíveis se envolviam nos destinos de Gaston d'Arbeville, preparando-lhe finalidade mais heroica do que a que ele próprio pretendia.

De Lacordaire e a esposa encontravam-se ausentes. Haviam seguido a filha até a Itália, onde passariam longa temporada. Gaston, porém, conseguiu entender-se com uma das criadas de sua antiga noiva, Francine, a quem tão bem conhecia, a qual, compungidamente, pô-lo a par dos ingratos acontecimentos, narrando-lhe a luta sustentada por Henriette Flavie contra os projetos do pai; a ignorância absoluta do Sr. de Soissons quanto ao romance existente entre ambos, as aflições e as lágrimas da pobre criança, a repugnância pelo consórcio, a intermitência das esperanças de vê-lo chegar a fim de socorrê-la...

As confidências de Francine tiveram a virtude de retorná-lo ao uso do raciocínio. Foram, de outro modo, algo consolativo para o seu coração duramente provado, que não entrevia nenhum outro reflexo menos acre, na noite da desventura em que se perdia, do que esse de saber que Henriette fora ao sacrifício amando-o ainda e sempre, e que o amigo de infância mais não fora que um joguete nas mãos impiedosas e egoístas do visconde de Lacordaire!

A realidade, como o inevitável, impõe-se. Nada mais havia a fazer senão submeter-se. Gaston voltou a Paris, deixando Belleville, como se ali, onde se consumara o sacrifício de sua pobre Henriette, deixasse a própria alma sepultada!

E quando Roland o viu descer, pela segunda vez, de uma carruagem de aluguel, à frente de sua casa, coberto de pó, para subir as escadas do primeiro andar, quase não o pôde reconhecer! Cessara a agitação, advindo o alquebramento. Pálido, esmaecido, vergado, aquele caráter altaneiro, sob grande fadiga moral e física, antes se assemelhava a uma sombra daquele a quem haviam cognominado, outrora, de "divino Apolo".

Três dias depois deixava novamente Paris, acompanhado pelo fiel servo, com destino à velha e tradicional Normandia, onde nascera, à procura de refrigério, para a alma cruciada, nos amorosos braços de sua mãe.

FIM DA PRIMEIRA PARTE

Segunda Parte

O acidente

E, havendo ele gastado tudo, houve naquela terra uma grande fome, e começou a padecer necessidades.

(Jesus Cristo – Parábola do Filho Pródigo
– *Lucas*, 15:14).

1

Eram decorridos três anos desde o enlace das nobres casas de Lacordaire e de Soissons. Solicitado por seus maiorais em ocasião melindrosa para a vida francesa, pois corria o ano de 1846 e nuvens obumbradas, ameaçadoras, auguravam dias dramáticos para o país, crises políticas decisivas — o Sr. de Franceville regressara à pátria com sua jovem esposa, que atingira então a fulgurância dos 20 anos. Durante este lapso de tempo, o novel casal não lograra quaisquer informes acerca do amigo d'Arbeville, o qual nem mesmo se dignara responder às reiteradas missivas que de Soissons, fiel à antiga fraternidade, lhe dirigia. Graças a tão providencial sucesso, as aflições se aquietaram no coração da jovem marquesa, as ânsias se recolheram, relegadas a uma resignação imposta pelo inevitável, como pela majestade do dever.

Chegando a Paris, o casal de Soissons abriu suas salas sem mais delongas, participando Georges a seu antigo condiscípulo, sem quaisquer constrangimentos, o seu regresso, e convidando-o para a sua casa. Todavia, não logrando, ainda assim, a visita que tão grata lhe seria ao coração, dispôs-se de Franceville a procurá-lo em sua residência, certo de que algo de anormal se passava. Mas decepção chocante aguardava-o na rua de Lafayette: recebido com insólita cerimônia pela Sra. de Saint-Pierre, a qual deixara a província para acompanhar o filho, que lhe reclamara a assistência moral, foi por esta informado da ausência do marquês, de quem ela, insofismavelmente, evitava falar; e nem se desculpara em seu nome, nem prometera futuras visitas ou convidara-o para a ceia, como em dias do pretérito. Retirou-se o esposo de Henriette preocupadíssimo, sentindo o amargor de indefiníveis pressentimentos confranger-lhe as disposições do coração comumente serenas. Em vão obrigava-se a um cotejo de recordações, no sentido de encontrar as razões das atitudes dos de Saint-Pierre. As divergências políticas com o Sr. de Lacordaire, conforme esclarecera o próprio visconde, de uma feita, se lhe figuravam razão absurda para o que presenciava, pois que, quando muito, Gaston ser-lhe-ia franco, e se não mais desejasse frequentar-lhe o domicílio, evitando o visconde, ao menos recebê-lo-ia de boa mente no seu, nada obstando ao prosseguimento das boas relações de outrora. Inconformado, naquele mesmo dia interrogou a esposa sobre se algo de mais grave se verificara entre o visconde e o marquês, que não as controvérsias políticas. A pobre moça, colocada em situação delicadíssima, houve por bem afetar ignorância, recordando, ademais, a severa advertência do pai quanto a tais particularidades, aconselhando mesmo, ao marido, definitivo rompimento com o amigo de juventude, uma vez que, ingrato, não correspondia este às suas reiteradas demonstrações de apreço. Georges, no entanto, repelia a insinuação, desgostoso, reservando-se o direito de carinhosamente aguardar ensejo de reatar com aquele a saudosa intimidade. Evidente era, portanto, que o moço diplomata se conservava absolutamente ignorante dos acontecimentos anteriores ao seu consórcio, a respeito do amigo e daquela que se tornara sua esposa.

Uma tarde, seis meses após o regresso do jovem casal, na Escola de Armas que visitavam a fim de conservar os conhecimentos atléticos em voga na época, d'Arbeville encontrou-se inesperadamente com Georges de Soissons. Dir-se-ia o choque formidável de duas centelhas do céu que se reunissem, finalmente, para uma experiência arrojada à face de Deus! Sim! Ali estavam, encarnando ambos o efeito de uma causa do pretérito: ambos nobres, bons, leais, unidos por vínculos espirituais indestrutíveis! Mas, agora, entrariam numa liça para temerosas operosidades, onde as forças de ambos — todas as qualidades morais arregimentadas através das migrações planetárias — seriam postas à prova. Um deles, Gaston, lutaria para, da própria consciência, expurgar a infâmia de uma culpa vultosa: seria um resgate. O outro, Georges, inspirado no sublime sentimento do amor, levaria como ideal o auxílio à redenção de dois entes mui queridos ao seu coração: seria uma missão!

As efusões foram ruidosas por parte do jovem diplomata, cujo coração naturalmente se franqueara às alegrias do momento. D'Arbeville, porém, tolhido pela surpresa, manteve-se discreto, correspondendo com certo constrangimento às demonstrações jubilosas daquele que, sem o desejar, lhe destruíra a felicidade.

Fez-se o inevitável entendimento. Georges queixou-se ressentido, admoestou o amigo, terminando por exortá-lo ao reatamento das antigas relações; ofereceu-lhe os préstimos, abriu-lhe as portas do lar, falou-lhe da esposa, a quem desejava apresentá-lo; aconselhou-o a imitá-lo com o matrimônio; suplicou-lhe esquecesse de Lacordaire lembrando-se de que ele mesmo, Georges, é que era chefe em seus domínios. Por sua vez, Gaston desculpou-se apresentando razões financeiras e políticas, trabalho excessivo, pois dedicava-se agora à Literatura e à Música com grande profundidade, a deveres absorventes da vida operosa que levava como homem de negócios, que era no momento. Jantaram juntos e juntos também cearam, encantados por se terem reunido, dizendo-se, como outrora, mil coisas agradáveis, satisfeitos, alegres, rindo-se por um tudo como um par de namorados felizes, somente se separando alta noite, tendo o Sr. de Soissons insistido para conduzir o amigo em sua própria carruagem até seu domicílio, prometendo-se, ao se despedirem, se visitarem e encontrarem muitas vezes. E só depois que se viu a sós, em seus aposentos, pôde Gaston refletir, medindo serenamente a gravidade da descoberta que no recesso da própria alma fazia: que Georges ocupava em seu coração o mesmo lugar de outrora, a despeito de ser, agora, o marido de Henriette!

Não obstante, as visitas de Gaston ao palácio de Soissons não se realizavam, para estranheza do moço marquês e alívio de sua esposa, que desejava evitar, quanto possível, um encontro com o antigo noivo, apenas se avistando os dois amigos de quando em quando, pelos clubes, teatros, e na Escola de Armas, locais a que de Soissons se apresentava desacompanhado da esposa.

Achavam-se os fatos nesta insustentável situação, quando os Srs. condes de A. houveram por bem abrir as suas dependências para um brilhante festival em honra aos amigos e em regozijo pela entrada da primavera.

Gaston d'Arbeville, acatado em seu meio social como artista emérito, vira-se procurado pela gentil condessa Jaqueline de A. a fim de programar os seus festejos escrevendo peças e partituras, ensaiando bailarinos, desenhando cenários etc., encargos que o inspirado jovem desempenharia eficazmente, dada a invulgar cultura artística que possuía. Tão gentilmente solicitado, Gaston não só aquiesceu como se esmerou no delicado labor, promovendo um recital a contento, no qual ele próprio tomaria parte com a sua harpa e as peças de sua autoria, tão agradáveis sempre aos ouvidos dos circunstantes.

A marquesa de Soissons, depois de grande relutância, aquiescera em acompanhar o marido aos anunciados festejos, para os quais tinham recebido convite especial. Georges entusiasmara-se pela criação do amigo e desde muitos dias tentava demover a esposa da resolução de deixar-se ficar em casa.

— Não poderás deixar de comparecer, minha querida, seria desconsideração com os Srs. de A...

— Mas se te afirmo que me sinto desinteressada por essa reunião, meu amigo...

Ele, porém, entristecia-se, não se dando por vencido:

— És má, Henriette! E compreendo que folgas em contrariar-me...

— Georges, peço-te!... — suplicava a tímida senhora, temendo justamente ver surgir o espectro do passado na pessoa do artista que era a maior atração para a reunião projetada.

— D'Arbeville de Saint-Pierre cantará peças novas e levará à cena bailados clássicos, uma comédia em versos, a qual, segundo afirma o conde, é o que de mais encantador poderíamos desejar...

O marido venceu...

O que Paris possuía de mais elegante e altamente colocado reuniu-se, na noite festiva, para a luxuosa recepção, e os salões dos condes de A., decorados com arte e feericamente iluminados, derramavam dos lustres de cristal suspensos do teto ondas de luz irisada sobre o colo das damas ataviadas de flores e pedrarias. Perfume intenso e sugestivo saturava a atmosfera regurgitante daquele exagerado esplendor de que Paris sempre foi pródiga em apresentar. Envolvida em impecáveis trajes de musselinas brancas, de uma simplicidade sugestiva e encantadora, Henriette, cujos cabelos louros marchetados de anéis fulguravam irradiações singulares, à luz dos lustres majestosos, dir-se-ia antes um ser alado a que favores celestes permitissem a presença entre mortais.

Georges sentia-se orgulhoso da esposa, alvo de todas as atenções pela sua mirífica beleza, e nessa noite o sorriso habitual dos seus lábios desenhava-se com mais legítima satisfação.

Aproximava-se a hora convencionada para o início da comédia escrita e musicada pelo marquês de Saint-Pierre, o qual, no entanto, não se dignara aparecer ainda no salão de baile. Conservando um tom de elegância muito seu, Gaston só se apresentava às reuniões para que era convidado quando já estas iam a meio.

Mau grado seu, presa de nervosismo inquietante, a formosa marquesa de Soissons estremecia a cada novo anúncio do mordomo apresentando os convivas que chegavam. Quisera ela saber ausente dessa festa suntuosa o antigo noivo. Mas, certa de que de forma alguma poderia ele faltar às anunciadas representações, emocionava-se na expectativa atordoante.

De súbito, do local onde se encontrava, a formosa de Lacordaire sentiu que todas as fibras do seu coração estremeceram alvoroçadamente, num anseio alucinador, provocando-lhe tão angustiante comoção que ela preferiria que as entranhas da Terra se escancarassem aos seus pés a fim de arrebatá-la, antes que permanecesse ali.

O mestre de cerimônias pronunciara o nome de um conviva que acabara de chegar. E esse nome, que ela julgara esquecido nos arquivos do coração, graças às imposições da razão, repercutiu com tão estrepitoso fragor pelas sensibilidades do seu ser, que a fez vacilar ao choque da emoção, como se lhe faltassem os sentidos:

— O Sr. marquês d'Arbeville de Saint-Pierre!

Gaston fez sua entrada no salão onde os pares descansavam de uma vibrante mazurca do Sr. Chopin,[12] que a orquestra acabara de executar.

Um murmúrio acolheu-o. A despeito de tudo, admiravam-no ainda! Belo como um deus, altivo e nobre como um césar, irradiando de sua personalidade irresistíveis simpatias, todos os olhares atraiu naturalmente...

Como presa de angustiante pesadelo que lhe estrangulasse as forças de reação, Henriette ouviu os comentários tecidos a respeito dele:

— Galhardo sempre! Os anos não pesam sobre a sua mocidade!

— E conserva a costumeira elegância, apesar da ruína...

---

[12] N.E.: Frédéric François Chopin (1810–1849) foi um pianista polonês radicado na França e compositor para piano da era romântica. É amplamente conhecido como um dos maiores compositores para piano e um dos pianistas mais importantes da história.

— É verdade, consta que está completamente arruinado... As negociações com os bancos agrícolas parece que vão fracassando, por escassez de capital...

— E reduzem-no à necessidade de se valer da Arte para viver...

— É pouco decente a nova profissão...

— E, como a anterior, pouco aristocrática...

A senhora de Soissons sentia-se sucumbida. A presença do antigo noivo impressionava-a mais do que ela própria o esperava. E tão desagradáveis comentários faziam-na perturbar-se ainda mais, ocasionando-lhe sofrimento. Uma contundente vontade de chorar oprimiu-lhe o seio. Duas lágrimas embaciaram a pureza de seus olhos...

No entanto, Gaston parecia não haver notado a presença de sua antiga prometida. A naturalidade com que se atinha, a espontaneidade do sorriso e das atitudes convenceram a jovem marquesa de que realmente não fora notada. Georges, ausente da sala, ensejou-lhe olvidar a inconveniência de segui-lo com os olhos para onde fosse ou preocupar-se com as atitudes gentis mostradas diante das damas. A pobre moça afligiu-se. Seu seio arfava sob a inelutável decepção de não ser notada, ao passo que o despeito acendia-lhe alucinações no cérebro. As recordações surgiram em atropelo, revivescidas do âmago do coração. Reviu-se com ele à cata dos morangos, pelos bosques perfumosos de Sainte-Croix; o balanço do parque, a primeira carícia de amor à beira do lago, os corredores do Convento de Rouen, o adeus de Belleville!... E, agora, ali estava ele, novamente! Um abismo irremediável separava-os, porém! Oh, sim! Ele devia odiá-la, agora! E por isso não a via, sequer, não a queria ver, permanecendo de costas voltadas para ela...

O certo, porém, era que a esposa de Georges enganava-se nas suposições que fazia.

Gaston d'Arbeville não a odiava, amava-a!

Ele a distinguira entre os reposteiros no momento preciso de sua chegada. Notara a ausência de Georges e a prudência ditara-lhe a atitude. Estremecera e sua alma vibrara ao revê-la, tão linda, em seus vestidos níveos, notando-lhe o embaraço, a emoção penosa que sua presença lhe causava. Quisera arrojar-se aos seus pés e beijar-lhe a fímbria dos vestidos, num supremo desafogo das dores que a mesma lhe causara! Sentia-se, no entanto, feliz, pois que ali estava ela, bem junto dele, e sua perturbação confessava-lhe que não o esquecera ainda!...

Que mais poderia desejar quem, como ele, revolvera o coração na miséria de um desconforto só comparável à desdita que o provocara?...

Entrementes, Georges, que não dançava e por isso frequentemente se afastava do salão de baile, acabara de a este retornar a fim de ver a esposa e convidá-la ao *buffet* antes de iniciada a parte teatral.

Ao cruzar a grande pista, porém, durante o intervalo que se seguiu, encontra-se de chofre com o amigo:

— Gaston! Apareceste, enfim!

— de Franceville, meu amigo!

Apertaram-se as mãos, risonhos, e amistosamente se afastaram para um recanto, sob os olhos pávidos de Henriette Flavie, que parecia vacilar. Conversaram durante alguns minutos. Mas, de súbito, como visionando por meio de pesadelo irremovível, a filha de Flávio Henri os vê de braço dado, dirigindo-se para ela. Arregimentou, então, todo o valor de que era capaz, levantou-se altivamente e, prometendo-se dominar as ferazes emoções que colidiam em seu íntimo, dispôs-se a enfrentar a situação com galhardia.

Era tempo. Os dois homens logo se aproximaram e Georges amavelmente falou, enquanto ela própria preferiu fitar o marido:

— Trago-vos o meu melhor amigo, senhora, o marquês d'Arbeville de Saint-Pierre, o mais belo homem da França, e dos mais nobres gentis-homens com quem podereis hoje dançar... Deveis, porém, conhecer-vos... Fostes vizinhos na vossa pitoresca Normandia...

Henriette estendeu a mão, atenciosa, enquanto de Saint-Pierre se curvou galantemente, osculando-a:

— Um escravo aos vossos pés, minha senhora... e que por muito feliz se daria se pudesse ser contado entre os amigos da vossa respeitável casa...

— Obrigada, Sr. marquês! — tartamudeava, meio aterrada, a pobre moça, enquanto o esposo a contemplava risonho e bondoso. — À minha casa serão sempre bem-vindos os amigos de meu marido...

Falaram vagamente da Normandia, contrafeitos e suspensos por uma comoção penosa. Visível embaraço dificultava-lhes a conversação, que se não animava, apesar dos esforços do Sr. de Franceville, o qual, como sempre, atribuía o mal-estar à inimizade entre as casas de Lacordaire e de Saint-Pierre. A marquesa, porém, para quem o momento era insuportável, a pretexto de descansar, manifestou desejo de afastar-se da sala. O marido acompanhou-a, arrastando consigo o amigo a fim de, juntos, saborearem uma chávena de chá que restaurasse as forças da esposa. Georges, em cuja mente jamais perpassara a ideia de que um romance de amor existira entre aquela que agora era sua esposa e seu amigo d'Arbeville, dir-se-ia empenhado, e realmente assim era, em firmar as relações desses dois entes queridos colocados em sua romagem terrena para significativa prova de comunhão com o dever. E assim foi que disse à sua mulher, quando findaram o chá, desejando patentear a consideração que lhe merecia o jovem artista daquela noite:

— Mais três quartos de hora e se findarão as danças para nosso querido marquês nos deliciar com a doçura inconfundível da sua Arte... Opino para que vós, marquesa, espereis as representações dançando esta mazurca, que se inicia, com o meu caro d'Arbeville, cuja fama de bom dançarino já fez época...

E virando-se para Gaston:

— Marquês, tende a bondade de oferecer o braço à senhora de Soissons, convidando-a para dançar...

A ambos fora impossível a relutância.

Dançaram.

Gaston, o homem cujo caráter se domara à grande paixão que lhe inspirara essa mesma dama a quem agora conduzia em um salão de baile, docemente presa em seus braços; o namorado ardente que fora à inconveniência de profanar, com sua presença, as abóbadas de um internato de moças apenas para se permitir a glória de contemplar essa mesma dama, então para ali relegada em represália a ele próprio, e beijar-lhe à pressa os anéis louros da fronte; Gaston, que agora sentia a suave tepidez do seu corpo abrasar-lhe o sangue das artérias enquanto o perfume dos seus cabelos de seda lhe penetrava o olfato, atingindo-lhe os recônditos do ser para lhe causar inefável ventura ao mesmo tempo que angustiante emoção; Gaston, cujo coração amante sofrera as insídias de um perjúrio de amor, e que, agora, sem constrangimentos, poderia lançar em rosto da infiel a traição sofrida, vazando nesse desafogo supremo as imorredouras ardências do seu próprio coração, não proferiu sequer um monossílabo enquanto dançou com ela, volteando ao som da música de Chopin! A mais altiva e digna serenidade se impôs, o que a dama recebeu como indubitável indiferença! Certamente que, tendo-a assim tão próximo ao coração, sofria por lhe não poder declarar o quanto a amava ainda! Por certo que penoso e esmagador seria o esforço empreendido contra os próprios sentimentos para sustentar essa atitude; que seu desejo seria arrebatá-la daquele local para envolvê-la nas arrebatadoras expressões da sua imensa saudade! Mas não se atrevia sequer a premir-lhe a mão com mais vigor; não se permitia o balbucio do mais singelo monossílabo!

A orquestra silenciara os acordes mágicos. Os pares regressaram aos seus lugares. Impecável de maneiras, o "divino Apolo" reconduziu a dama para junto do esposo, osculou-lhe a destra e, proferindo corteses palavras de agradecimento, retirou-se a fim de iniciar as representações teatrais a seu cargo.

Seu coração, porém, pulsava precípite e consternado.

— Amo-a, meu Deus, ainda e sempre! — balbuciava para consigo mesmo, enquanto percorria as dependências que o levariam ao salão de espetáculos. — Ai de mim! Quisera odiá-la! Henriette! Henriette! E tu sofres, pobre menina, ao mesmo tempo que fazes a desventura de dois pobres homens que no teu amor encerraram a própria vida!...

E depois, submetido ao fio de dominantes recordações que afluíam angustiantes:

— Sim! Era preciso que, com efeito, o inexplicável ódio de teu pai por mim fosse feroz e intransigente, para que tudo isso viesse a acontecer...

Quanto à Sra. de Soissons de nada mais se apercebeu, no decorrer do suntuoso festival, senão da pessoa, para ela, agora, fria e enigmática, daquele que fora o sonho bem-querido do seu coração...

2

Alguns dias depois da memorável noite dos festejos promovidos pelos condes de A., d'Arbeville e sua mãe receberam convite amistoso dos marqueses de Soissons, para um jantar a realizar-se em sua residência, em homenagem ao ilustre escritor didático e reformador da instrução francesa, Sr. Hippolyte Léon Denizard Rivail, antigo professor dos dois jovens titulares, isto é, Georges e Gaston, e sua digna consorte, professora Amélie Gabrielle Boudet, tal, como o marido, vulto respeitável do magistério francês, realizando-se o ágape sob a melhor cordialidade, a ele comparecendo ainda outras nobres amizades do círculo de relações dos dois amigos, dentre estas o insigne poeta Victor Hugo,[13] correligionário de ideais políticos do próprio jovem de Saint-Pierre. Georges assim distinguia o eminente mestre que o guiara nos estudos preparatórios, por motivo de mais uma vitória alcançada no domínio das letras didáticas, pois o ilustre lionês,[14] mais tarde imortalizado com o pseudônimo de Allan Kardec, acabava de publicar mais uma obra, fadada, como as anteriores, à mesma aceitação nos meios estudantis: *Soluções racionais de questões e problemas de aritmética e de geometria* —[15]

---

[13] N.E.: Victor-Marie Hugo (1802–1885) foi um novelista, poeta, dramaturgo, ensaísta, artista, estadista e ativista pelos direitos humanos francês de grande atuação política em seu país.

[14] N.E.: Allan Kardec nasceu em Lyon, a 3 de outubro de 1804.

[15] N.E.: Antes de se dedicar aos estudos e investigações que o levaram à organização da Doutrina Espírita, Allan Kardec se destacara como escritor didático de grande mérito, dedicando-se ao magistério desde muito jovem. Eis a relação de suas principais obras sobre o assunto: *Plano apresentado para o melhoramento da instrução pública*; *Curso prático e teórico de aritmética* (segundo o método de Pestalozzi); *Gramática francesa clássica*; *Manual dos exames para obtenção dos diplomas de capacidade*; *Soluções racionais de questões de aritmética e de geometria*; *Catecismo gramatical da*

e, contemplando à sua mesa personagens tão gradas e que tanto apreço e consideração lhe mereciam, sorria satisfeito e enternecido, notificando o clima de lenidade que irradiava pelo ambiente a que um gênio e um futuro apóstolo presidiam e honorificavam. E até a marquesa viúva de Saint-Pierre, que, tal como o filho, não se pudera furtar ao convite, geralmente discreta e tímida como boa provinciana, elevou a voz relembrando as boas relações de amizade existentes entre seu pranteado esposo e o Sr. Rivail, bem assim a tradicional estima dos d'Arbeville pelos antepassados do mesmo senhor, compostos de eminentes vultos da magistratura do país, isto é, advogados e juízes, cuja honorabilidade era por todos reconhecida.

No entanto, gentilmente desejando associar-se às homenagens ao casal Rivail, o jovem artista da rua de Lafayette, findo o jantar, improvisou ao piano uma balada em sua honra, a que cataduras de magnificente inspiração abrilhantaram criando os respectivos versos ao mesmo tempo, e os quais, por ele declamados ao som do improviso musical, saudavam o antigo mestre e exaltavam-lhe a missão de educador, ao passo que eram anotados pela sagacidade do Sr. Hugo, que momentos depois cumprimentava o artista pelo feito magistral, e enquanto o casal homenageado agradecia comovido...

Todavia, por muita satisfação que experimentasse ao lado do nobre professor, revendo-o após algum tempo de afastamento, a Gaston fora impossível despreocupar-se da pessoa da jovem anfitriã, não obstante a indiferença quase hostil que se impusera relativamente a ela. Compreendia-a presa de intenso nervosismo e intimamente sublevada por uma angústia indisfarçável aos seus olhos perspicazes, o que vinha enchê-lo de receios, pois, inábil para repelir ou dominar a violência das emoções,

---

língua francesa; Programa dos cursos usuais de química, física, astronomia, fisiologia; Ditados normais dos exames da municipalidade e da Sorbonne; Ditados especiais sobre as dificuldades ortográficas.
Suas principais obras sobre Espiritismo, firmadas com o pseudônimo que o deveria imortalizar, são as seguintes: *O livro dos espíritos* (abril de 1857); *O livro dos médiuns* (janeiro de 1861); *O evangelho segundo o espiritismo* (abril de 1864); *O céu e o inferno ou A justiça de Deus segundo o espiritismo* (agosto de 1865); *A gênese – os milagres e as predições* (janeiro de 1868); a *Revista Espírita* (jornal de estudos psicológicos, periódico mensal) lançado a 1º de janeiro de 1858 — existente ainda hoje.

poderia ela comprometer-se de algum modo, levantando suspeitas, à observação dos presentes. Em consequência sentia-se imerecedor da confiança e da estima do amigo, pois que lhe amava a esposa, não obstante os esforços empregados no sentido de destruir tal sentimento no coração e apesar mesmo de tratar-se de sua antiga noiva. Mil pensamentos confusos, tumultuosos, lhe acudiram à mente durante o jantar, como na sala de recepções, ao observar que Henriette se perturbava na conversação com os comensais, atendendo, de preferência, ao que ele próprio e *Mademoiselle* Renée de Boulanger, prima de Georges, com quem este desejaria vê-lo matrimoniar-se, se diziam na animada palestra que sustentavam. Pensava na prudência, que se impunha, de não mais atender a qualquer convite do amigo para a sua casa, na necessidade inadiável de se afastar deste como do seu lar, que lhe deveria ser sagrado, por todos os motivos; de sair de Paris, mesmo da França, interpondo entre si próprio e a antiga noiva o abismo da distância, além daquele que o dever traçava.

Assim pensando, acercou-se do Prof. Rivail e comunicou-lhe o desejo que nutria de temporariamente se transferir para a grande Confederação Americana do Norte, desgostoso que se encontrava com os insucessos financeiros de sua casa. Verificou-se então substancioso debate entre o professor e seus antigos alunos — pois Georges se acercara também do grupo —, durante o qual, com aquela visão admirável que possuía, Rivail ponderou as grandes vantagens de ordem material e financeira decorrentes da realização desse desejo do seu aluno, convencido que estava do incomum impulso progressista existente na longínqua plaga americana, que herdara do resto do mundo todos os valores intelectuais, como as melhores energias, impulso que facultaria reabilitação financeira, mesmo social, a qualquer individualidade em similitude de condições. Aconselhou-o mesmo a fazê-lo, reunindo capitais a fim de empregá-los além, estendendo ramificações da sociedade a que pertencia num terreno fértil que certamente o compensaria dos esforços. Interessado, Gaston serviu-se das experimentadas opiniões do ilustre conselheiro para delinear um programa novo para o seu destino, animado, como se achava, da boa vontade de ser probo e leal. Todavia, opunha-se De Soissons, contrariando o entusiasmo:

— Não haverá necessidade de ordem financeira ou comercial, para tentares no exílio a fortuna, meu amigo! Depus ao teu alcance os meus préstimos, todos os recursos de que careces para o soerguimento de tua casa...

— Bem sei, Georges, e te agradeço de todo coração!... — retorquiu o moço artista, altivo, porém enternecido. — Mas consideremos o fato de que não deverei abusar de tua extrema bondade... e que será honroso para mim arredar sozinho os percalços que me perturbam a caminhada...

— Muito bem, Sr. marquês! — adveio o Sr. Rivail vivamente — e permita-me felicitá-lo pela varonil disposição de que se anima. Com efeito! Será meritório para qualquer homem o dever a si próprio as vitórias que colher no decurso da existência...

E assim prosseguia a conversação, que a própria Assunción ouvia com simpatia:

— E acredita, meu filho — falou ela a certa altura —, se efetivamente tomares tal resolução, não partirás sozinho: seguirei contigo e nossa casa continuará sob os cuidados de Michel...

De súbito, Georges interveio, quase abruptamente, levantando-se:

— Seja! Desde que é esse o teu desejo, não poderei dissuadir-te... Cuidarás desse intento, porém, somente depois que festejarmos a data do aniversário dos meus esponsais... Tenciono oferecer às nossas relações de amizade comemorações brilhantes, em nossa propriedade de Blois, e participo-te, meu caro Gaston, que não só programarás os festejos como até criarás partituras para as orquestras, a boa música que sabes compor...

Amor e ódio

Nos dias subsequentes o moço de Saint-Pierre, ao mesmo tempo que programava as festividades para o amigo, dispunha os próprios interesses de molde a transferir-se para a Norte América o quanto antes. Informados da resolução irrevogável, seus sócios lhe louvaram os propósitos, vaticinando os melhores êxitos, ao mesmo tempo que propunham a ampliação da companhia estabelecendo uma sucursal em Nova Iorque, sob sua direção. Gaston concordou esperançado e satisfeito, e enquanto incumbia Georges da fiscalização de suas propriedades em Saint-Pierre, instruía Michel, acertando contratos de administração, consultava notários e advogados, lavrando procurações etc., tudo dispondo com senso e critério dignos de elogio, a fim de que em sua ausência nenhum fato desagradável sobreviesse contra seus interesses.

No entanto, no recesso do lar, a sós com sua mãe durante a dúlcida placidez do serão da noite, ei-lo em confidências, descerrando o sacrário do coração para justificar a súbita resolução.

— Sim, minha mãe! — exclamava emocionado e compungido. — Desgraçadamente Henriette ama-me ainda! E eu, malgrado às torturas morais que me inflijo, afetando um rancor e um desprezo que estou longe de verdadeiramente sentir, não consigo arredar do coração nem sua lembrança nem as saudades do passado! Prevejo, com receio, a possibilidade de um entendimento entre mim e a pobre menina, a quem compreendo sofredora... e para evitá-lo sem romper as relações com Georges só encontro um recurso: sair da França!...

Engolfava os dedos na cabeleira negra, traindo excitação angustiante, e numa fácies de amargura continuava:

— Sobre todas essas particularidades tenho refletido maduramente, senhora! Julgam todos que sou acossado a partir pela ambição do ouro fácil na progressista nação americana, Georges inclusive! Porém, assim não é! Que me importam riquezas, se está morto o coração?!... Exilo-me, atrevendo-me a uma aventura incerta, a fim de que

Georges possa ser feliz! Ele bem o merece, minha mãe, porque é o melhor dos corações!...

Assunción reprimia uma lágrima, fitava o semblante acabrunhado do filho e balbuciava, o coração oprimido por insopitáveis angústias:

— Cumprido o dever de honra que te assiste, tenhamos paciência na desventura, meu filho, porque o Senhor saberá recompensar-nos com a sua misericórdia...

Entrementes, o "divino Apolo" avaliara em trinta dias a temporada festiva dos marqueses de Soissons comemorando o aniversário de seus esponsalícios, e na qual seria chamado a desempenhar proeminente papel. Convites numerosos foram expedidos, e o velho solar dos de Franceville de Soissons deixou a costumeira modorra do ostracismo para alardear os sons álacres da música festiva e demais variadas atrações. Da programação constariam caçadas aos gamos e javalis; torneios medievais com armas e guarda-roupa a caráter, mesmo para as damas; corridas em bigas romanas; provas de equitação e esgrima, como de armas de fogo e flechas; excursões a montanhas vizinhas; teatros, piqueniques, banquetes, concertos, bailes, um sem-número de surpresas que surgiriam para alegria e deleite dos convidados. Instada pelo casal de Soissons e por seu filho para comparecer às cerimônias, a marquesa de Saint-Pierre, no entanto, deixou-se permanecer no insulamento do seu primeiro andar da rua de Lafayette, presa de insistentes elucubrações, ao passo que Flávio Henri de Lacordaire, que se afastara temporariamente da política, desgostoso com o rumo que os fatos tomavam, continuava em Nápoles, fiel ao seu amor pela Itália, e sem tomar sequer conhecimento das suntuosas comemorações... Todavia, nessa atmosfera regurgitante de satisfação e alacridade, duas personagens havia cujos corações se conservavam na percuciente desdita em que se revolviam. Apenas sorriam, enquanto os demais gargalhavam despreocupadamente. Contemplavam a alegria alheia sem se saturarem dela, antes sentindo o vírus de incoercível angústia lhes invadir o ânimo. Eram Gaston e Henriette, a quem um novo abismo — o oceano, a distância — faria aprofundar a já irremediável separação a que nem sequer, dali em diante, o dulçor de se contemplarem em silêncio, como vinha acontecendo, suavizaria jamais.

Gaston partiria, decerto para sempre, tão depressa terminassem as festas de Soissons. A saudade ampliada pelo novo sacrifício cruciava o coração de ambos, sem que um ao outro desse conta da desolação que lentamente se lhes insinuava no espírito permanecido forte até então. Henriette mantinha-se nervosa e agitada desde o memorável baile dos condes de A. E, de vez em quando, Francine encontrava-a desfeita em lágrimas na solidão dos seus aposentos particulares. Por sua vez, o amigo de Georges revelava-se grave e melancólico, contradizendo a serenidade até então mantida. Ominosas apreensões irrompiam dos recessos do seu espírito, advertindo-o de indefiníveis perigos, mortificando-o com o pungir de acentos angustiosos que adejariam sobre si mesmo, indecisa, indefinivelmente. Sua palestra tornara-se curta, e ele, comumente atencioso e cortês, fazia-se agora pensativo e distraído.

— Preciso falar-lhe! Não posso mais, meu Deus, não posso mais! Será apenas o supremo adeus! — dizia a si mesmo o atribulado marquês, curtindo a ardência de reflexões que nada serenava. — Pobre menina! Sofre e faz sofrer o marido, que, no entanto, merece a felicidade! Oh! será necessário que, à minha partida, ela se certifique de que jamais me seria possível querer-lhe menos do que lhe quis no passado!...

Os dias transcorriam, os festejos se aproximavam rapidamente do seu término sem que o ex-doidivanas de Saint-Germain se encorajasse a dirigir a palavra à antiga prometida. Porém, assim pensando, o certo era que oferecia o rastilho comprometedor à entidade obsessora que, do Invisível, espreitava suas fraquezas no intento de valer-se delas para precipitá-lo no abismo, servindo aos desejos de vingança alimentados do passado...

O moço de Saint-Pierre, entrementes, sobrepunha-se aos concorrentes às provas comemorativas, galhardamente vencendo nas liças atléticas como nas intelectuais ou artísticas. Ninguém sobranceiro e imponente como ele, recordando os príncipes e condestáveis medievais, durante os torneios audazes para defender as cores da sua dama. E se destro e ligeiro nos concursos hípicos e impecável na esgrima, dir-se-ia também perfeito romano do passado, fazendo correr a frágil biga que parelhas velozes puxavam, guiadas por seus pulsos firmes. Incontestavelmente, era ele a maior atração dos festejos que programara, nunca lhe assentando tão bem o apelido com que os amigos o bajulavam. Ora, certo número havia, do grandioso programa, que consistia na escalada de uma montanha cujo dorso despido de vegetação, mas coberto de seixos, ofereceria sérias dificuldades aos excursionistas. Do cimo desse monte, onde a pedra fundamental de uma ermida seria lançada pelo vencedor — os valentes excursionistas soltariam pombos-correios que traria ao casal Soissons mensagens de felicitações pela auspiciosa efeméride, escritas em versos pelo Sr. de Saint-Pierre. Cá embaixo, no prado, a numerosa assistência, que, com os concorrentes, se levantaria ao alvorecer, seguiria as peripécias da escalada abrigada em confortáveis tendas em que nada faltaria, desde os divãs de veludo e damasco até as iguarias mais finas e a boa música com bailados típicos de várias regiões da França, levados a efeito pelos próprios camponeses e bailarinos contratados em Paris especialmente para as festas.

Gaston viu-se tentado a competir uma vez ainda, dada a insistência de seus admiradores. A princípio galgara grande trecho da montanha sem dificuldades aparentes. Os excursionistas avançavam animadamente, apoiados em cajados montanheses fornecidos pela marquesa aos seus paladinos. De vez em quando uma pedra ou uma camada de seixos rolavam sob seus pés para, em descida vertiginosa, se precipitarem no fundo do vale coberto de relvas e lírios bravos, ao som chocalhante do próprio contato com as demais pedras do trajeto. De súbito, trecho mais dificultoso apresenta-se aos olhos dos escaladores que, absolutamente, não eram peritos nesse gênero de esporte. Perturbaram-se e tornaram ainda mais difícil a consecução do que pretendiam, desamparando-se uns aos outros, às gargalhadas desatenciosas e inoportunas. Pesada camada de

Amor e ódio

pedras arroja-se de repente sobre os pés de Gaston, descida ao impulso das passadas de um companheiro que o precedia. Ele falseia, perturba-se, já fatigado, sentindo-se arrastado para baixo pela avalanche que se precipita... Num poderoso esforço ainda tenta readquirir o equilíbrio firmando-se, de qualquer forma, no cajado, que não encontra terreno firme onde se apoiar... E Gaston resvala em queda inevitável, a qual lhe traria certamente a morte se a mão da Providência a tempo não interviesse, amparando-o com grandes blocos calcários existentes numa plataforma que se estendia a certo trecho. Lá embaixo rolavam as águas serenas e frescas do Loire, bordejadas pelo vale salpicado de lírios. Bastante contundido, os ferimentos a lhe maltratarem as carnes e o sangue manchando seu belo traje de excursionista, a custo pôde orientar-se, meio desfalecido. Tinha um pé torcido e dores atrozes impediam-no de levantar-se. E enquanto os companheiros retrocediam alarmados, a fim de socorrê-lo, lá debaixo Georges, aflito, ordenava ao seu mordomo providências no sentido de locomoverem o ferido para o castelo, o que foi prontamente conseguido por uma turma de diligentes camponeses.

Entrementes, o "divino Apolo" vira-se forçado a guardar o leito, no qual forte ataque de febre o reteve durante alguns dias. Um facultativo viera apressado de Blois, por ordem do Sr. de Franceville. O estado do enfermo, considerado lisonjeiro pelo digno intérprete da Ciência, serenara as apreensões, pois que o ferido carecia apenas de repouso e algumas poções sedativas, além dos curativos devidos. Georges, cheio de fraternas solicitudes, esmerava-se à cabeceira do amigo, presidindo pessoalmente os tratamentos prescritos, enquanto a esposa o secundava auxiliando nos curativos, massagens, aplicações balsâmicas etc. Ao fim de oito dias a febre cedera completamente, escoriações e talhos cicatrizavam, mas a perna e o pé atingido de luxação impossibilitavam-no de locomover-se. Passava, portanto, os dias prisioneiro nos próprios aposentos, entregue a trabalhos intelectuais ou se distraindo com leituras, recolhido à biblioteca. Não concorrera às demais provas, apenas assistindo aos banquetes e aos saraus musicais e literários, para cujos locais era conduzido pelo próprio Georges, e pelos serviçais.

A festa prosseguia, porém, e Georges e a esposa, fiéis aos deveres de hospitalidade, agora repartiam as atenções com os demais hóspedes, reconhecendo o enfermo em convalescença. A formosa de Lacordaire, no entanto, só muito a seu próprio pesar abandonava os cuidados devidos ao seu paladino. Sentia-se dominada por insistente inquietação e parecia ter perdido completamente a serenidade que a situação exigia a preço de qualquer sacrifício. O silêncio de Gaston, que evitava a todo custo dirigir-lhe a palavra, enervava-a, desorientando-a penivelmente. Quisera ouvi-lo dirigir-se a ela, falar-lhe, ainda que a insultasse; inteirar-se do que sinceramente ele pensaria a seu respeito, ainda que se convencesse de que se tornara odiada. O que não mais poderia suportar era aquele irritante, desconcertante mutismo. O que lhe não seria possível sofrer era vê-lo partir sem lhe ter merecido um compassivo adeus, sem que ela própria se exculpasse aos seus olhos do perjúrio cometido, expondo-lhe as circunstâncias irremovíveis que se antepuseram entre ambos. E assim foi que Henriette Flavie, a filha do orgulhoso visconde Flávio, pisando conveniências e dignidades, que tão bem assentam no caráter feminino, e abafando os protestos e os escrúpulos da consciência, forçou-se a uma atitude das mais melindrosas, deliberando procurar o belo marquês a fim de tentar um entendimento que, de qualquer forma, ao seu atribulado espírito fornecesse a necessária balsamização da conformidade.

Ó mocidade caprichosa, leviana e inconsequente! Até quando teus desvarios e as imponderações das tuas paixões cavarão ruínas em torno de ti mesma?... Ó mulher, ser emotivo e apaixonado por excelência, até quando preferirás os arrebatamentos passionais, olvidando os ideais divinos que tão bem condizem com a sensibilidade poderosa do teu coração, feito para a sintonização com a Luz?!...

Havia dois dias que o castelão e seus convidados se empenhavam na grande caçada aos gamos e javalis. A amenidade do tempo a tanto animava e os entusiastas do apreciado esporte quiseram gozar desse prazer tão arriscado quanto agradável aos senhores da nobreza. As próprias damas, tentadas pela volúpia de galopar sobre a sela de ginetes assustadiços, através de longas alamedas onde o sol apenas penetrava pelos interstícios da folhagem de frondes magníficas, recusaram-se a permanecer inativas e, ardorosas, deliberaram partir ao lado dos seus cavaleiros. Em casa apenas se deixaram estar uma ou outra senhora a quem a idade ou os achaques não permitiam tais excessos, e a formosa anfitriã, cuja fadiga era notável. Quanto a d'Arbeville, incapaz de montar, não pensava sequer em se afastar da biblioteca ou dos aposentos que ocupava.

Pesado silêncio caía sobre as grandes salas do solar dos de Franceville. Apenas, sobre os longos e macios tapetes, os passos discretos de um ou outro serviçal fiel aos próprios deveres. Luzia no céu o ouro pálido de um sol ameno de outono. Dos parques e dos jardins desprendiam-se os tentadores perfumes dos frutos sazonados e das flores que, já quase exangues, atiravam aos ares seus olores, numa despedida sublime. Nem um ladrido de cão ou o relinchar do ginete; nem o cântico doce e monótono do camponês em suas lides. De vez em quando, todavia, dentro da poesia da calma, os sons harmoniosos de uma harpa ou de uma flauta exercitando uma ou outra melodia em preparo. Era o marquês de Saint-Pierre, que compunha *romanzas* ou baladas no insulamento da velha biblioteca de Soissons...

Henriette repousava em seus aposentos. Repousava, porém, não seria bem o termo que traduziria a agitação interior que a acompanhava na quietação a que se forçava, e a qual se revelava pelas violentas pulsações do coração como pela palidez que lhe alterava o semblante.

— Se lhe não puder falar hoje, jamais o poderei! — monologava a jovem senhora, presa de insopitáveis angústias, a mente em chamas. — Sim, preciso falar-lhe, para que me possa oferecer o refrigério capaz de me reanimar para o complemento do calvário em que se tornou a minha existência!... Meu Deus! Às vezes, sua figura infunde-me terror, com aqueles modos arrogantes e altivos!... Ontem ao jantar, porém, julguei surpreendê-lo a contemplar-me, e sua fisionomia, por um instante, revelou-me profundo sofrimento!... Ó Gaston, Gaston! Por que te amei tanto?... Por que não pude aceitar a aversão que meu pai tentou inocular em meu espírito, contra ti?...

Momentos antes, a antiga discípula das rijas freiras de Rouen chamara a criada de quarto, em quem confiava, para recomendar:

— Vai, Francine... Informa-te onde se encontra o Sr. de Saint-Pierre...

A criada afastou-se e Henriette Flavie, à espera, sentia que o sangue das artérias lhe afluía todo ao coração, o qual, em ritmos desordenados, torturava-a no suplício da mais intensa e absorvente expectativa. Decorreram alguns minutos, findos os quais a criada tornou ao gabinete da senhora, esclarecendo:

— O Sr. marquês encontra-se na biblioteca...

D'Arbeville, com efeito, descansava na biblioteca de seu nobre amigo, com a desenvoltura com que se portaria em sua própria casa. Estendera-se num espaçoso canapé e meditava, acompanhando com o olhar distraído as ondulações graciosas do fumo perfumado do seu charuto. Vestia um roupão em seda verde-malva e preto, e seus cabelos em desalinho expressavam a fadiga que o obrigara ao repouso.

De súbito, na serenidade consoladora que o abrangia, os trincos da porta rangeram vagarosamente, depois de discreto e delicado bater na madeira; e alguém entrou de mansinho... Perfume suave, cuja origem lhe fora tão familiar nos inesquecíveis dias de Sainte-Croix, fê-lo voltar-se surpreso, compreendendo que se não trataria de nenhum dos serviçais postos aos seus serviços. A sua estupefação paralisou-lhe os movimentos.

Henriette Flavie entrava no salão e caminhava para o seu canapé...

Perturbando-se, Gaston levantou-se a custo, procurou recompor os cabelos, corrigir as dobras do vestuário, sem atinar com o que pensar e dizer. Até que, vencendo o estupor que o dominara por instantes, proferiu abrupto, esquecendo-se de cumprimentá-la:

— Por quem sois, minha senhora... Que se passou?... Porventura algo desagradável na caçada?...

Confusa, no entanto, ela também, e agitada como não se sentira da vez primeira em que recebera o noivo na solidão dos velhos corredores do Convento de Rouen, a senhora de Soissons tentou explicar-se, incapaz de fitar aquele a quem tanto estremecia, a voz embargada e comovida:

— Perdoai, Sr. marquês, a indiscrição de não me fazer anunciar...

— Sois bem-vinda, minha senhora... honra-me sobremodo a vossa visita... Eis-me às vossas ordens...

D'Arbeville, de pé, esperava. Silêncio embaraçoso interpôs-se. Comovida, a filha de de Lacordaire olvidara-se do que deveria tratar e permanecia incapaz de uma palavra. Mas ele repetiu, fazendo-se forte e indiferente:

— Estou às vossas ordens, senhora marquesa!...

Não conseguiu, porém, terminar a frase. A esposa de de Franceville caiu em pranto convulsivo diante dele, ocultando o rosto entre as mãos crispadas, indefensa ante a onda de dor que havia tanto tempo ameaçava expandir-se. D'Arbeville não sabia o que fazer. Extrema comoção e surpresa porventura ainda mais intensa lhe tolhiam as atitudes. Tinha ímpetos de arrojar-se aos pés da formosa criatura que ali se desfazia em lágrimas sob seus olhos. Porém, nos sagrados receptáculos da consciência, apenas encontrou esta atitude conciliadora:

— Acalmai-vos, senhora, por quem sois. Convém que vos retireis... Precisais de repouso...

Ela, porém, ouvindo-o, suspendeu o pranto para exclamar alucinada:

— Não, Gaston! Ainda que me repilas, não me retirarei sem que me tenhas ouvido... pois, se a tão grave situação me expus, é que me não restavam já forças para continuar a existência sem que houvesse criado este momento!...

— Marquesa! Senhora! — atalhou o amigo de Georges, lívido e agitado por súbito mal-estar interior — Por quem sois! Se proferis frases irremediáveis, eu vos rogo que reflitais a tempo, ou que a tempo vos retireis...

E ela sorriu contrafeita, repelindo-o:

— Descansa, meu amigo! Tão certa estou de mim, Gaston, como de ti, que não vacilei em falar-te confidencialmente...

— Senhora!...

— Sei que me odeias, mas não importa; falarei, ainda assim... E essa persuasão vem torturando de tal forma os dias de minha infortunada existência, que, embora incorrendo, talvez, em grande falta, me dispus a rogar-te que suavizes, de algum modo, as minhas apreensões a tal respeito, fazendo-me compreender que não será tão extenso, quanto suponho, o rancor que me votas...

Ela tremia e Gaston, excitado, atingido no mais profundo de sua alma, ouvia sem nada retorquir.

— Ah! eu sofro, marquês! Sofro dolorosamente, sem tréguas, há três anos, desde o dia funesto de nossa despedida, em Belleville! Tenho a vida e o coração arruinados para sempre... E para que o supremo desespero não culmine a minha desventura; para que a morte ou a loucura não arruínem para sempre este lar que tanto prezas, é que te rogo lances uma trégua ao fundo destas insuportáveis dores que oculto em meu íntimo, fazendo-me acreditar que não sou, não serei jamais execrada por aquele que...

— Esqueceis-vos, senhora, que entre nós existe um sagrado abismo, que me proíbe qualquer expressão em vosso favor?... Esqueceis-vos de que, planando bem mais alto do que o tumultuar dos nossos corações, existe uma pessoa a quem eu considero mesmo acima do sentimento que me empolgou o coração, e a quem desejo ser leal, ainda que para tanto destrua a própria vida? Esqueceis-vos de que vós própria criastes tal abismo, e que agora nada há que me faculte removê-lo?...

— Oh, não, por Deus! — retorquiu, no auge da excitação nervosa. — Não me acuses tanto!... Não fui responsável pela traição cometida contra ti e o pobre de Soissons! E de ti, Gaston, nada mais desejo senão que avalies a extensão do meu martírio e que, agora que vais partir, agora que nem esperanças me restam de algum dia tornar a falar-te assim, quero que me deixes como suprema despedida a certeza de que me perdoaste sabendo-me inculpada, e que de mim conservarás comovida recordação...

Fitou no semblante acabrunhado do antigo noivo os belos olhos inundados de lágrimas e acrescentou humildemente, qual uma criança:

— Não faço este pedido como esposa que sou do teu melhor amigo... Faço-o evocando a noiva que deixaste em Sainte-Croix, a humilde prisioneira do Convento de Rouen...

Então, aquele homem, cuja férrea vontade vinha sendo tantas vezes experimentada, não resistiu aos impulsos da comoção que lhe assaltou o coração. A mulher, ali presente, representava tudo em sua vida! Desde que as mãos sábias do destino lhes outorgara o ensejo de se depararem no carreiro da existência, era ela a razão do seu viver! Sua mente, ofuscada por uma onda de ternura irreprimível, fê-lo vacilar, acometido de fascinação. A razão eclipsou-se nos recônditos do espírito e o coração, desprotegido pela insegurança da bússola, desorientou-se, vencido pelas emoções.

Num ímpeto incontrolável, Gaston toma nos braços a esposa do amigo, estreitando-a contra o coração num gesto tão vibrante quanto terno, sem, contudo, proferir uma palavra. Não se encorajando, todavia, a procurar-lhe os lábios, beija-lhe a cabecinha loura, que se inclinou para o seu peito, cobre-a de afagos incontidos, alucinado, enternecido até a mais remota fibra do coração! Henriette chorava, incapaz para dominar as impressões de mágoa que se desprendiam desse amplexo; e ele próprio, cujo seio parecia querer partir-se sob a intensidade da emoção e do desgosto, traía gotas de pranto no franjado dos grandes cílios, que batiam apressadamente.

Sentaram-se sobre o canapé, e suas mãos enlaçadas não se apressaram em se abandonarem. Foi a marquesa a primeira a romper o angustioso silêncio:

— Poderei, então, impor descanso ao coração — exclamou resignadamente — e procurar tornar feliz o meu pobre Georges, pois que tu compreendeste e perdoaste!...

D'Arbeville beijou-lhe as mãos com veneração e exclamou, traindo incontida tristeza:

— Jamais te odiei, Henriette! E se, calcando os impulsos que me arrastam para o teu amor, violento o coração tratando-te até mesmo com dureza, é que a tanto me obriga a consciência de um dever sacrossanto! Sim, há muito foste perdoada... porque, para que o desespero de perder-te me não atirasse à voragem da morte prematura, foi-me necessário inocentar-te do perjúrio e me apiedar de ti! Como resisti à dor do ludíbrio e da traição que me infligiram, eu mesmo não o saberei explicar! Como tu, eu também sinto a vida para sempre amortalhada... e se ainda vivo será porque, certamente, uma sabedoria impenetrável aciona os destinos humanos...

Falavam de mansinho, constrangidos, ansiosos, certos de que erravam, e tinham a voz comovida e cheia de lágrimas. Era um balbucio, eram carícias que se trocavam na própria voz com que se falavam:

— Sofres, marquês, e não lograrei felicidade reconhecendo-te desditoso...

Ele sorriu magoadamente, afastando-lhe as mãos:

— Henriette, minha querida amiga! — exclamou nervoso e vibrante — Não agraves os teus próprios desgostos preocupando-te com o que possa ocorrer com minha pessoa, que já não deverá viver em tuas cogitações! Esquece-me, por Deus! Ao partir, no intuito de me afastar de ti, a fim de te olvidar, rogo-te o único bem que de ti posso desejar e que me poderás conceder: faze-me a promessa de que terás boa vontade para ser feliz ao lado de teu marido! Despedaça-me o coração o saber que nem ele próprio logrou felicidade nesse consórcio!... Em certas horas, Henriette, fitando o semblante amável do pobre Georges, o pranto destila de minha alma e de mim mesmo indago porque ainda vivo, acovardado de matar-me, já que, desgraçadamente, não consegui esquecer-te ainda e que, portanto, o atraiçoo, quando antes deveria ilibado respeito à sua nobre confiança!... Georges é o mais generoso coração com que poderíamos cruzar nos caminhos da existência... Ama-o, Henriette, porque, junto dele, encontrarás a felicidade que nem eu próprio saberia alimentar...

A pobre senhora pôs-se a chorar novamente, afastando-se sem mais nada poder dizer. Sozinho, o belo Sr. de Saint-Pierre abateu-se qual pesada massa, sobre o canapé. E a senhora de Soissons, chegando aos seus apartamentos, atirou-se em seu próprio leito, sufocada pela dor moral e pelas lágrimas que corriam sem constrangimentos.

* * *

Ao cair da noite grandes alaridos despertaram a quietação local. Exaustos, mas sempre folgazões, provocando bulhas por um nada, tornaram os caçadores ao castelo, depois de dois dias de sensacionais refregas no seio das matas à cata das presas, e durante os quais haviam habitado os pavilhões apropriados, disseminados aqui e além pelas terras de Soissons. A ceia decorrera sem solenidades. Uma vez desembaraçando-se dos hóspedes, que se recolheram após a ceia, e depois de carinhosamente cumprimentar a esposa, que não comparecera à recepção aos caçadores, o Sr. de Soissons desejou inteirar-se da saúde de seu amigo d'Arbeville e se dirigiu para a biblioteca, onde sabia encontrá-lo. Ao penetrar aquela dependência, porém, notara Georges tão acentuado acabrunhamento na fácies do marquês que, impressionado, não sopitou o desejo de interrogá-lo:

— Pois que se passa, meu caro d'Arbeville?... Agravaram-se porventura os teus padecimentos?...

Gaston estremeceu, o coração opresso. A solicitude do marido de Henriette, naquele momento, perturbou-o, e sob o olhar sereno e leal com que era ele contemplado sentiu-se indigno e apoucado, lamentando a insólita fraqueza que havia pouco o arrastara a confessar à esposa desse homem nobre o sentimento apaixonado que continuava a nutrir por ela. Respondeu, não obstante, traindo perturbações insopitáveis:

— Obrigado... mas nada se passa... quero dizer, a enfermidade deprimiu-me os nervos... Aliás, deixarei a França dentro de alguns dias... e a América poderá não me ser hospitaleira... Preocupações, meu caro Georges, nada mais...

— Não segues por livre e espontânea vontade e as melhores perspectivas não te animam ao feito?... Aliás, se te acabrunha a ideia do exílio, por que partir?...

D'Arbeville apertou com emoção a destra do amigo, que lhe pousava no braço, e exclamou com amargura:

— Tens razão! Sigo por espontânea vontade! Não deveria estar preocupado...

De Soissons continuou, depois de uma pausa:

— Gaston... Não te mostras bastante franco, como eu desejaria ver-te... Por que não te confias a mim, como nos dias da nossa juventude?... Não estás bem certo da minha lealdade?...

— Assim é, meu caro marquês! Mais de que leal amigo, para mim tens sido um dedicado irmão...

— Vejo que sofres, Gaston, sem te poderes furtar a apreensões inapaziguáveis... Ocultas-me um segredo cuja amargura adivinho em teus olhos, em tuas expressões e atitudes...

— Enlouqueceste, porventura, marquês?... Como podes afirmá-lo?... — contestou vivamente o "formoso d'Arbeville".

— Há cerca de quatro anos, quando eu me encontrava ainda em Varsóvia — continuou serenamente o esposo da formosa de Lacordaire, criando a inquietação no espírito do amigo a cada frase enunciada —, confessaste-me que te apaixonaras por uma jovem de raras qualidades e grande formosura, mas que a adversidade se interpusera entre ti e o teu amor, tornando-te infeliz...

— Foi verdade...

— Revelaste os fatos por várias missivas que me escreveste...

— Recordo-me delas...

— Vivias então no teu castelo de Saint-Pierre, da Normandia...

— E também em Paris, Georges! E em viagens, não apenas em Saint-Pierre... — retrucou com nervosismo e veemência.

— Nunca me revelaste, porém, o nome dessa dama — prosseguiu o outro, sem parecer ouvi-lo. — Respeitei e louvei então a tua discrição, não me permitindo jamais interrogar-te...

— O que ainda hoje te agradeço, de Franceville!

— Voltei à França. Reiniciou-se nossa antiga intimidade e nada mais me confiaste a respeito...

— É que perdi o interesse... o sonho se desfez, meu caro marquês!...

— Gaston! Ainda amas essa mulher!

D'Arbeville voltou-se arrebatado, tal se o atingisse uma centelha elétrica:

— Que queres insinuar, Georges?...

— Que a amas com extremos de um sentimento grandioso, do qual, eu o confesso, jamais te julguei capaz!

Visivelmente agitado, d'Arbeville levantou-se, ensaiou a custo alguns passos pela sala, ressentindo-se do ferimento; sentou-se novamente, revolveu os cabelos, crispou as mãos, nervoso, e, enquanto era observado por aquele que lia em sua alma as mais delicadas impressões, retrucou aborrecidamente:

— Não sejas tolo, marquês de Soissons! Esqueci essa mulher depois de muito ter sofrido por ela! Oh! Não se conservam paixões de amor quando se está arruinado e se é rejeitado...

— Dize-me, caro Gaston — continuou pacientemente o castelão, sem desfitar os olhos do amigo nem mudar de expressão. — Dize-me o nome dessa dama, o nome de sua família: pleitearei a tua causa, ajudar-te-ei no intento de desposá-la, dar-te-ei todos os meus préstimos! O que quero é ver-te feliz! Desposá-la-ás antes de tua partida para a América...

Gaston de Saint-Pierre apertou novamente as mãos do amigo incomparável, sem nada responder. Sua expressão, nesse momento, pareceu intraduzível ao nobre de Soissons.

— Vamos, marquês d'Arbeville! — repetiu docemente. — Quero ajudar-te...

Todavia, Gaston pendeu a cabeça sobre as mãos, apoiando os braços nos joelhos, e respondeu em tom sombrio e abatido:

— Nada poderias fazer... O caso é irremediável...

— O nome dela, Gaston, a fim de que eu vá suplicar-lhe que te dê a felicidade!

— Por quem és, Georges, não me tortures! Não posso revelar esse nome!...

— A mim, Gaston?... Não podes revelá-lo a mim, teu amigo, teu irmão?...

— A ti, como a qualquer outra pessoa!... Proíbe-me a minha honra de fidalgo...

E o outro, franzindo os supercílios:

— Desgraçado! Trata-se então de uma paixão ilícita, criminosa?...

— Sê-lo-ia, confesso, se a consciência do cumprimento do dever a tempo não se impusesse... Mas de princípio não foi assim: cheguei a ser prometido da mulher que amei... Não me consideres mal, Georges! Saberei cumprir o meu dever! Sou merecedor de que me creias!

O Sr. de Soissons pôs-se a passear ao longo do aposento, pensativo. Mau grado seu, impressionava-se até a angústia com o drama particular do antigo condiscípulo. Todavia, retorquiu, sem interromper o caminhar, que a preocupação impusera:

— Rejubilam-me as tuas expressões... Nem outra atitude eu esperaria de ti... Confiei sempre na honradez do teu caráter...

Eles jogavam ali com armas desastrosas. De Franceville exercia singular influência sobre o ânimo do amigo. Não se conservasse este assaz vigilante, rigorosamente medindo cada resposta ao interlocutor, e seria certo que lançaria suspeitas irremediáveis no coração do mesmo. O que o Sr. de Saint-Pierre sofria naquele momento, porém, jamais o concebeu o marido de Henriette! Longo silêncio pesou sobre o gabinete magnífico, sem que Georges interrompesse as passadas que macio tapete abafava. De chofre, exclamou ele, com a voz mesclada daquele eterno timbre afetuoso:

— Penso, meu caro marquês, em que andarias muito acertadamente escolhendo, dentre as jovens do teu conhecimento, uma outra noiva, a fim de te casares... No teu caso, o matrimônio traria tais vantagens que teu próprio pai não desdenharia aconselhar-te o mesmo...

Gaston sentiu o gelo da angústia penetrar-lhe as fibras da alma e apenas murmurou:

— Não, de Franceville!...

— Nossa prima Renée de Boulanger é jovem, bela, digna de se tornar esposa de um homem de bem... e ama-te!... Prometi-lhe falar contigo a respeito... Ademais é órfã, o que simplificaria a questão... Autoriza-me, d'Arbeville, e passadas nossas comemorações correrei a casa dela para, em teu nome, solicitar-lhe a honra de aceitar tua mão...

— Admiro *Mademoiselle* De Boulanger, porém, não a amo, e repugna-me ao coração, como à razão, o matrimônio inspirado em mera conveniência pessoal...

— Esforçar-te-ás por amá-la desde amanhã, pois se encontra em nossas festas... é encantadora...

— Não há tempo, deixarei a França dentro de alguns dias...

— O casamento será o refúgio sagrado, remediando a aflitiva situação presente... Renée é afável e delicada... Depressa te inclinarás aos sentimentos necessários...

— Uma única vez amei... Não encontro em minhas forças ânimo bastante para olvidar esse sentimento...

— Não o olvides! Recalca-o no coração e contrai matrimônio... Pouco a pouco esbater-se-á de tua mente, e no fim de algum tempo apenas o reconhecerás pelo dulçor de saudade que sentirás à sua evocação...

— Oh! Não, Georges, jamais! Tu não podes compreender o que foi para mim o amor que me absorveu o destino, não compreendes os sulcos indeléveis que deixam na alma de um homem o amor sincero, quando se torna desgraçado! Tudo tentei a fim de arrancá-lo do coração! Mas cheguei à conclusão de que nem a própria morte será capaz de esbater do meu ser esse sentimento que me arrebatou para sempre! Dentro do próprio túmulo as moléculas dos meus despojos estarão impregnadas das vibrações que essa paixão nelas imprimiu! Não! Não quero esquecê-lo, não quero sepultá-lo! Que permaneça irradiando de suas virtudes sobre mim, embora desgraçado, embora desgraçando-me! Foi o maior bem da minha vida! Chamou-me à razão, levantou das profundezas do meu caráter o critério que faltava, apontou-me o curso lógico a seguir na existência: o cumprimento do dever! Foi o melhor amigo que me protegeu e assistiu! Por ele tenho resistido a todas as tribulações! É o meu amparo e o meu refúgio, conquanto não me possa oferecer felicidade! E quando todos me abandonaram e execraram; quando tudo me faltou, com o advento da ruína financeira; quando até tu, meu amigo, te conservaste longe do meu coração a fim de consolar-me, só tive a ele para me amparar nas decepções que me surpreenderam, só tive as recordações da felicidade que me concedeu para acompanhar-me no insulamento a que me obriguei, consolando-me das humilhações sofridas! E tu me dizes que o recalque?! Não! Georges, não! Guardá-lo-ei carinhosamente, serei fiel ao juramento prestado!...

Ele vibrava, cheio de febre, esquecendo-se de que o sentimento, cuja manutenção com tão ousada veemência defendia, trazia por escopo a própria esposa do homem que o ouvia!

Admirado, Georges devorava-lhe as frases, irritando-se a cada momento, para depois exclamar com energia:

— E o que esperas de uma paixão criminosa, desgraçado?... Pretendes então comprometer-te maculando lares alheios com a inconsequência dos teus desvarios?...

— Oh! Que pretendo? — tornou ele docemente, quase humilde. — Partir, Georges! Partir quanto antes e para sempre, a fim de que possam viver a coberto de qualquer ameaça menos ditosa, aqueles a quem eu tanto desejo ver felizes... pois que o lar que tu me julgas capaz de macular, é por mim antes venerado e respeitado como o seria o tabernáculo pelo crente fiel... porque nele residem os dois entes que mais tenho distinguido em minha vida...

Gaston pronunciara as últimas palavras inadvertidamente, levado pelo ardor do entusiasmo de amor e pela lealdade de amigo. Um fulgor iluminou célere a mente do Sr. de Soissons. Não sabia que outro lar senão o seu próprio mereceria de Gaston veneração igual, por várias vezes lho haver afirmado o próprio amigo. Saint-Pierre não possuía muitos amigos íntimos, não se prendia particularmente senão a ele próprio, e acabara de lavrar esta singular advertência: — Partirei a fim de que vivam a coberto de qualquer ameaça menos ditosa aqueles a quem eu tanto desejo ver felizes...

Os dois homens fitaram-se e a chama que brilhou no olhar profundo que trocaram parecia penetrar o mais íntimo da alma de um e de outro.

Gaston, alarmado, compreendeu que acabara de atraiçoar-se levado pelo arrebatamento das próprias impressões, pois o amigo, que sabia ler em seu íntimo com facilidade, decerto lhe penetrara o segredo, enquanto Georges sentiu o gelo de indefinível angústia lhe penetrar o coração. Refez-se porém, e foi com naturalidade que replicou agastado:

— Pois fazes mal, d'Arbeville! Renée dar-te-ia felicidade! Pesa-me transmitir-lhe as tuas irrevogáveis decisões...

Os dois homens separaram-se. Deixando o amigo, Georges, impressionado, recolheu-se aos seus aposentos, pois a noite já ia avançada.

Procurou serenar e conciliar o sono, mas desconcertantes elucubrações acudiram, torturando-lhe a mente na dança inglória das deduções inquietantes. Assim, as atitudes singulares de d'Arbeville, desde o seu consórcio, a exaltação de que se deixara possuir referindo-se ao sentimento de amor que lhe merecera culto especial — às investigações mentais agora se destacavam com maior singularidade diante das atitudes da própria esposa, as quais lhe acudiam à mente a par com aquelas. Henriette não teria razões aparentes para se mostrar invariavelmente contrafeita, imersa em nostalgia irritante às suas atenções de esposo. E pensava, torturando-se até o desalento, pela noite adentro:

— Foram vizinhos na Normandia... De Sainte-Croix a Saint-Pierre dista apenas uma hora de carruagem... Lembro-me de que data da sua permanência na província o romance de paixão que transfigurou d'Arbeville... O Sr. visconde corta relações com o marquês, e o mistério que envolveu tal animosidade, atribuída a divergências políticas, jamais se esclareceu à minha compreensão... Repugna a Henriette Flavie a aliança comigo, oh! bem o julguei entender durante os curtos dias de noivado! Sei que não fui, que não sou amado, senão respeitado como bom amigo, como o irmão mais velho... e sua vida ao meu lado não me tem sido senão um perene traço de desgosto! D'Arbeville foge-me inexplicavelmente, após meu casamento... O meu mordomo de Paris narra-me, mais tarde, suas insólitas atitudes quando, pela época dos meus esponsais, foi a minha casa colher pormenores do acontecimento... e sua conduta altiva e quase hostil para com a esposa do seu melhor amigo e a conduta semelhante de minha esposa, ardilosamente sugerindo o rompimento de minhas relações com ele são fatos que sempre me impressionaram desagradavelmente... Confessa-me hoje que parte a fim de permitir felicidade àqueles que mais ama, cujo lar respeita e considera... E jamais concorda em revelar o nome dessa mulher tão querida ao seu coração!...

Erguia-se do leito, agitado pelo nervosismo, postava-se ao balcão do terraço, pedindo ao orvalho da noite que lhe refrigerasse a ardência dolorosa dos pensamentos; e depois murmurava comovido, terno e bom como só ele sabia ser:

— Não! É impossível! Eu desvairo! Não pode ser Henriette a criatura amada por Gaston! Seria demasiadamente doloroso para ele como para mim! Eu e Gaston, amando a mesma mulher?... Unidos até nessa particularidade?... Nossos corações arrastados pela mesma centelha afetiva, para o mesmo polo de atração?... Que mistério envolverá nossos destinos, ó meu Deus?... E tu, d'Arbeville, meu amigo, meu irmão, perdoa-me! És leal, eu bem o sei, a mim ou a outro qualquer homem!...

Serenou as ânsias que lhe devoravam o coração com um generoso esforço de vontade, com a bondade de que era forrado seu coração leal e confiante. No entanto, não conciliou o sono senão quando os vislumbres da alvorada anunciavam às aves, que se abrigavam nas frondes dos velhos arvoredos, que se deveriam sacudir do torpor da noite para saudá-la com seus alegres hinários. Dançavam-lhe sempre, porém, na mente fatigada pelos raciocínios alarmantes, as imagens muito estremecidas da esposa e do amigo, afligindo-lhe os sonhos.

3

Rezam os códigos das filosofias ditas religiosas, cuja sabedoria vem instruindo e consolando as sucessivas gerações através dos séculos — e a justa ponderação do raciocínio confirma — que todos os seres da Criação, e, em particular, o homem, são objetos de terna solicitude, de cuidados e proteção incansáveis da parte do Onipotente, como das entidades espirituais, prepostas de sua bondade excelsa, para orientá-los na ascensão para o melhor, até o perfeito.

A filosofia dos Espíritos, isto é, os códigos da Doutrina ensinada aos homens por intermédio das mensagens ditadas pelos habitantes dos planos espirituais, especificam o ensinamento afirmando que tais cuidados se desenvolvem em labores infinitos, preocupando-se com tudo o que possibilite àqueles ensejos de progresso, reabilitação, aprimoramento geral do caráter. Às vezes — esclarecem os nobres mensageiros do Senhor, a quem está afeta a espinhosa missão de instruir e reeducar a Humanidade à luz dos ensinamentos que proclamam —, é o eminente guardião que se revela diretamente ao pupilo que fez jus à sublime interferência, norteando-lhe os passos para finalidade redentora. De outras será um pai, um amigo, um irmão ou um filho, assim também a mãe abnegada, que seguem os seus entes amados que ainda permanecem no estágio corpóreo, testemunhando seus afetos por meio do piedoso desvelo com que se dedicam à causa de sua elevação moral e espiritual. Nunca será a criatura humana tão miserável e destituída das simpatias do Plano Invisível que deixe de contar com um punhado de amigos desinteressados e leais, prontos a socorrê-la em ocasião justa. Muitos destes serão afetos conquistados no decurso de existências transatas. Outros, missionários a quem foi ela confiada, para o trabalho de progresso, pelo poder supremo do Universo. Frequentemente, na sequência diária da jornada que o progresso impõe, na Terra como no Espaço, esses guias luminosos advertem ou aconselham seus pupilos apontando trilhas a seguir — porque a Lei é misericordiosa além de justa —, tentando desviá-los de sendas perigosas que nem sempre será necessário palmilhar, mas às quais suas imponderações e rebeldias, dirigidas pela livre faculdade de toda criatura em se conduzir conforme lhe aprouver, os impelem em hora nefasta, que futuramente malsinarão.

Aqui, foi na possibilidade gerada de um sonho que a esses advertiram de acontecimentos decisivos para os seus destinos. Além, pelos murmúrios de pressentimentos infalíveis o fizeram, avisando-os de sucessos importantes prestes a se precipitarem ao seu encalço. E acolá — eis a comunicação positiva e ostensiva por meio do veículo mediúnico, próprio ou alheio, a esclarecer a um e outro, sem mescla de dúvidas, do que lhes assentará melhor — pois há já um século que o intercâmbio amistoso e fácil entre os homens e os Espíritos foi gloriosamente inaugurado, facilitando aos dois planos as tarefas que lhes cumprem.

Todavia, os homens só raramente atendem aos brados amantíssimos daqueles que o Senhor, em sua inapreciável bondade, permite desçam do Infinito para, compassivamente, advertir:

— Cautela, criatura imprudente e frágil, com o ardor das paixões! Modera teus instintos primitivos antepondo-lhes a reflexão ponderadora, inspirada no dever e na justiça! Medita antes de resolveres a prática de qualquer ação, lembrando-te de que, as mais das vezes, depois de praticada será irremediável e se voltará contra ti mesma, comprometendo-te o futuro por macular-te a alma com a necessidade de um novo rosário de provações a fim de expungi-la da consciência, quando não requisitem de ti posterior existência em invólucro carnal, até que de seus efeitos te desvencilhes...

Desde que os Espíritos do Senhor conseguiram livremente comunicar-se com os homens, cresceu, por isso mesmo, a responsabilidade das criaturas humanas. Quem, nos dias atuais, alegará ignorância dos preceitos divinos para se reeducar, engrandecendo-se à luz dos ditados vindos de Além-Túmulo? Ninguém, certamente, porquanto somente deles não se iluminaram, para os trabalhos da edificação do Reino de Deus, em si mesmos, aqueles que voluntariamente se fizeram surdos aos seus ditames, dado que as vozes dos emissários do Além repercutem ostensivamente, servindo-se de todos os meios, por todos os âmbitos da Terra!

Ora, nessa noite povoada de inquietações, em que tanto Georges como sua esposa velaram presas de angústias superlativas, também Gaston de Saint-Pierre se sentia arrastar por apreensões martirizantes, as quais imprimiam em seu espírito um estado singular de depressão, que o amargurava até a ansiedade. Pressentia, enervado, o desabar de acontecimentos indefiníveis sobre si próprio. A conversação com o amigo intranquilizava-o até a aflição, e, compreendendo-o, arrependia-se tardiamente da inoportuna loquacidade que o arrastara a um pronunciamento imprudente, que bem poderia ter calado desagradavelmente no ânimo daquele. Súbito desejo de partir fê-lo pensar em deixar o castelo no dia imediato. Quisera já se encontrar na América longínqua, a coberto de novos entendimentos com Georges e outras possíveis confidências com a antiga noiva. Tal como aqueles a quem tanto estremecia, só pela alta madrugada pudera conciliar o sono. Todavia, ainda assim, não lograra refrigério para as forças mentais, exaustas, desde a véspera, de ardentes elucubrações. Seu sono decorrera entre atribulações impressionantes, agitado por sonhos e visões sinistras, que imprimiram em seu campo sensorial acentuados avisos proféticos, os quais acompanharam o despertar, na manhã seguinte, com o agravo do mal-estar que desde a véspera o cruciava. Uma vez desperto, compreendeu que sonhara; e, mau grado seu, desagradavelmente impressionado, ressentindo-se da opressão de pesada angústia, procurou recordar-se, atraído pela força da intuição que sobre ele se derramava. Mas foi em vão! Falhavam detalhes desse sonho. A sequência dos fatos, vislumbrados durante a emancipação da alma por meio do sono, partida e confusa, impedia a coordenação dos mesmos, apresentando antes aspectos extravagantes ou incompreensíveis. Sobrepunha-se, porém, às demais impressões que lhe contornavam a sensibilidade, o desejo obsidente de fugir do castelo, ao passo que incoercível desânimo arrefecera em seu íntimo o entusiasmo pelo prosseguimento dos festejos que programara.

Eis, no entanto, o que a Gaston fornecera a compassiva atividade do Mundo Espiritual, durante o sono do seu corpo físico-material, naquela noite de apreensões.

Ao adormecer, desprendido de alguma forma dos liames carnais, o seu Espírito vira diante de si seu próprio pai, cujos despojos corporais comovidamente sepultara no antigo mausoléu da família, em Saint-Pierre. Não se surpreendera, todavia, com o sensacional acontecimento, antes recebendo-o naturalmente, como se a tanto diariamente estivesse habituado. No entanto, ouvira que o velho Sr. de Saint-Pierre falava apreensivo:

— Corres grande perigo de cair numa cilada irremediável, forjada no castelo contra tua pessoa, meu filho, e aflijo-me com a impossibilidade de afastar-te os passos do penoso detalhe que ela representará em tua vida, uma vez que seria possível, sim! desviá-lo da trajetória inapelável do teu destino, visto que será tão somente fruto das circunstâncias do momento... Tu, Georges e Henriette possuís um inimigo intransigente (se bem te esforçares, neste momento lembrar-te-ás das causas que te fizeram adquiri-lo) aqui, neste plano onde presentemente habito — o Invisível. Esse inimigo atroz, por vós outros adquirido com os erros do pretérito, e que não perderá ensejo de vos prejudicar e arruinar, só não agiu ainda porque até agora lhe não proporcionastes — tu, Georges e Henriette — ocasião favorável aos intentos sinistros. Não obstante, de há muito vem espreitando vossos passos... e ontem vos colheu, a todos, de surpresa, em situação propícia. Tão formal adversário do Invisível vos observa com perseverança impressionante. Há sido como que a vossa sombra, na vida cotidiana. Vossos pensamentos e ações são por ele conhecidos, apreciados e, por vezes, aproveitados para os fins maléficos de vindita, que infelizmente alimenta contra vós. Será como a fera emboscada, espreitando o momento azado de atacar! Dentre vós três, porém, é a ti a quem vota mais abomináveis sentimentos de rancor. No castelo, acha-se iminente o cumprimento de um grande resgate, a expiação de um crime perpetrado em anterior existência planetária. Sob os velhos tetos de Soissons destaca-se um Espírito reencarnado com as mãos maculadas no sangue fratricida... Arrependido, porque dotado de apreciáveis tendências para o bem, não obstante o delito outrora perpetrado, esse Espírito, que muito já chorou sobre seu crime, agora se prepara para o testemunho máximo: morrer, na vida carnal, consoante fez outrem morrer outrora, isto é, ter morte trágica e infamante, redundando em expiação... consolidando, assim, a sentença memorável do Senhor, a qual estabelece que pela espada morrerá todo aquele que pela espada der a morte a seu irmão...

"Ora, em consequência de tantos fatores reunidos numa só ocasião, e sob o mesmo teto, rede complexa de causas, efeitos e acidentes surgidos das circunstâncias de momento estendeu-se sobre vós outros, do vosso valor exigindo testemunhos de vigilância e ponderação, como de prudência e tolerância, os quais tudo indica não dareis! Nos episódios que se desenrolarão a seguir, porém, existem os fatos inevitáveis, é certo, reflexos que são de ações pretéritas. Todavia aparecerão também acidentes ou detalhes que poderão ser evitados, se tiveres boa vontade e humildade bastante para deteres no senso íntimo, ou consciência, as palavras que me ouves! O maior perigo pende para teu lado, meu filho! Tens pesada cruz a arrastar na peregrinação reparadora do teu destino, e isso será inevitável! Porém, essa cruz pesar-te-á infinitamente mais se permaneceres adentro dos umbrais dos teus amigos de Soissons por alguns dias mais... E por isso Deus, que é justiça, mas que é também misericórdia, permitiu-me avisar-te do perigo que corres e aconselhar-te a que partas imediatamente, de retorno a Paris! Foge do castelo hoje mesmo, Gaston! Retira-te sob qualquer pretexto, a despeito de quaisquer censuras ou reparos!..."

Inquieto, o moço fidalgo, após ouvir o pai, deixou-se cair em profundo cismar, como evocando, a grande custo, as reminiscências, meio esbatidas, de sua passada migração planetária. Compreendendo-o em trabalho de retrospecção mental, seu pai auxiliava-o no penoso e tocante desempenho, enquanto, pouco a pouco, àquele acometia aflição gradativa, à proporção que a presciência dos fatos iminentes se destacavam da intensidade dos pressentimentos e das intuições irrompidas dos favores do Além. Recordando, assim, em plena atividade das faculdades emancipadas das cadeias corporais, o passado espiritual que tivera, bem assim os compromissos firmados às portas da reencarnação, o desgraçado chorou, ao passo que suores de agonia porejavam de sua alma confrangida e pávida ante o espectro impositivo do futuro a exigir reparações! Seu pai reanimava-o, porém, com advertências e conselhos, confortando-o com as expressões sentidas e ternas que só um coração sinceramente afeiçoado saberá externar. E tal cena, tocante e sublime, realizada em região propícia do Mundo Invisível, seria como o simulacro daquela outra, mais tocante e mais sublime, há dois mil anos vivida no inesquecível horto de Getsêmani...

Intuitivamente, Gaston penetrava também o próprio futuro, auxiliado por imagens informativas que a nímia caridade de mentores espirituais concedia como advertência e preparo, sem contudo precisar minúcias, a fim de que prematuros não fossem os seus infortúnios conhecendo de antemão toda a dramática extensão dos acontecimentos a serem vividos. Ele se reconhecia, destarte, enquanto se sentia enregelar pelos suores da angústia espiritual, a que na Terra coisa alguma se poderá comparar, por mais dolorosa e áspera que seja, perdido em trágico oceano conflagrado, sacudido por tempestades cujo furor dir-se-ia querer destroçar o próprio mundo! No céu, nuvens agourentas se aglomeravam arrastadas por violentos furacões, as quais súbitos relâmpagos rasgavam de instante a instante, com seus fogos temerosos, que se diriam querer incendiar a imensidão dos espaços. E, agarrado ao seu batel frágil, mesquinho ponto de apoio dentro do terror dos mares revoltados; sem remos, sem velames, sem bússola, sozinho, abandonado naquele abismo de trevas enfurecidas; tiritante de frio, atormentado pela fome, enlouquecido pela sede, açoitado pelas vagas turbilhonantes, desesperado de dor e de terror sob a pressão irremediável de tão desgraçada situação, enquanto dentro dele soçobrava a própria razão no caos intraduzível da loucura, reconheceu-se Gaston irremediavelmente perdido! Às vezes, à sinistra claridade dos raios que explodiam sob o choque estrondoso das nuvens, visão ainda mais trágica do que o próprio maremoto que o tragava levava-lhe à alma o grau supremo do delírio da angústia! É que, na febre da aflição que o dementava, imenso castelo, como suspenso sobre as montanhas ferazes das águas endoidecidas, se mostrava como que marcando detalhe inapelável no seu destino! Sim, tratava-se de fortaleza imensa, com torres pesadas nas quais se deparavam, de longe em longe, pequenos respiradouros gradeados, semelhantes a certa prisão inquisitorial, muito antiga, por ele visitada, de uma feita, em Florença, impressionando-se, então, como agora, profundamente. Sim, era um presídio que as ondas revoltas retratavam, do fundo do qual partiam gritos e imprecações dolorosas, como se ali houvera loucos, e não prisioneiros, gemidos e choros convulsos, num coro atordoador de mil dores e raivas intensas, entrechocando-se! Mas, dentre os gritos que o alucinavam de terror, no cenário dessa tragédia incompreensível no momento, destacava-se uma acusação a ele próprio dirigida, e sua ressonância penetrava-lhe o ser espiritual com tão estrepitoso alarido que nem as fúrias da tormenta oceânica eram capazes de abafá-la:

— Fratricida! Fratricida! — vociferavam aquelas acusações. — Que fizeste de teu irmão, atirado nesta fortaleza por tua infâmia?!... Fratricida! Fratricida! Eis o caminho do resgate para o teu ato abominável!...

Então, compreendendo que uma masmorra o esperava nos dias do futuro, como louco, no auge daquela exasperação inspirada no remorso, cujo amargor os homens terrenos apenas vislumbram, mas de que no

Espaço a alma culpada se sente empolgada até o horror e a demência, ele alçou os braços vacilantes para o infinito imerso em trevas; seus olhos desvairados, que lágrimas rescaldantes assolavam, elevaram-se à procura do socorro do Céu e, como outrora Saulo na estrada de Damasco, bradou exausto pelo sofrimento:

— Senhor! Senhor! Eu creio! Eu tenho fé! Socorrei-me com a vossa misericórdia!...

Como se a magia de um condão mudasse a ambientação desse sonho sugestivo e profético, que evocava a culpa do passado, projetando sua consequência nefasta no futuro, a par do recurso lógico para a suavização da pena, tudo reunindo no mesmo sutil e expressivo panorama — sonho cujas derivações tão comuns são na vida de cada homem —, eis que Gaston, sem mesmo poder verificar a transição, descortina cenários novos logo após o desesperado apelo à clemência celestial. Agora, sereno e docemente azul, o mar deixava deslizar suavemente o mesmo barco sobre seu dorso repleto de encantos. Um sol radioso e ardente, como expansões da grande bondade do Eterno, expulsava as trevas da noite tempestuosa e, agora, lhe aquecia a alma, confortando-a, enquanto beijava com mil cintilações douradas o límpido cristal das águas. Roto ainda, porém, e maltrapilho e só e faminto ele sentia, não obstante, o doce vulto da esperança guiar o seu batel pela imensidão dos mares. Enternecido, prosternou-se no fundo do barco em atitude passiva e resignada, recapitulando mentalmente o drama pungente da própria vida; ao mesmo tempo que outra visão se desenhava na amplidão infinita do espaço, entre o céu e o oceano: a cruz do sacrifício de Jerusalém, inundada em ondas de luz resplandecente e indefinível, erguia-se, majestosa e protetora, diante dele, como que simbolizando a redenção reabilitadora. Unção sublime invadia sua alma, como a invadira o horror na noite anterior. E, assim, deslizando confiantemente, no seu barco, sobre vagas serenas, acariciado por suaves zéfiros que lhe balsamizavam as ardências inauditas do Espírito, que tanto se atormentara, ouvia este doce murmúrio —

Amor e ódio

cavatina celeste ecoando através daquelas cintilações argênteas provindas da cruz sacrossanta do amoroso Redentor:

> Vinde a mim, todos vós que estais aflitos e sobrecarregados, que Eu vos aliviarei. Tomai sobre vós o meu jugo e aprendei comigo, que sou brando e humilde de coração, e achareis repouso para vossas almas, pois é suave o meu jugo e leve o meu fardo.[16]

> Vinde a mim, que Eu sou o Amor, o Bem e a Justiça, e encontrareis nos meus ensinamentos orientação segura para a vitória contra as imperfeições, das quais se deriva todo o mal que vos aflige...

Passou-se aquele dia entre risos e folguedos frívolos, próprios dos ambientes festivos. À noite, no entanto, realizara-se reunião seleta, no salão nobre. A boa música, bem assim as belas-letras foram ali consagradas inda uma vez, graças ao encantamento produzido na sensibilidade da assistência pelos acordes mágicos das orquestras e pelos mais belos poemas em voga, apresentados por intérpretes talentosos. Durante um intervalo, porém, quando o primeiro quarto de hora anunciador da alvorada vibrava no velho pêndulo do castelo, certo conviva muito inteligente e bem-humorado — o barão de F. — solicita vênia do amável anfitrião, como da brilhante assembleia, para apresentar uma surpresa que — estava certo — causaria prazer indubitável.

Aplaudido por unanimidade, o digno comensal de Soissons, dado que era aos interessantes estudos do Magnetismo, como do Ocultismo em geral, explica previamente o número que a sua finura de investigador do Psiquismo traz para abrilhantar as festividades — leviandade comprovadora dos superficiais conhecimentos que tinha a respeito do assunto. Em pequeno discurso diz ao que vem, pondo-se no centro do salão, onde é ouvido em curioso silêncio:

---

[16] N.E.: MATEUS, 11:28 a 30.

— Trata-se, minhas senhoras e meus senhores, de pequena demonstração das forças ocultas que trazemos conosco, do poder magnético existente em cada um de nós, capaz de se impor à mente estranha e levá-la a descerrar pensamentos alheios, descobrindo até mesmo segredos avaramente guardados...

"Tenho aqui um *sujet*[17] por mim descoberto e preparado para importantes investigações nos planos do Ocultismo — uma simples camponesa das margens do Indre, que, sob minhas ordens, poderá revelar, por exemplo: a vossa verdadeira idade, minhas gentis senhoras, como o romance que ledes à hora do serão ou o bordado em que trabalhais... ou os caros sonhos de amor das gentis meninas aqui presentes... Se lhe ordeno fazer um discurso para a Sorbona, sugiro-lhe que seja o reitor da nossa Universidade e ela se sairá bem... Ou, se preferis, lembrar-lhe-ei que é um deputado republicano... Para isso será bastante adormecê-la, impondo-lhe minha vontade..."

Entrou a jovem camponesa, tímida e deslocada no feérico ambiente. Sorrisos de zombaria e incredulidade recepcionavam-na, enquanto os caracteres ciosos de emoções novas aplaudiam a peça, benevolamente.

Como vemos, porém, o estudioso barão atribuía, ao próprio poder magnético, fatos que antes seriam produzidos por entidades do Plano Invisível, que se apoderariam das faculdades do sensitivo a fim de se divertirem e divertirem seus evocadores, conquanto também fosse viável a teoria exposta pelo folgazão devassador da mente humana — este, como aquelas, carente da iluminação moral indispensável no caso.

Por esse tempo — quando se estava em vésperas do advento da Grande Doutrina do Invisível, que revolucionaria a Ciência, a Filosofia e até a Religião — iam-se tornando fáceis as evocações das almas dos mortos. Estas acorriam, antes, espontaneamente, ansiosas de se revelarem

---

[17] N. E.: Espécie de médium sonâmbulo, facilmente acionável por meio da sugestão do magnetizador.

aos homens, não obstante a incompreensão e a ignorância daqueles com quem falavam, os quais, muitas vezes, absolutamente não admitiam provir dos Espíritos, ou alma dos mortos, os fenômenos que testemunhavam, mas da telepatia, do magnetismo, da alucinação ou da histeria, argumentando com teorias complicadas que nada de positivo ou sensato explicavam, teorias posteriormente refutadas com a apresentação dos fatos.

Interessadas, as jovens formulavam perguntas que fariam à camponesa quanto à época em que se casariam e o mancebo que lhes estaria destinado pelo futuro, ao passo que algumas senhoras consideravam tão indiscreta quanto extravagante a pantomima imposta pelo barão.

Contrariado com a inovação, mas polido e incapaz de qualquer indelicadeza para com um hóspede, o marquês de Soissons afastou-se discretamente do grupo que circundava o pobre *sujet* do barão, mantendo-se a distância com a esposa, em atitude de expectação.

O magnetizador lembrou a d'Arbeville a utilidade de alguns melodiosos harpejos ao piano ou à harpa, a fim de que a música em surdina influísse no sentido de harmonizar as correntes telepáticas para o bom êxito da singular empresa, ao que o moço fidalgo delicadamente aquiesceu.

Como por encanto, e como se o próprio Invisível desejasse provar aos circunstantes as verdades ocultas pelo túmulo, absoluto silêncio imperou, de súbito, pelo castelo imenso e suas imediações. Apenas os sons da harpa, em surdina, lembrariam doces cantilenas em templos sacrossantos, à hora das oblatas.

Um frêmito de emoção, adejando pelo ambiente, impressionou os circunstantes, levando-os a estremecer, mau grado seu, atingidos por laivos de pavor.

Sob a imposição do magnetizador, que tocou discretamente a fronte do *sujet* recomendando-lhe adormecesse, desdobrasse a visão superior, como a inteligência, para responder às perguntas que lhe fariam — caiu ele em profundo sono.

Interrogou-lhe o barão, como de praxe:

— Dormes, Marta Duboc?...

Ao contrário, porém, do que deveria acontecer e esperava o experimentador, a jovem absteve-se da resposta, não obstante a insistência daquele no mesmo propósito.

Desconcertado, o barão ocultista reiniciou o trabalho de magnetização, para, em seguida, interrogar novamente:

— Dormes agora, Marta Duboc?...[18]

No entanto, fora de toda e qualquer expectativa por parte dos presentes, e quando o experimentador ensaiava a primeira pergunta acerca das pretensões de certo conviva quanto ao matrimônio projetado, a camponesa levanta-se num salto, como atacada de excessivo mau humor; toma atitudes varonis, intimoratas e arrogantes; arroja para longe a cadeira em que estivera sentada e, circunvagando pelos assistentes o olhar desvairado, bramiu colérica:

— Não sou Marta Duboc! Sou Guido de Vincenzo, fidalgo florentino do século passado, sequioso de vingança!

Gargalhadas inconscientes e inoportunas repercutiram pela sala, concordando os assistentes em que a pobre camponesa seria hábil comediante.

---

[18] N. E.: Geralmente o *sujet* caído em transe magnético responde que está acordado, o que é uma realidade, pois o sono atingiu apenas o corpo físico, enquanto o ser espiritual se ilumina de maior lucidez.

Amor e ódio

Estarrecido, o barão observava a fim de raciocinar e deduzir que não fora bem aquilo que pretendera, pois acabava de compreender que ali se encontrava antes um habitante do Além, servindo-se das faculdades de Marta, enquanto Gaston d'Arbeville, que silenciara a harpa aos primeiros sinais da manifestação, sentia penoso frêmito de emoção percorrer-lhe a sensibilidade, e, aproximando-se do grupo, pôs-se a observar com interesse, recordando o fantasma de perfil florentino, por mais de uma vez entrevisto por sua própria visão, em circunstâncias penosas de sua vida.

Prosseguiu, não obstante, o magnetizador, inesperadamente elevado à capacidade de evocador:

— Que fazes entre nós, Guido de Vincenzo?...

— Espero! Oh! há um século que espero!...

— De quem desejas vingar-te?...

E o visitante singular, com veemência:

— Dos donos da casa!... Mas, acima de tudo, deste fantoche piegas a quem conheci miserável em Florença, há um século, e que agora vejo exibindo-se numa harpa...

Nova onda de irreverentes gargalhadas acolheu a temerosa revelação, incapazes que eram, os circunstantes, de pesar a gravidade do fenômeno a que assistiam, como do drama autêntico de que tinham notícias.

Georges e Henriette entreolharam-se contrafeitos, como se reconhecendo, com efeito, colhidos numa rede, ao passo que Gaston, pálido, ressentindo-se, certamente, da influenciação molesta do adversário invisível, sentia o frio de indefinível amargura penetrar-lhe os mais recônditos receptáculos do ser.

Entretanto, compreendendo-se ridicularizada pela hilaridade causada pela confissão que fizera, a entidade comunicante — Guido de Vincenzo — imprimiu violento impulso vibratório no aparelho mediúnico do qual se servia, isto é, no corpo de Marta Duboc, jogando-o ao chão, em estrepitosa queda, retirando-se dele. Seguiu-se um instante de estupefação geral. O silêncio retornava impressionante, enquanto a camponesa continuava estendida aos pés dos circunstantes.

Tudo indicava que o experimentador conhecia o fenômeno e sabia enfrentá-lo, pois que não procurou levantar, com a força dos braços, o fardo precioso do *sujet*. Antes, acionando maiores forças mentais na própria concentração, quedou-se em expectativa.

Dentro em pouco, a jovem erguia-se lenta e suavemente, tal se alguém, solícito e paternal, a amparasse, invisível aos olhos da assistência.

Chegaram gentilmente a cadeira. Marta sentou-se, as atitudes discretas, automáticas.

— Ouvi-me, por favor! — agora exclama ela com voz grave, cujo timbre e acento de ternura fizeram estremecer d'Arbeville e de Soissons.

Falou o barão, atento:

— Com satisfação vos ouviremos... Quem sois?...

— Um pai aflito...

— Que desejais de nós?...

— Pedir a meu filho que parta deste castelo hoje mesmo, imediatamente...

— Conhecemos o vosso filho, porventura?...

— Aí está: Gaston d'Arbeville de Saint-Pierre...

A estupefação chocou a assistência, fazendo elevar um murmúrio generalizado, em todas as latitudes do salão.

— Não! — protestaram, uníssonos, d'Arbeville e Georges. — Cessai vossa farsa, que prima pelo mau gosto, Sr. barão! Não consentiremos que a memória do marquês de Saint-Pierre seja profanada por um passatempo leviano...

Seguiu-se ligeira confusão. O magnetizador exculpa-se, asseverando não ter sido aquele o seu intuito, confessando-se, como os demais, surpreso e impressionado. Subitamente, o próprio Gaston vira-se para Marta Duboc, interrogativo:

— Como saberei se, com efeito, é a alma de meu pai que aqui se encontra?...

E a jovem camponesa, firmando na voz aquele acento de ternura inconfundível para d'Arbeville:

— Lembras-te, meu filho, do sonho da noite passada?...

O inesperado incidente desconcertou a assistência, que se retirou discretamente...

Quanto a Gaston, deixou-se ficar até o raiar da aurora, sentado na cadeira em que estivera Marta, pensativo e inquieto...

4

Henriette quereria falar novamente a sós com o moço marquês.

Seria, porventura, crime o desejar alguns instantes de simples conversação com aquele que fora o seu noivo muito querido — agora, que era a esposa de um outro homem?...

A razão, vigilante, fria, tê-la-ia advertido de que poderia não se tratar de um crime, uma vez que eram puras as intenções que levava, mas que fatalmente a realização de tão ousado quanto desaconselhável feito arrastaria a consequências imprevisíveis, capazes de criar, por si mesmas, à revelia de suas intenções, o crime! No entanto, a dama de Soissons não consultou a razão! Obedeceu antes aos impulsos perigosos do coração, por quem se deixara discricionariamente governar!

O desânimo resultante da inconformidade, incapacitando-a de lutar contra si mesma, fê-la pedir a Gaston, três dias depois da primeira entrevista, que, na manhã seguinte, a escoltasse ao habitual passeio pelos bosques e prados mais próximos.

D'Arbeville aquiesceu, não, porém, sem relutar com a própria consciência. Mas ele próprio ansiava, mau grado seu, por outros momentos em que a pudesse ouvir sem constrangimentos. A distância, a separação irremediável que se imporia eram-lhe sumamente penosas e Henriette era toda a força, toda a luz do seu coração! Aliás, que cavalheiro portador de distinção negará a uma dama a sua companhia, mormente solicitado para um passeio?!...

Não obstante todas as desculpas com que os sofismas do coração tentaram aquietar-lhe a consciência, confessava-se constrangido e por várias vezes, naquele dia, surpreendeu-se evitando a presença do amigo.

Entretanto, rompera um dia fresco, de sol brilhante, a despeito das rajadas assíduas do outono, que iniciava sua volta. Gaston acompanhara a esposa do amigo. Frequentemente, fazia, ela sozinha, o seu passeio matinal, não permitindo acompanhamento, pois, aprazia-se na solidão, em contato religioso com a natureza. Todavia, nessa manhã, pela primeira vez, fizera-se acompanhar por um cavalheiro — o maior amigo de sua casa!

Cavalgavam suas orgulhosas montarias, um ao lado do outro, a passo lento, tão próximos que suas mãos, se eles o quisessem, poder-se-iam comprimir de quando em quando. Suas almas embevecidas no encanto daqueles inefáveis momentos em que se sentiam tão juntas, longe de olhares importunos, davam-se, por assim dizer, uma à outra, com intenso fervor, esquecendo-se de que em torno as horas giravam no seu incontido caminhar...

Pouco se falavam. Falarem-se, para quê? Se falassem, apenas se poderiam lamentar. E quem sabe se, ao som de suas vozes cheias de amarguras, o suave encanto que os enleava se dissiparia?!... Sabiam que se adoravam. Sabiam que eram infelizes e que nem a menor centelha de esperança poderia acender um rastro de felicidade na treva que lhes circundava o coração. No entanto, sentiam-se ditosos porque ali caminhavam, sob os dulçores plenos da manhã envolvida em perfumes! Recordavam, isso sim, em silêncio, o passado risonho sob os aromas dos bosques e jardins da Normandia saudosa. Quantos giros idênticos, à cata de insetos e morangos, de trevos e musgos, haviam aquecido seus corações de ardorosa alegria?!... Quantos beijos ardentes e furtivos abraços haviam trocado, entre sustos e risadas, semiocultos pelos arbustos, enquanto as duas matronas, as senhoras de Lacordaire e de Saint-Pierre, tardas e discretas, os seguiam sem jamais os alcançarem?... E eram essas doces, queridas recordações, que os faziam procurar as mãos um do outro para que uma à outra se estreitassem na emoção saudosa de uma evocação enternecida...

De súbito, a jovem marquesa desejou desmontar. Perfeito gentil-homem, o Sr. de Saint-Pierre desmontou-se e fez descer a sua dama, oferecendo-lhe o braço para continuarem a pé. Henriette, porém, pusera-se a chorar, desencorajada para a renúncia que lhe era dever sagrado, mas que se lhe afigurava calvário demasiadamente áspero.

— Não me conformarei jamais, meu Gaston — dizia —, com a desventura que se abateu sobre nossos sonhos... Às vezes a revolta enlouquece-me e tenho ímpetos de praticar irremediáveis violências... Ó Gaston! Meu querido amigo, por quem és, não te vás da França! Deixa-me o consolo de saber-te ao meu lado, dentro de nossa pátria, conquanto afastado de meus braços!...

Ele premiu-a delicadamente contra o coração. Retorquiu, no entanto, balbuciando as frases, como se orasse:

— Impõe-se a fortaleza de ânimo, minha amiga, evitando resvalemos para a desesperação!... Julgas, porventura, que me conformei eu, com a destruição dos nossos ideais de amor?... Supões que não sofro e que não me custa a própria vida esta impassibilidade que me imponho diante de ti e em presença de estranhos, a afetação da indiferença em que me vês, oh! a tua ausência de meus braços, quando todo o meu ser aspira à tua presença?... Mas devo deixar a França, sim, é preciso, é urgente que a deixe! E se me amas não tentarás enfraquecer a minha resolução...

— Se me amas te apiedarás de mim e não partirás, Gaston!...

— Partirei porque te amo e me apiedo de ti, querida!...

— Amas-me?!... E interporás o negror de incomensurável distância entre nós, quando outros abismos já nos detêm apartados um do outro?...

— Jamais estarás ausente do meu coração, Henriette! Vives presente em minha vida como partícula sagrada do meu próprio ser!... Porém, pensa bem no que de mim exiges!... Nossa situação é insustentável e temerário é o esforço que fazemos para calcar nosso amor no coração! Sinto que a paixão recrudesceu em nossas almas, e que nos abrasa a ambos, ameaçadoramente! Algum tempo mais e nos faltarão forças para a resistência que de nós exigem a honra e o dever!... Pesa bem, minha querida, que esta é a segunda vez que nos falamos ocultamente, sem que teu marido o suspeite, e que nos falamos de amor... Isso me compunge, Henriette, porque estimo também profundamente a Georges e não posso, e não quero continuar cometendo deslealdades contra ele... Acredita, querida: melhor será que eu parta... que renunciemos a um ideal que não nos será lícito atingir...

Prolongado silêncio interpôs-se. Caminhavam, no entanto, de mãos entrelaçadas, vagarosamente, sobre as alfombras ainda umedecidas pelo sereno. As lágrimas turbavam discretamente os lindos olhos da marquesa. O "divino Apolo" fitava o caminho em que pisava, absorvido nos próprios pensamentos.

Foi ela a interromper o silêncio:

— Só me restará então morrer, visto que não será possível vencer o amargor que me enluta a vida e o coração... Já me não resigno sequer à presença do pobre Soissons...

Repercutiu, desagradavelmente, nos arquivos da consciência de d'Arbeville, a desrespeitosa expressão da mulher amada contra aquele a quem, não obstante seu rival, estimava com sinceridade.

— Henriette, minha amiga! — retrucou com severidade. — Dói-me compreender que tornas teu marido desditoso com tua indiferença!...

Georges deve e precisa ser amado por ti, a fim de que tu própria te possas sentir feliz... Proíbo-te que a ele te refiras com tanta displicência... E se queres contribuir para balsamizar a desventura dos meus dias, esquece-me em benefício dele, esquece-me! Porquanto, não foi ele responsável pela nossa desdita, e não será justo que, generoso e nobre, sofra pela consequência da nossa desventura!... Saibas, porém, se isso te satisfaz o coração, que a mim mesmo jurei fidelidade ao nosso amor! Jamais contrairei matrimônio! Dei-me ao teu amor com fervor e desprendimento capazes de arrastarem o resto dos meus dias tributando ao nosso passado um culto de saudade incompatível com qualquer outra aspiração fora de ti!...

As lágrimas ameaçavam sufocar a jovem marquesa...

O sol, porém, brilhava, e a hora do almoço se aproximava. Era meio-dia. D'Arbeville reagiu contra o inefável encantamento de sentir a criatura amada tão junto de si, convidando-a ao regresso.

Entrementes, não havendo jamais Henriette se demorado tanto durante o costumeiro passeio, Georges, inquietando-se, dispunha-se a montar a fim de buscá-la por meio dos bosques... quando a algazarra dos cães, anunciando o trote dos cavalos que acabavam de pisar o lajedo do pátio, avisou-o de que era inútil o intento.

Muito contrariado, de Franceville encaminhou-se para os recém-chegados, dirigindo-se à esposa sem antes cumprimentá-la e sem cumprimentar o amigo.

O ciúme surpreendeu-o, emocionando-o profundamente, tendo d'Arbeville observado singular palidez em suas faces. Ele, porém, correu a desmontar a esposa, sem parecer notar a presença do seu companheiro de excursão, enquanto acudiram palafreneiros e moços de cavalariça prestimosos.

Contrafeito, Gaston, que se sentia culpado em presença daquele nobre homem, perturbou-se e teve a inabilidade de não intervir com a costumeira bonomia que caracterizava o modo por que se tratavam. Cumprimentou-o apenas, retirando-se em seguida.

E o resto daquele dia passou-se melancolicamente, sem que d'Arbeville concorresse sequer ao almoço e sem que o Sr. de Soissons o fosse visitar em seus aposentos, como habitualmente fazia.

No entanto, retirando-se para os aposentos que ocupava, o moço normando sentia que profundas impressões lhe calcavam a alma, fazendo-o sofrer. Não se podia eximir à terna influência dos momentos vividos pela manhã e deixava que sua alma se inundasse dela, a cada instante se arrebatando à recordação das doces emoções experimentadas ao lado da antiga noiva. E para que se não visse despojado dessa tão grata influência, que desejaria antes reter nas próprias sensibilidades enquanto um sopro de vida lhe animasse o fardo corpóreo, recolheu-se em si mesmo como ciumento ou avaro, afastou-se do bulício para, sozinho, recordar as horas suaves daquele passeio matinal, para sofrer sem constrangimentos e meditar.

Em dado instante sente Gaston que seu ser se dilata, descortinando estados sublimados da própria mente, que se transfigurou, ensejando-lhe rajadas de inspiração para a comunhão com o belo. Exaltam-se-lhe as faculdades psíquicas e mentais. Seu coração pulsa atingido de singular comoção, abrasando-se sob impulsos imateriais, que sobre ele derramam catadupas de ritmos sublimes, fornecendo-lhe imagens, versões, encadeamento, facilmente adaptáveis às legítimas regras da poesia! Ele procura a secretária lentamente — a fronte como adornada de uma fulguração imponderável, as atitudes graves, sob o domínio da inspiração, como alguém que se detivesse no prosseguimento das próprias expressões a fim de bem assimilar o que do plano do ideal lhe fosse concedido. Toma da pluma, por assim dizer, inconscientemente, e, com acento febril, atende as explosões do pensamento, que preferiu transformar a dor que o feria numa página cintilante da arte de versejar. E ele, que é poeta e se afina com as ondas sublimes que cascateiam das esferas da Arte, traça um poema em honra à sua bem-amada, à qual acaba de renunciar irrevogavelmente, para todo o sempre! Trata-se da história da sua própria desdita de amor. É a despedida suprema, em sextilhas magníficas, que são como o lamento supremo do seu coração espezinhado pela adversidade. E é o adeus à pátria em busca do exílio voluntário, no qual espera encontrar o compensador arremate do olvido! Quando o retrato fiel do seu caso sentimental ali se encontra todo descrito na magia de versos impecáveis, com sinceridade temerária, a pluma lhe cai da mão, que se aquieta fatigada. No entanto, ele ainda não tem por terminada a rude, mas preciosa tarefa. Seu pensamento, que se distendeu a regiões em que só penetram aqueles que se afinaram com a verdadeira essência do belo, ainda possui vigor para receber e transmitir outras expressões da Arte!

Vai, portanto, até a estante em que estão seus papéis de música e senta-se à harpa. Suas mãos, logo como que movidas por impulsos seguros, irreprimíveis, vão imprimindo, lentamente, nas cordas do mavioso instrumento, os acordes de uma balada. À proporção, porém, que tais acordes vibram no encordoamento mágico, Gaston solfeja-os à meia voz, para, febrilmente, traçar as notas sobre o pentagrama. O trabalho é penoso e lento, porém, seguro. Ele ouve a música que está compondo, trazida à sua sensibilidade pela força da inspiração, e quer dela se apossar para traduzi-la no instrumento preferido. Sua alma inebria-se nas ondas desses compassos sublimes que lhe dão o ritmo, enquanto ele se alheia até mesmo dos pesares que lhe amarguram o coração! Num esforço supremo, todo o ser de d'Arbeville se desdobra, fascinado pela inspiração. Acodem as recordações e ele revê, por meio da música, os bosques vetustos da aldeia natal, os jardins de Sainte-Croix... Henriette em seus vestidos de musselina branca, loura e linda como um sonho de artista... o amor infeliz, a renúncia imposta pelo destino... o adeus irremediável!

A balada foi criada e os versos a ela adaptados dão-lhe impressionante caráter de obra-prima. Está terminado o labor sublime!

Era tempo. Batiam vagarosamente à porta do santuário do artista, o qual se assusta e vai abri-la. É noite. Roland, que acompanhara o amo a

Belleville, como era voga entre fidalgos, vem adverti-lo de que cumpria se preparasse para o grande banquete que precederia o baile de despedida em honra aos convidados.

* * *

Corria o banquete animado de viva satisfação. Não se sabia o que mais admirar entre o bom gosto e o esplendor de que se revestia: se a delicadeza e a variedade dos manjares, a riqueza das baixelas, a decoração impecável do salão, em estilo Luís XV, os encantos pessoais das damas ou a distinção e a galhardia dos gentis-homens. O vinho, servido do mais precioso existente na França como no estrangeiro, animava galantemente a conversação, que versava sobre assuntos dignos ou encantadores, tal se os comensais houvessem combinado em mantê-la à altura do inconfundível momento. Num salão próximo, localizado tal se fora um palco, como encantador apêndice do outro, uma orquestra de professores tocava, com primores dignos da época, números escolhidos do grande Mozart,[19] seguindo-se outros gênios até Liszt[20] e Chopin, então muito em moda, indispensáveis em reuniões elegantes, como as delicadas composições do próprio Sr. de Saint-Pierre. Georges de Soissons, no lugar de honra, tinha à destra a jovem e formosa esposa. Com seu eterno sorriso à flor dos lábios, externava iludível satisfação em assim homenagear seus hóspedes, animando-os à alegria por meio das maneiras afáveis com que se apresentava. E, linda em suas vaporosas vestes de musselinas brancas, Henriette parecia feliz complemento da decoração magnífica que teria em suas formas o seu mais valioso ornamento. Sóbria de adornos, apenas um pequeno apanhado de alvas camélias ornava-lhe o colo, enquanto tênue fio de pérolas lhe volteava o pescoço.

Gaston d'Arbeville, cuja alma havia pouco se enternecera por amor dessa mulher, a ponto de sentir, nela inspirado, as mais altas vibrações da Arte, contemplava-a, enlevado por veneração religiosa. E, atraído

---

[19] N.E.: Wolfgang Amadeus Mozart (1756–1791), compositor austríaco.
[20] N.E.: Franz Liszt (1811–1886), compositor e pianista húngaro.

por tanta graça e perfeição, contemplava a antiga noiva sem reparar na inconveniência que se permitia. Por sua vez, a filha de Flávio de Lacordaire, pouco a pouco atraída pelo fluido imponderável e irresistível que se desprendia do olhar de seu antigo adorador, correspondia-o com atitude idêntica, descurando-se, lamentavelmente, da prudência com que se deveria também acautelar.

Georges notara, solícito e amável como sempre, a abstração e melancolia da esposa. Malgrado à própria repugnância, surpreendia-se, desde três dias passados, em observações sobre a esposa e o amigo. Esforçando-se à mesa do banquete, por fazê-la compartilhar da alegria reinante, frequentemente dirigia-lhe a palavra. Em vão o fazia, porque Henriette mal o atendia! Impressionado, observou-a furtivamente. E, em dado momento, virou-se discretamente para ela. Viu-a de olhos engolfados em determinada direção. Seguiu a linha desse olhar. E como se recebesse a própria sentença de morte, deparou seu amigo d'Arbeville em idêntica expressão, fitando-a. Insólita emoção acometeu o nobre de Soissons. Era, pois, verdade que Henriette e d'Arbeville se amavam! O que até aquele momento se lhe aparecia vagamente, como suposição combatida pelo senso do raciocínio, apresentava-se agora como indubitável realidade! Até onde chegaria a profundidade dessa inteligência, não o sabia ele. Mas desejava sabê-lo, e por isso calou-se, sem demonstrar haver surpreendido a indiscrição dos culpados. E sofria, sentindo que o negror da suprema decepção se abatia sobre sua alma, apresentando-lhe a amarga taça da humilhação! Para ele, desapareceram convidados, luzes, festa, alegria! Não se apercebia sequer da música. Sentia-se perdido em extenso deserto, onde apenas distinguia, absorvendo-lhe as atenções, aqueles dois vultos tão queridos a conjugarem diante dele torpe traição! E enquanto o banquete prosseguia, o moço diplomata concatenava ideias, guiando sensatamente o pensamento a um retrospecto pelos dias do passado:

— Sim! Deviam-se amar desde muitos anos, por isso repugnara a Henriette o enlace matrimonial com ele próprio! Seria ela, fatalmente, a dama que apaixonara Gaston, modificando-lhe o caráter, e cujo nome se negara ele a revelar-lhe!...

Como se lesse em livro aberto à frente de seus olhos, Georges, de dedução em dedução, analisou os acontecimentos com a lógica da verdade. Não sabia, porém, o que fazer futuramente. Amava a esposa. Não se resignava a reconhecer no amigo um traidor, pois estimava-o. E, ao percuciente embate das próprias ilusões que soçobravam, interrogava-se aflito e pálido, enquanto, a tremer, empunhava a taça para corresponder a um cumprimento ou retribuindo alguma gentileza:

— Mas se assim foi, por que não mo disseram, de princípio?... Não era eu o amigo preferido, como irmão, de d'Arbeville?... Não era o parente, o íntimo dos de Lacordaire?... Por que não se confidenciaram comigo, lealmente?... Eu teria, então, sabido evitar esta desgraça, por mim mesmo, como por eles...

Findo o banquete, seguir-se-iam as danças, pois havia baile. Quisera o Sr. de Franceville poder isolar-se, sorver às escondidas a grande dor de que se sentia possuído. Mas seria preciso dissimular, nada deixar transparecer, homenageando os hóspedes, que tudo deveriam ignorar...

5

Findo o banquete, intensificou-se o movimento no castelo. Iniciaram-se as danças ao som mavioso da orquestra. Três dias mais e o nobre casal de Soissons daria por encerrada a temporada festiva em seus domínios, culminando a data dos próprios esponsais, que comemoravam.

Henriette de Lacordaire e Gaston d'Arbeville sentiam-se compungidos e desolados em pleno efervescer desse esplendor. Não se animavam à alacridade contagiante que vibrava em derredor. Só se apercebiam de que as horas avançavam a par do turbilhonar dos risos... e que, ao amanhecer, se diriam o adeus supremo, pois Gaston já participara ao amigo a intenção de partir na manhã seguinte.

Georges observava-os, não perdendo um só dos seus gestos. A exaltação cruciante do ciúme suscitava revoltas em seu nobre coração, enquanto que o amor-próprio ofendido lhe falava da profundidade da afronta que vinha suportando. Era verdade que não dançavam, sequer se aproximavam um do outro. Notara mesmo que Gaston se afastava com frequência do salão, como se furtando, propositadamente, à possibilidade de falar à marquesa. E tal observação era para Georges, agora obcecado pela prevenção, como que o robustecimento das antigas suspeitas, da revelação inesperadamente colhida à mesa do banquete. Desgostoso e oprimido sob a comburente provação insuportável, insistia nas libações alcoólicas, as quais, pouco a pouco, influíam em sua delicada organização não habituada a tais excessos, comprometendo-lhe o senso do raciocínio...

Entrementes, quando o velho relógio do castelo solenemente anunciara a primeira hora da madrugada, no intervalo de uma contradança, a voz vibrante e grave do mestre de cerimônias dominou a alacridade reinante, solicitando atenção com as três pancadas de praxe, do bastão no assoalho. Surpreendida, a assistência fez sentir imediato silêncio, aguardando o prosseguimento da advertência. E, então, admirando os próprios donos da casa, anuncia aquele, empertigado e solene:

— Canta o Sr. marquês d'Arbeville de Saint-Pierre a balada de sua autoria, "Renúncia", composta ainda hoje, para surpresa desta noite... Retirando-se para um país estrangeiro, será como a derradeira homenagem aos amigos, o adeus à pátria, que fará ouvir...

O "divino Apolo" destacou-se em meio do salão, impecável na sua galhardia. Uma salva de palmas recebe-o com a costumeira simpatia, enquanto, cumprimentando seus cômpares, a fim de agradecer a ovação, rebrilham em seus dedos e na seda do peitilho, coruscando à luz dos lustres, as grandes esmeraldas em losango, joias famosas dos d'Arbeville de Saint-Pierre, recebidas por seus antepassados como régio presente do cardeal de Richelieu, juntamente com o título, lembrança dos bons serviços por eles prestados à Coroa. Vasto círculo abre-se em torno dele e os circunstantes se acomodam, ansiosos por apreciar ainda uma vez o talento do jovem artista. Dois criados trazem a harpa e um terceiro a clássica banqueta. D'Arbeville senta-se e, por um instante, medita. No momento preciso, incômoda sensação de pavor sobressalta-o qual suprema advertência do Invisível protetor e amigo. Seu coração pulsa, acometido de angustiosa indecisão. Aquela balada é temerariamente sincera! Extraiu-a do coração em hora de íntima exaltação, correspondendo aos incontidos anseios do seu amor contrariado! O pesar imenso, que o crucia, ali está fielmente retratado no poema, que é uma confissão, um brado alucinante de saudade e de revolta. A Normandia querida, sua casa, a mansão de Sainte-

Croix com seus jardins inconfundíveis, seus cisnes, seus lagos, seus pavões soberbos, são ali descritos sem constrangimentos... Porventura o próprio Georges não reconheceria as personagens, apossando-se do panorama?... Georges, ou qualquer outro amigo mais íntimo das duas casas?...

Era tarde para recuar, porém... E entre os assistentes havia um que pertencia ao Mundo Invisível e cuja bagagem moral e mental se resumia em ódio e intransigentes desejos de vingança e malefício...

Os primeiros acordes da música irradiam pelo silêncio da sala suas ondas sonoras, como traduzindo murmúrios celestes. O artista acompanha-os declamando a primeira sextilha do seu poema, descrevendo o ambiente — a Normandia... Reconhece-se a velha e tradicional província naqueles versos impecáveis, como na música, que a retrata em sua inalterável nostalgia, mas a que, por vezes, inelutáveis pesadelos aviventam... É a introdução.

O auditório murmura surpreso. Henriette comove-se e a música prossegue, transmitindo o vigor que lhe soube comunicar o músico-poeta... E dir-se-ia que até mesmo os perfumes nativos dos bosques de Saint-Pierre e dos jardins de Sainte-Croix são aspirados pelos circunstantes, que mais e mais se deixam absorver pela atenção. Henriette Flavie sente que os olhos se lhe marejam e julga-se vagar num sonho, ao passo que seu marido carrega a fronte e redobra a observação.

Gaston canta. Sua voz apaixonada e expressiva arrebata os corações presentes, que se deixam envolver pela emoção que inspira o artista. Jamais tão formosa produção saíra das ignotas plagas da Arte para o cérebro daquele sonhador da rua de Lafayette. E jamais, como naquele momento, imprimira nas cordas da harpa vibrações tão dulçorosas, dedilhando com tanta emotividade, para bem traduzir as sublimes expressões que empolgaram seu espírito!

Gaston canta! Mas a canção que, com tanta beleza e mestria, apresenta aos convidados de seu antigo condiscípulo, era como o lamento de sua alma, pranteando o amargor de um amor impossível sobre as cordas do instrumento que sente e sofre com ele, suscitando comoventes ilações a quem o ouve. Narra a própria desventura quando exprime, em versos, a desdita da personagem do poema que criou. É ele próprio a mais ativa figura da sua peça, em seguida ao vulto feminino que lá também soube colocar. Todos o entendem, pois ficara propalado que o "formoso d'Arbeville" amara sem lograr ser correspondido, conquanto se ignore o nome da mulher que o cativara... Mas ali, no salão luxuoso onde se encontram todos suspensos pelo encantamento da peça magistralmente interpretada, duas pessoas conhecem o nome dessa dama que o tenor evoca sob o apelido de "Lírio da Normandia": são, ela própria, Henriette Flavie — a quem os camponeses e tributários do seu pai assim cognominavam, outrora — e seu marido, para quem o poema executado pelo amigo era tocante, expressiva confissão que tudo esclarece!

E a harpa, sob a carícia ardente das mãos inteligentes e apaixonadas do artista, vibra nas expansões melodiosas dos próprios sons, galgando escalas e cromáticas qual se o coração do inspirado intérprete se exaltasse em incontidas revoltas, para, depois, retrair-se em queixumes de "pianíssimos" ou murmurar harpejos docemente, como alguém que, resignado e humilde, aceitasse a imposição de uma "Renúncia" irremediável! E sobre a magia dos sons o timbre vocal enternecedor do tenor emérito, que nessa noite ultrapassara o próprio valor!

Era inequívoca a satisfação dos ouvintes. As jovens sentimentais tinham os olhos embaciados por um lacrimejar que se não atrevia a rolar, notificando a despedida do poeta torturado, rumo do exílio, em que o aguardaria a desolação de uma irremediável saudade. Os homens admiravam o talento daquele jovem de 25 anos, a quem asas de gênio pareciam rondar. Os criados, que transitavam pelas proximidades, atraídos pela arrebatadora revelação, aproximavam-se das portas, de mansinho, discretos, para também ouvirem. E dir-se-ia que o próprio ar da madrugada que avançava, paralisara suas vibrações em reverência ao pensamento do artista, que elevava a própria alma na oblata edificante, para sagrada comunhão com o belo!

De súbito, em meio da indescritível harmonia que transformara a vetusta mansão dos de Soissons em santuário sublime de unções artísticas — um soluço dolorido prorrompe de um seio, que se não pôde conter. Segue-se outro... Mais um... Mais outro ainda... e, num instante que é apenas um relance, pranto convulsivo desprende-se com impetuosidade dramática!

Henriette Flavie não resistira à desesperação de tantos anos de angústia e opressão! Faltaram-lhe forças para ouvir a história da sua própria paixão, narrada pelo homem a quem adorava, em tão impressionantes circunstâncias! Fraquejara por um momento, acometida de singulares sugestões, como obsidiada por angústia inexprimível, e deixara que a avalanche das amarguras que a cruciavam rompesse o dique da dissimulação que interpusera entre o mundo e as próprias dores, e sucumbira a uma violenta crise de nervos, tombando desfalecida nos braços do esposo e interrompendo, com o alarme que se percebe, a peça magnífica que inspirara o Sr. de Saint-Pierre.

Gaston, como atingido por um raio, suspende de chofre a música, em inesperado *staccato*. Todos se aproximam da marquesa e lavra a confusão no recinto. Ele aproxima-se igualmente, aflito e consternado, enquanto a filha do altivo de Lacordaire dá livre curso a exasperadas lágrimas... Mas já de Franceville a suspende nos braços e, auxiliado pelas criadas da marquesa, que acorreram solícitas, afasta-se com o fardo precioso em busca dos aposentos particulares...

Entretanto, Gaston, sucumbido, dir-se-ia presa de ingente pesadelo que lhe retirasse a serenidade do raciocínio. Abismava-o a surpresa do acontecimento, conquanto viesse notificando, desde alguns dias, a grande depressão que se abatera sobre a pobre Henriette. Condenava-se, agora, por haver ousado apresentar em público peça tão comprometedora, que era como que a confissão temerária dos próprios sentimentos. Sentiu-se alarmado, mau grado seu, e, tornando ao salão, tão depressa quanto de lá saíra, inquieto, excitado, ordenou que retirassem a harpa, retirando-se ele próprio, em seguida, a fim de se forrar à indiscrição das murmurações que percebia em derredor. Eis, porém, que o fidalgo de Soissons, risonho e apresentando muita vivacidade, reaparece no salão. Em tom forte e veemente, no qual, no entanto, o observador atento decifraria intenso nervosismo, exclama para seus convivas, reunindo-os novamente:

— Convido-vos a não vos deterdes, senhores, quando podereis prosseguir divertindo-vos... Apenas a fadiga ocasionou o pequeno delíquio da senhora marquesa, por cujo incômodo me escuso perante vós, declarando que ela já se refaz e não tardará voltar a reunir-se convosco, a fim de terminarmos a audição da encantadora peça do Sr. de Saint-Pierre.

Ordenou à orquestra que executasse uma contradança, e, dando o exemplo, solicita uma dama e oferece-a a um de seus parentes para reiniciar-se o baile, visto que ele próprio não se permite o prazer de dançar. Não obstante, sai em busca de Gaston, galhardamente conservando a habitual discrição. Deseja rogar-lhe que recomece a música interrompida, apresentando escusas pelo desagradável incidente. De Franceville adivinhou, por meio das expressões ardentes do sugestivo poema, o segredo da melancolia inconsolável da esposa, o liame que a prende a um passado inesquecível — e agora deseja ouvi-lo até o fim. Quer medir a coragem do amigo para repetir a peça, e a da esposa para ouvi-lo ainda. Conta com a negativa de ambos. E tal negativa será a eloquente afirmação de uma cumplicidade! Sua mente é um caos. Exagera as suposições, contando-as ao preço das sugestões sopradas pelo ciúme, que o excita a conclusões descabidas e injustas. E nem pode raciocinar com serenidade, ele, a serenidade e a calma personificadas! Os nervos vibram impiedosamente sob os pensamentos temerários, torturando-o alternativa de emoções contraditórias... E é com inaudito sacrifício que se contém, que se domina. Mas prossegue à procura do amigo, a quem não sabe se poderá interpelar com a devida serenidade... ainda porque, sobem-lhe ao cérebro os vapores dos vinhos e licores sorvidos imprudentemente, desde algumas horas antes...

E... indo e vindo, agitadíssimo, de sala a sala, de gabinete a gabinete, de aposento a aposento, subindo e descendo escadarias qual louco furioso, medonho, odiento, trágico, positivamente satânico, o fantasma do jovem florentino do século XVIII, brandindo o punhal que segura à destra, a garganta a jorrar sangue, o ser todo tomado por apavorantes intenções vingadoras, parecia tomar parte proeminente na singular rede que aprisionou Gaston, Georges e Henriette!

Mas nenhum dos circunstantes o vê, pois que pertence ao plano do Invisível, razão por que mais perigosas se tornam as suas investidas, mais eficiente o seu domínio sobre aqueles que contra suas influenciações não se souberem precatar com o cumprimento do dever!

No entanto, o belo cantor não se encontrava no interior do castelo, razão pela qual o marido de Henriette tarda a defrontá-lo. Afastando-se do salão, d'Arbeville sentia a fronte escaldar, enquanto os nervos, rudemente abalados, exigiam recolhimento a fim de serenarem. Desceu, pois, a escadaria que conduzia ao parque, disposto a respirar o ar puro da noite. Amargurosas meditações confundiam-se-lhe tumultuosamente no cérebro, comunicando ao coração a angústia indefinível que tantas vezes prenunciam infortúnios decisivos, e cruciando-o num remoinho de indescritível mal-estar psíquico. Caminhava pelas ruas desertas do parque, cabisbaixo, mãos cruzadas atrás das costas. Insensível fazia-se aos encantos da noite e nem sentia que o sopro frio da madrugada outonal crestava-lhe a pele. Apenas atendia a si próprio, cotejando os dissabores que o surpreendiam em plena mocidade! Um banco de mármore apareceu-lhe em meio do caminho, semioculto por frondoso carvalheiro. Sentou-se maquinalmente, disposto a repousar, apoiando a fronte sobre a mão, em atitude recolhida. Alguns minutos decorreram e ele como que descansa as próprias emoções, impondo tréguas à comburência das penosas elucubrações. O silêncio era completo, solene, dentro da noite. A própria música, que, no interior do castelo, reiniciara as danças, chegava até ele vagamente, qual longínquo murmúrio de prece. Pouco a pouco seus sentidos, assim retraídos do exterior, se aguçaram para o interior de si mesmo e ele se torna menos humano, para se abeirar dos campos vibratórios do Invisível!...

Um vulto níveo desenha-se a seu lado, na obscuridade da noite. A princípio é nuvem tênue, imperceptível, como ondas de vapor. Mas pouco a pouco o vapor se condensa tomando mais nítida forma, de alvura impecável, e entra a delinear-se detalhadamente. Tudo isso, não obstante, se operava rapidamente, sem que o jovem marquês o percebesse. Pelo menos, ele só tivera a atenção despertada para o importante fenômeno, quando, nessa forma, já condensada, reconheceu a personalidade de seu pai! Não se alarmou, porém; sequer inquietou-se. Sentiu, ao contrário, que confortadora onda de ternura se derramava por todo o seu ser, e, como em sonho, balbuciou, deixando-se aquecer pelos eflúvios de muito grata emoção:

— Meu pai!... Meu pai!...

E em seguida compreendeu que a entidade lhe falava com impressionante acento de tristeza:

— Foge deste local imediatamente, meu filho!... Não tornes ao castelo, não fales a ninguém... Refugia-te nos bosques... abriga-te em casa de qualquer camponês... mas não entres no castelo...

Sentiu que a destra de seu pai premiu-lhe suavemente o ombro... e ergueu-se, como sacudido de singular torpor... Junto de si, porém, agora, apenas o carvalheiro frondoso, cujas folhas caíam lentamente, uma a uma, ao sopro fresco do outono...

— Creio que dormitei, estou fatigado, preciso repousar!... Será prudente voltar aos meus aposentos, pois viajarei amanhã... — balbuciou consigo mesmo, rumo do velho solar em festa. E quando, vencendo as longas aleias do parque, galgava as escadarias da nobre residência, no intuito de se dirigir aos apartamentos que ocupava, já não pensava no que acabava de ocorrer...

Entrementes, atingindo a galeria que comunicava com as dependências cedidas aos hóspedes, d'Arbeville sentiu que alguém lhe tocava o braço discretamente, introduzindo-lhe na mão volume mui sutil e delicado. Voltou-se surpreendido, desejando certificar-se de quem assim o detinha... e reconheceu no vulto feminino que se afastava, ligeiro e discreto, a antiga criada de quarto de Henriette Flavie, Francine, que ele bem conhecera em Sainte-Croix, nos auspiciosos dias do noivado. A surpresa recrudesceu, só então lhe ocorrendo que estava de posse de algo por ela trazido furtivamente. Afastou-se então, para um ângulo mais deserto, e, à luz do candelabro suspenso do portal, examinou o pequenino volume. Tratava-se de um bilhete, apenas, nem lacrado ou protegido por qualquer envoltório, e rezava somente estas palavras, em caligrafia incerta e nervosa, mas a qual reconheceu como de Henriette: "Vem ao meu gabinete de leitura. Preciso falar-te ainda, antes que sucumba ao desespero".

D'Arbeville sentiu um estremecimento, misto de ansiedade e pavor, ao choque da perspectiva de novamente se defrontar a sós com a antiga noiva. Ela estaria, com efeito, presa de excessiva excitação nervosa, para que se permitisse o extremo de endereçar-lhe tão leviano convite! Todavia, forte emoção apossou-se de suas faculdades, desorientando-o, tal se pressão obsessora exterior sobre elas descarregassem maléficas sugestões. Henriette chorava ao escrever: o papel denunciava as marcas de suas lágrimas. Indômito desejo de atendê-la, reconfortando-a para as duras imposições apresentadas pelo destino, assaltou-lhe a vontade. Vira-a enfermar havia pouco. Não seria lícito procurar visitá-la, inteirando-se do seu estado, ele, que a tivera à sua cabeceira quando da queda que o precipitara da montanha?... Secreta advertência, porém, qual murmúrio conselheiro, fê-lo deter-se, raciocinando ao abrigo de sofismas, quando se encaminhava para o local indicado:

— Não! Não seria lícito, senão gesto temerário! Seu dever seria antes procurar Georges a fim de colher dele as notícias desejadas... ou preferir a discrição...

Luta árdua, cruciante, travou-se em sua consciência. Não! Não iria vê-la! Que se houvesse com as próprias ânsias já que levara a alucinação à temeridade de desejar falar-lhe novamente, e em circunstâncias tais! Por que não descia ela ao salão, falando-lhe diante de todos?... Oh, não! Georges não merecia ser assim tratado! Eram amigos um do outro e ele, Gaston, respeitava-o, estimava-o, daria mesmo a própria vida por ele, e a consciência já lhe censurava atitudes muito desairosas a respeito desse a quem se sentia vinculado por laços imorredouros!

No entanto... Poderia vê-la, reconfortá-la sem que tal gesto implicasse desacato à respeitabilidade de Georges e sem que, em consciência, traísse os próprios deveres!... Alimentava as mais puras intenções! Para ele, Henriette seria sempre o lírio a que se habituara venerar com o costumeiro respeito, ou deixaria de existir em seu coração!... Visitá-la-ia rapidamente, cortesmente inteirando-se de sua saúde, confortando-a com poucas palavras...

Seu pensamento arrastava-o até o pequeno compartimento onde sabia ser esperado com angustiosa ansiedade! Mas debatia-se ainda a razão, emergindo penosamente das violentas emoções passionais, alertando-o quanto aos impositivos do dever. E todo ele se reduzira a um alvoroço incontrolável, uma sensação desordenada, sob o embate dramático de duas correntes opostas! Venceu o coração no duelo penoso e decisivo travado nos ignotos domínios do livre-arbítrio — porque é quem sempre vence no critério dos caracteres muito apaixonados... E venceram as influenciações do inimigo do Plano Invisível, que se valia das próprias tendências por ele apresentadas para impulsioná-lo à voragem de tenebrosas situações! Seus dedos crispados amarrotaram, nervosos, o bilhete terrível... e ele encaminhou-se febrilmente para o andar superior... Servindo-se de precauções que atestavam a ilegalidade do ato, ganhou o gabinete onde, aflita e lacrimosa, o aguardava a filha do austero Sr. de Lacordaire.

Francine conduzira-o e retirara-se.

Mal o vê, Henriette, a quem se julgaria abandonada pelo são raciocínio, atira-se em seus braços, prorrompendo em pranto amargo e copioso. E Gaston, atordoado, certamente contaminado pelas ondas de contagiosa demência que se diria espalhar-se rapidamente por aquele ambiente tornado ameaçador, não sabe o que tentar a fim de equilibrar a situação, surpreendido entre o desejo de ampará-la, a emoção que o enternece e a necessidade de se furtar ao perigo do momento, que prudentes lampejos de raciocínio o fazem entrever!

Entretanto, Georges de Franceville não lograva encontrar seu amigo de Saint-Pierre, a fim de solicitar-lhe a gentileza de reiniciar a peça interrompida, e preocupava-se desagradavelmente. Procurara-o até mesmo em seu quarto de dormir, julgando-o fatigado e sabendo-o disposto a partir já na manhã seguinte. Rebuscara o salão de danças, a sala de conversação, os *buffets*, o salão de fumar, a biblioteca, os terraços. Percorrera mesmo as mais próximas avenidas do parque, excitado por angustiante nervosismo, sem bem aquilatar o que pretendia com essa busca frenética que se desculpava com o reinício da balada, mas igualmente enredado na onda sinistra que absorvera a própria esposa, como o amigo. Era em vão, porém, que procurava. De Franceville pensou, subitamente, na esposa. Havia uma hora que a deixara refazendo-se para voltar ao baile. No entanto, não a via reaparecer a fim de serenar os convidados, como o exigiria o dever da boa hospitalidade. Dar-se-ia então o caso de que...

Ominosa sugestão turvou-lhe o raciocínio, qual se atro remoinho o envolvesse repentinamente, dominando-lhe as ações!

Não raramente os ciumentos criam, ou exageram, com a força da imaginação obliterada pela inquietude, os mesmos fatos que os torturam.

Outros existem, porém, cuja argúcia parece dotá-los de clarividência infalível, como intuição que os levasse à descoberta daquilo que mais temiam! E se o ciumento, como Georges, se deixa sugerir pelas malévolas inspirações das forças inferiores do Plano Invisível, será como que pérfida e propositadamente informado do que a seu desfavor ocorre.

De Soissons não possuía provas suficientemente racionais que justificassem as próprias desconfianças a respeito da esposa e do amigo. Seriam apenas suposições a que emprestaria acentos concretos. O que se passara durante o banquete poderia ser equívoco de suas prevenções, e o incidente do salão, mero acaso fornecido pela força imaginativa do poeta na sensibilidade exausta de um caráter impressionável. Todavia, a ausência de ambos sobressaltou-o. Temerária suspeita lampejou-lhe no senso qual centelha de um raio, indicando-lhe a possibilidade do local onde seriam encontrados. Desesperado, o infeliz sentiu a derrocada dentro do próprio ser. Profundo alquebramento de forças intrínsecas fez que porejassem de sua epiderme frios suores de agonia... e ele pensou, repentinamente, em todo o seu passado, desde a meninice, no qual Gaston aparecera sempre como o afeto mais grato do seu coração! Vacilou-lhe, no entanto, o cérebro, como se tal lampejo de reminiscências se afundasse pela subsconsciência adentro, perscrutando os mistérios psíquicos ali arquivados... e visões sangrentas, estranhas, inexplicáveis naquele momento, passaram sob seus olhos voltados para o interior de si mesmo: *alguém banhado em sangue a se estorcer em agonia dolorosa dentro de uma noite imersa em trevas* — e ele próprio, Georges, impassível, contemplando-o! Angústia alucinante apossou-se de sua sensibilidade. Tornara-se impressionante a sua palidez, e os músculos contraídos endureciam-lhe o corpo e as feições. E, enredado por tenebroso complexo, tornou-se repositório de influenciações próprias e exteriores...

O desgraçado dirigiu-se então para a sala de armas, impondo-se uma serenidade que estava longe de sentir. Agia, não obstante, metódica, passivamente, como pressionado por vontade alheia, sentindo referver nas veias — ódio implacável, inconcebível, pelo amigo de infância, a quem tanto estremecera até uma hora antes!

Na sala de armas o nobre de Soissons escolheu duas pistolas que, sendo obra de fino lavor artístico, também apresentavam capacidade superior às demais existentes na preciosa coleção exposta. Ocultou-as como pôde sob a indumentária e dirigiu-se febrilmente para os aposentos da esposa, preferindo, porém, fazê-lo, utilizando primeiramente as passagens que ingressavam nos que lhe eram próprios, a fim de mais cautelosamente surpreender qualquer anormalidade, dadas as disposições interiores dos apartamentos em questão. Se, no entanto, o jovem diplomata não se encontrasse presa de tão angustiosas apreensões; se a sua generosa alma, no instante supremo em que a Divina Providência lhe pedia o grandioso testemunho para o qual retomara a forma corpórea, soubesse ter conservado a serenidade que lhe era apanágio do caráter; se, escudado nessa serenidade, em vez de preferir as libações alcoólicas tivesse elevado o coração e pensamentos às esferas de luz, atraindo para si o concurso eficiente das entidades amigas do Plano Espiritual, teria resolvido a crítica situação de forma bem diversa, mesmo sem alterar o andamento das leis do destino então em jogo, evitando tornar-se joguete nas mãos vingadoras de um inimigo de Além-Túmulo, o qual, dominando-o pela facilidade que lhe reconheceu, desejava, na realidade, atingir Gaston, servindo-se de suas mãos! Todavia, conforme ficou dito para trás, o acervo dramático de efeitos oriundos de causas criadas no pretérito espiritual, o complexo de circunstâncias irremovíveis do momento, aliando-se a fatores atraídos pela invigilância dos comparsas reunidos para um resgate inevitável, agravaram subitamente os acontecimentos, precipitando-os dolorosamente!

Com efeito! Se os órgãos visuais do jovem de Soissons pudessem atravessar as barreiras do Invisível, teria ele percebido, na sala de armas, atento diante da panóplia em que se alinhavam as pequenas armas de fogo, o vulto trágico que havia dias percorria, enfurecido, as dependências do castelo, isto é, o jovem florentino de garganta cortada, o qual, dois dias antes, desafiara-o, e a Gaston, por meio do fenômeno mediúnico.

No entanto, palmilhando, cruciado, o triste roteiro que se traçara, Georges penetrou a antecâmara dos aposentos da esposa, a sala de estar, o quarto de dormir. Interrogou, alucinado, esses recantos privativos, que confinavam com os que lhe eram próprios. Tudo jazia em solidão. Enxugou o suor da fronte, como despertando de atroz pesadelo; e só então sentiu que era sacudido por insopitável tremura nervosa. Dispôs-se a retornar ao salão de recepções, certo de que Henriette para ali regressara, já refeita. Tomou, nesse intuito, rumo diverso do que preferira à entrada, isto é, seguiu pela galeria que separava, com esta metade, a outra parte dos aposentos da marquesa, onde ficavam a sala de trabalho, o refeitório particular, o gabinete de leitura e a sala de visitas, tencionando, justamente, sair pelas portas principais, quando, subitamente, distinguiu tom de vozes abafadas, como que entrecortadas por soluços. Estacou, orientando-se. Partia do gabinete de leitura... Apenas um reposteiro de veludo medeava entre ele e aqueles que procurava. Georges aproximou-se sutilmente e entreviu-os.

Henriette e d'Arbeville encontravam-se de pé, junto a pequena mesa, e tudo indicava que se diziam o último adeus. Percebeu Georges lágrimas na voz da esposa, assim como intensa comoção embargando as palavras de seu interlocutor. Nada diziam, porém, que se pudesse crer que eram infames, nada que se pudesse suspeitar de uma criminosa cumplicidade. Não se ocultavam, aliás: o marquês, ao entrar, encontrara abertas todas as portas por onde transitara...

Não obstante, Henriette toma de cima da estufa mimoso estojo de joia e abre-o. Retira dele uma formosa cadeia de ouro, da qual pende um medalhão rodeado de pérolas e esmeraldas. É a miniatura, a óleo, do seu próprio perfil aos 17 anos. Oferece-o a Gaston e exclama, entrecortando as frases com lágrimas que lhe descem pelas faces:

— Leve-o, Sr. marquês... Será como a lembrança perene do nosso infeliz noivado, ajudando-o a não olvidar a Normandia querida, durante o exílio a que se decidiu obrigar... É o retrato de sua humilde noiva de Sainte-Croix...

Gaston recebe-o trêmulo, osculando-o comovidamente... Dobra um joelho, subitamente, fazendo menção de se prostrar, e, tomando de um laço dos seus vestidos, que pendia até os pés, vai levá-lo aos lábios num transporte de sentida emoção... Mas, como um raio, de Franceville de Soissons despedaça o reposteiro e investe para os culpados, bradando, cego, na sua justa indignação:

— Traidores! Desde quando, Sr. de Saint-Pierre, os amigos desta casa devassam os aposentos particulares da marquesa de Soissons, para receberem de suas mãos ternas recordações de amor?...

Henriette afasta-se num ímpeto, como se o próprio horror a surpreendesse, soltando um grito de angústia, enquanto o "divino Apolo", dolorosamente estupefato, levanta-se célere, e fita o amigo qual alucinado, medindo a gravidade do instante, ao mesmo tempo que se lhe entrecruzam na mente as advertências de seu pai, por intermédio do fenômeno mediúnico e da manifestação sob o carvalheiro do parque.

Os dois homens — os dois amigos da juventude, aqueles corações que tão lealmente se haviam estimado — contemplam-se por um momento; e nesse olhar perscrutador, tão rápido quanto eloquente, ambos compreendem a dor inenarrável que um e outro experimentam pelo lamentável acontecimento!... Porém, apavorado com a culminância da cena que havia preparado graças às facilidades encontradas na displicência dos comparsas, o fantasma do jovem florentino, covarde como todos os da sua grei, e fiel às atitudes costumeiras dos obsessores da sua espécie, foge desabaladamente, entregando os protagonistas a si mesmos, a fim de que se houvessem com as próprias inconsequências; desce as escadarias em correria alucinada e vai ocultar-se entre os tufos de folhagens do parque!

Todavia, outro fantasma permanecerá no gabinete de leitura da senhora de Soissons — o velho marquês de Saint-Pierre, que, desolado, deseja amparar o filho até o final, com ele sofrendo as fragorosas consequências das suas constantes leviandades!

Com efeito! Gaston readquire rapidamente o domínio sobre si mesmo e, seguro do que deve fazer, exclama com veemência, traindo, porém, consternação profunda:

— Georges, meu amigo! meu irmão! Não condenes antes de me ouvir!... Preciso falar-te serenamente! Devo-te explicações! Dar-tas-ei imediatamente!

Georges, porém, interrompe-o, desorientado e sofredor diante do que supõe a traição daqueles a quem tanto estremecia:

— Nem uma palavra mais, Gaston d'Arbeville! Para a hediondez do teu crime não haverá justificação possível! Tu! O libertino de sempre, que acolhi em minha casa para que a maculasses com a tua peçonha!

— Oh, não, Sr. marquês! Por quem sois, não nos acuseis de faltas que não pensamos em cometer! — interveio Henriette Flavie, no auge da excitação.

E Gaston, em tom opresso, sem reparar no insulto:

— Enganas-te, Georges!... Ouve-me primeiro, e, acima de tudo, não condenes tua esposa, que está inocente...

Mas de Soissons não os ouvia, aturdido e alucinado, ou as palavras do antigo condiscípulo teriam o inconveniente de exasperá-lo porventura ainda mais, porque, arremessando sobre a mesa uma das pistolas que trazia, empunhou a outra, enquanto vociferava vibrante, decisivo:

— Desgraçado e covarde! Que ousas invocar o nome de amigo quando não passas de um traidor e o mais indigno fidalgo da França, Gaston d'Arbeville! Eu poderia esmagar-te aqui, como a um verme desprezível que és! Mas possuo honra bastante para me aviltar com um assassínio! Aí tens esta arma: Toma-a! Empunha-a! Porque uma luta de morte se ferirá esta noite, para que o sol ao raiar contemple o cadáver de um de nós dois!...

Henriette Flavie avançou desesperada, tentando conter o marido. Este, porém, nem mesmo se dignou ouvi-la. Seu terrível silêncio foi a eloquente expressão do seu desprezo. Em seu conceito superexcitado por múltiplos fatores, deixara de existir a senhora de Soissons para prevalecer tão só a adúltera impudente.

Àquelas frases chocantes do amigo, no entanto, o moço normando não se alterou. Singular serenidade substituíra a surpresa do primeiro momento, protegendo-o contra impulsos desastrosos. Persistia em sua mente a lembrança de seu pai advertindo-o sob o carvalheiro, o que seria como a vigilância paterna a desdobrar-se do Invisível, piedosamente.

— Escuso-me. Não me baterei contigo!

— És covarde?!...

— Sabes que não o sou!

— Prova-mo, tomando a arma e dando-me as satisfações que exijo para este momento!

— Dar-tas-ei de boa mente, mas não pelas armas! Não o faria, inda que as fórmulas usuais estivessem em regra!... Acalma-te, Georges, e concorda em ouvir-me!

— És vil, marquês d'Arbeville!

— Ninguém, como tu, me conhece tão bem e sabe que não sou vil! Acima de tudo sou teu amigo, ainda que o não possas crer!

Georges de Soissons esbofeteou-o em pleno rosto, enquanto Henriette, aterrada, fez um gesto para chamar por socorro, tentando utilizar o pingente da campainha colocado ao lado da estufa, no que foi interceptada pelo marido.

— Podes matar-me! Mata-me, se o quiseres! — foi a resposta do antigo discípulo do Prof. Rivail.

Então, o infeliz fidalgo de Soissons, cem vezes despeitado e humilhado, completamente aprisionado por alucinações que valiam o preço dos complexos arrastados de anterior etapa planetária — muito apesar das nobres qualidades de que se revestia o seu caráter —, perdeu o domínio de si mesmo, deixando-se resvalar para um nível primitivo, e investiu para o antigo companheiro de juventude, com a arma na mão:

— Morre então, miserável, como o mais abjeto dos traidores que és, já que não possuis honra bastante para te concederes a morte de um fidalgo!

Um tiro partiu. Gaston recuou ileso! Porém, percebendo que o amigo se dispunha a atirar novamente, num impulso imprevisto, a ele se atira, tentando desarmá-lo, desejoso de afastar o perigo que sentia pesar pelo ambiente.

No entanto, Henriette grita por socorro, mas retrocede temerosa, pensando no escândalo que estrugiria frente aos ilustres hóspedes. Ninguém a ouviria, aliás: as atenções, voltadas para os andares em que vibram as festividades, mantêm em solidão aquelas dependências, que nem mesmo a criadagem guarda, pois Francine ainda não foi chamada pela senhora...

Não obstante, desesperado, Gaston adverte, em luta com o agressor:

— Por quem és, Georges, volta a ti! Narrar-te-ei os fatos com a expressão da verdade! Tu te enganas, não és atraiçoado, Henriette é digna de ti!...

De Soissons, porém, prosseguia recalcitrando na luta a fim de se desvencilhar. Dava arrancos violentos, rugindo de vergonha e de cólera, sempre com a arma empunhada...

Gaston era possante. Se o quisesse, com pequeno esforço tolheria o agressor, vencendo-o em luta brutal. Mas o pobre marquês não desejava magoar demasiadamente o amigo. Seu intento era desarmá-lo, evitando corresse o sangue estúpida e inutilmente. A luta, a que o antigo anjo de Lacordaire assistia estarrecida e interdita, foi breve e violenta, não lhe ensejando lucidez bastante para insistir nos brados de socorro... A agilidade e destreza de Saint-Pierre, porém, conseguiram arrancar das mãos crispadas do fidalgo diplomata a arma que o deveria matar. Arremessa-a, rápido, sobre o mármore da estufa, sem reparar que tem os cabelos revoltos, a seda do peitilho rompida, em completo desalinho a elegantíssima indumentária...

— Enlouqueceste, desgraçado! Ou te embriagaste pela primeira vez?... — bradou aturdido e impressionado. — Que queres, então, fazer?...

Mas não pudera concluir a frase. Qual o lampejo de um bólide, de Franceville, se vendo desarmado, alcança a pistola que atirara à mesa momentos antes, desafiando o rival, e vai empunhá-la contra ele. Este, porém, pressentindo-lhe o gesto, agarra-o, novamente, com o mesmo propósito anterior. Uma poltrona está disposta no próprio local em que se encontram. Gaston abraça-se ao amigo pelas costas, prendendo-lhe os braços com força, enquanto suplica, com voz rouca pela angustiosa emoção que o oprime, que abandone a arma. De Franceville agita-se furiosamente. Cambaleiam ambos. A poltrona estorva-os, fazendo-os perder o equilíbrio... e vão ambos pesadamente ao chão sobre ela, enquanto um tiro ressoa e um grito de agonia e desespero segue-se à detonação!

Georges de Soissons, mortalmente ferido pela própria arma que detonara na queda, está banhado em sangue! E tão desastrada foi a queda que não só o ferira com a arma. Batendo rijamente de encontro à quina do pedestal de mármore da estufa, sua fronte fendeu-se num profundo talho sobre o supercílio, de onde igualmente jorra aquele generoso sangue! Seus gemidos são rápidos, convulsivos. Como louca, a marquesa corre bradando desesperadamente por socorro, completamente fora de si, e o infeliz Gaston d'Arbeville, sem realmente compreender o que se está passando em torno, levanta o amigo nos braços, fala-lhe afetuosamente, aflito, desesperado, já com os olhos rescaldados por duas lágrimas ardentes como lavas; sacode-o, chama-o, suplica-lhe que o atenda, não reparando que o sangue do terno amigo da sua juventude tinge-lhe as mãos, as vestes, como responsabilizando-o pela hedionda tragédia!

— Meu Deus! Meu Deus, salvai-o! Não! Ele não pode morrer! Não deve morrer! Não posso deixá-lo morrer!... Ó Deus! Feriu-se com a própria arma!... Georges! Georges! Por quem és, fala-me, responde-me, meu bom amigo, meu irmão!...

O ferido, no entanto, não recuperava os sentidos...

Aos gritos alucinantes de sua esposa, que se diria ter perdido a razão, acudiram os criados, e, em poucos instantes, a notícia espantosa, inverossímil, chegou ao salão de danças e os aposentos da marquesa foram invadidos pelos hóspedes. A estupefação que a todos causou o terrível espetáculo tocou as raias do horror! De Soissons moribundo, banhado em sangue, com um ferimento à altura do ventre e a fronte fendida em largo talho, era amparado pelo Sr. de Saint-Pierre, que o levantava a meio corpo, sustendo-o nos braços, enquanto ele próprio, com as vestes em desalinho e também manchadas de sangue, se lhes aparecia como a dramática encarnação do próprio estupor!

A confusão generalizou-se. Ninguém atinava com o que se deveria fazer. Não obstante, graças à iniciativa dos serviçais, o pobre diplomata foi conduzido para o leito da esposa, que ficava próximo. Um portador partiu, apressado, para Blois, a fim de buscar um facultativo. Mas o estado do ferido era decerto alarmante, pois não recuperava os sentidos, apesar dos esforços dos circunstantes, e seus gemidos eram cada vez mais roucos e espaçados...

Entrementes, Gaston e Henriette não se achavam em condições de prestar esclarecimentos, tal o estado traumático em que se encontravam ambos. Esta adoecera subitamente, acometida de violentos acessos nervosos; ao passo que o outro, atingido por impressionante depressão, abismado no horror do drama a que involuntariamente dera causa, preocupava-se tão somente com o estado do amigo de cuja cabeceira não concordava em se afastar.

Quando, no horizonte engalanado de reflexos redivivos, cintilavam as primeiras fulgurações da aurora, esmaecendo as brumas outonais, o portador enviado a Blois tornou ao castelo acompanhado do prestimoso intérprete da Ciência. Sem tardança, entrou este a socorrer o ferido, que se extinguia lentamente. Tudo em vão! O ferimento do ventre era mortal; o da fronte gravíssimo. O projétil rompera os tecidos fibrosos do ventre, estraçalhara o peritônio e o intestino e se alojara no fígado. Nada, portanto, seria possível tentar!

E quando, finalmente, surgiu o disco solar no azul imenso e puro do céu, reverberando seus fulgores imortais sobre as frondes dos velhos bosques de carvalhos, iluminou também o corpo inerme e frio do generoso marquês de Franceville de Soissons.

FIM DA SEGUNDA PARTE

Terceira Parte

O consolador

... E foi, e chegou-se a um dos cidadãos daquela terra, o qual o mandou para os seus campos a apascentar os porcos. E desejava saciar o seu estômago com as bolotas que os porcos comiam, e ninguém lhas dava. E tornando em si, disse: Quantos jornaleiros de meu pai têm abundância de pão e eu pereço de fome! Levantar-me-ei, e irei ter com meu pai, e dir-lhe-ei: Pai, pequei contra o Céu e perante ti; já não sou digno de ser chamado teu filho, faze-me como um dos teus jornaleiros. E, levantando-se, foi para seu pai, e, quando ainda estava longe, viu-o seu pai, e se moveu de íntima compaixão, e, correndo, lançou-se-lhe ao pescoço e o beijou.

(Jesus Cristo – Parábola do Filho Pródigo
– *Lucas*, 15:15 a 20).

1

Era pela manhã. Flávio de Lacordaire, que continuava em Nápoles, examinava a sua preciosa estufa onde flores e arbustos raros vicejavam entre contínuos cuidados, quando seu intendente o avisou de que um correio especial acabara de chegar da França com notícias tão importantes quanto urgentes. Com presteza o titular fê-lo entrar para o seu gabinete de trabalho, entre preocupado e curioso, e, sem preâmbulos, interpelou-o com a altivez habitual:

— Podes dizer ao que és mandado. Ouço-te.

— Sr. visconde — começou o servo incisivo —, infelizmente sou portador da notícia de uma desgraça que acaba de cair como um raio sobre as nobres casas de Lacordaire-de-Soissons!...

Mortalmente pálido, Flávio de Lacordaire enxugou a fronte e respirou com força, ordenando com mais vigor:

— Vamos! Explica-te!

— Trago-vos a desgraçada nova da morte do meu ilustre amo, o Sr. marquês de Soissons!...

O pai de Henriette gaguejou atordoado, não deduzindo das palavras do serviçal, no primeiro momento, o seu verdadeiro sentido:

— Quê... Que disseste?... Georges morreu, disseste?... Georges?... Vamos, explica-te! Repete! Por quê?... Não! Não é possível!

— O Sr. de Soissons foi assassinado!

— Assassinado?... Foi o que disseste?...

— Sim, Sr. visconde! Desgraçadamente meu amo foi assassinado!

— Mas... Como assim?... E por quê?... E o assassino?...

— Como e por quê?... Ainda não se sabe detalhadamente... Quanto ao assassino... o seu amigo, marquês d'Arbeville de Saint-Pierre...

O correio mal tivera tempo de dar um salto. De Lacordaire vacilou e deixou-se vergar, perdendo os sentidos. A terrível surpresa repercutira rudemente em sua alma, e o prestativo servo amparava-o, bradando por socorro.

Por longo tempo assim permaneceu. Pouco a pouco, porém, graças aos bons cuidados de que foi alvo, recuperou as forças e a memória e, à noite, já teimava em ouvir do correio, detalhadamente, as desoladoras informações, apesar dos protestos do médico e da esposa. Narrou-lhe aquele, então, cem vezes, com minúcias e delongas, o que já sabemos, agravando os fatos, porém, a cada frase, com malévolas acusações e insídias vis, dentre as quais o infeliz d'Arbeville surgia irremediavelmente infamado pela peçonha da maledicência sistemática e cruel.

Após o que, entregou-lhe grande envelope timbrado de negro e lacrado com as armas de Franceville. Tratava-se de longa missiva do jovem François, sobrinho do morto, na qual Gaston de Saint-Pierre era positivamente acusado, e mais um testemunho do magistrado Francfort, no qual, se o infeliz marquês não era acusado, também não era defendido. A missiva, de uma odiosidade repulsiva, na qual a injúria, como o sofisma e a má-fé obumbravam os conceitos sãos do raciocínio, tivera a virtude de calar profundamente no coração do visconde, muito embora fosse ao extremo de admitir a Sra. de Soissons como implicada, senão no assassínio, pelo menos nas causas que o determinaram, finalizando com o teor seguinte:

"Requeremos das autoridades de Blois o cumprimento do dever que lhes compete. Buscas e averiguações foram iniciadas. Esquecido no bolso da casaca usada pelo acusado na noite do acontecimento, encontrou-se um bilhete firmado pela Sra. marquesa, convidando-o a visitá-la, em termos que muito fazem meditar; e, no local do sinistro, achou-se um medalhão com seu retrato incrustado, trazendo expressiva dedicatória ao marquês, o que indubitavelmente atesta secreto entendimento entre ambos desde muito! O indigitado criminoso encontra-se detido em Blois; e, conquanto ainda se não requisitassem licenças para o processo, dada a sua posição de fidalgo, já se improvisaram interrogatórios, havendo o mesmo se declarado inocente por atribuir a um acidente criado pela fatalidade o desgraçado acontecimento. Carecemos da vossa presença a fim de vingarmos o morto, castigando o culpado. Vinde, pois, sem demora, orientar-nos com vossa experiência, ainda porque a marquesa enfermou gravemente; e para ultimação dos funerais."

Dois dias depois, os viscondes deixavam o seu encantador refúgio de Nápoles para demandar terras francesas, em angustiosa peregrinação. O ódio rescaldado e feraz, a que nenhuma razão arrefece ou constringe, acompanhava o Sr. de Lacordaire, empedernindo, porventura ainda mais, o seu já tão rijo coração. Considerações diabólicas destilavam em seus raciocínios a programação implacável de uma reação esmagadora! Nem sentia o rude incômodo da viagem fatigando-lhe o corpo debilitado, porque o tumultuar das próprias ilações se sobrepunha ao acervo de impasses que o afligiam, instigando-lhe a mente a realizações imprevisíveis!

— D'Arbeville! d'Arbeville! — murmurava pálido e fremente, fitando com olhar duro a estrada deserta através dos vidros da carruagem em que fazia a fatigante jornada. — Surges e me esmagas quando eu te supunha para sempre arredado do meu trajeto! Comigo te haverás, Gaston de Saint-Pierre! Georges será vingado!...

Com efeito, findos os funerais, chamou a si a responsabilidade do inquérito a instaurar-se no sentido de ser apurada a culpabilidade real do indiciado. Mantenedor das mais honrosas relações de amizade na Corte de Luís Filipe, fácil se lhe tornou a obtenção da licença para o processo de d'Arbeville.

Legalmente iniciado, no entanto, o processo seguiu, de um momento para outro, sob pressão arbitrária e fraudulenta de Flávio e seus apaniguados — muitos destes rivais ou adversários políticos do jovem acusado, aos quais agora surgia o momento de torpes represálias. O que, todavia, calara verazmente no conceito geral, e, a uma só voz, amigos, inimigos e simpatizantes aceitavam, era justamente o adultério, como o móvel do drama epilogado com o acidente fatal. Em vão mil vezes o aflito marquês simplificava os depoimentos, narrando a singeleza e fragilidade dos motivos que levaram o amigo à excitação. Inutilmente expusera a circunstância de se encontrarem ambos alcoolizados, o que permitira a um exasperar-se sem razões concretas, e a ele próprio, Gaston, visitar a marquesa, após vê-la enfermar no salão de baile. O bilhete leviano de Henriette, que ele esquecera, desesperado, diante da morte do amigo; o medalhão encontrado pelos convidados na sala revolta, eram, no entanto, o atestado que a ele, como a ela, condenava na opinião da sociedade!

Entrementes, uma vez preso Gaston e confiscadas suas bagagens pelo poder judicial, para averiguações, Roland Martini retornara a Paris e, por entre lágrimas, pôs Assunción a par dos surpreendentes acontecimentos. A pobre senhora, como era de esperar, aceitou os esclarecimentos do filho, não obstante intimamente compreender o móvel da desinteligência surgida entre os dois infelizes amigos de infância. Sentindo que a vida se lhe esvaía do coração despedaçado, arregimentou forças na atrocidade da própria dor e, certa da inocência do filho, agarrou-se à esperança de sua libertação, uma vez aquela suficientemente comprovada. Sem mais tardança partiu para a antiga capital do departamento do Loir-et-Cher — mártir dolorosa a quem Roland acompanhou solícito e comovido.

No silêncio da velha prisão, no entanto, conquanto mantido em sala confortável, graças às deferências do Prefeito de Polícia, que nele apenas distinguia um infrator das leis de duelo. Gaston sentia-se sucumbir de angústia, acabrunhado frente ao aspecto que os acontecimentos tomavam. Compreendia que de Lacordaire persegui-lo-ia até a infâmia e o desespero, arrastando à sua sombra odiosa os familiares de de Franceville, que jamais lhe perdoaram as preferências de Soissons. A desgraça colhera-o abruptamente, e o infeliz aturdia-se, indeciso quanto ao que tentar para defesa própria, envolvido, tal como se achava, naquela impressionante rede de circunstâncias em cujas tramas mais se comprometia quando imaginava esforços novos para delas desvencilhar-se. Inconformado com a morte do amigo, a intensiva amargura que lhe extravasava do seio levava-o, por vezes, às bordas do desespero, quando a si mesmo interrogava a razão de todo aquele extenso drama, intimamente deplorando a insensatez de que dera prova, acudindo ao apelo de Henriette, na noite trágica. Em consciência, sentia-se inocente. Não conseguia compreender, agora, como e porque ousara visitá-la em seus apartamentos. Estaria louco, jugulada sua mente por vontades estranhas à sua vontade? Teria o champanha lhe obscurecido o senso do raciocínio? Insidioso desalento cercava-lhe o ânimo, vergando-o ao desejo de que o condenassem à pena última para que se findassem aquelas ânsias diabólicas que lhe consumiam a razão. Vendo-se acusado de infiel, adúltero, homicida, admirava-se, compungido até o âmago, de que tão mal considerassem seus sentimentos e seu caráter, porquanto se reconhecia incapaz de tais vilezas; e, oprimido sob o jugo de complexos desconcertantes, revolucionava-se intimamente até o desespero e as lágrimas. Não dispunha de eficientes recursos morais, como financeiros, que se antepusessem aos que adivinhava mobilizados por seus adversários. Os burgueses, seus sócios, haviam acorrido solícitos, prontificando-se a auxiliá-lo. Mas nesse processo que teria por instigadores de Lacordaire e os de Franceville, sabia ele que nem só o ouro interviria facilitando-lhe a liberdade. Mais do que isso — a astúcia e a intriga, como a interferência de personagens altamente colocadas na Corte, antepondo-se às insídias de que lançariam mão seus inimigos, seriam imprescindíveis em seu favor. Que poderiam, pois, os tímidos burgueses contra estes, que saberiam agir?... Lembrou-se, todavia, de alguns nomes ilustres, os quais supôs à altura de se interessarem por sua causa. Sofreu a decepção, porém, de ver devolvidas as próprias cartas que da prisão de Blois dirigira a Paris, em petição de favores ou proteção. E os advogados aos quais recorrera, examinando a gravidade da causa, visto que se tratava de abrir luta contra os poderes da nobreza, exigiam honorários fabulosos, dificultando, dessarte, o andamento das ações a se moverem a seu favor. Aliás, que mais declararia, ele? Poderia, porventura, acusar Henriette?... Sua honra de fidalgo, como a lisura do seu caráter poderiam, acaso, apresentar em plenário, a fim de se exculpar, o seu romance de noivado em Sainte-Croix, justificando, em toda a sua pureza e veracidade, a própria presença no gabinete de leitura da Sra. de Soissons, de quem se fora despedir para sempre?... Só lhe restaria, pois, o alvitre da conformidade, a expectação resignada, deixando que os acontecimentos seguissem o curso que lhes imprimia o destino.

Entrementes, já restabelecida, Henriette continuava no velho solar, negando-se a retornar a Paris.

Apenas restabelecida, informou-se dos sucessos que se seguiram à morte de Georges. De Saint-Pierre acusado e preso como diretamente implicado na mesma; denunciado por seu pai como conspirador temerário, que projetaria nada menos do que o assassínio de Sua Majestade Luís Filipe; todas as tribulações e vexames porque, desde a noite trágica, vinha passando o desgraçado moço, soube-o ela por sua mãe e sua dama Francine. A angustiosa situação que experimentava tornou-se insuportável aos seus nervos como ao seu coração, já duramente provados. Mais do que ninguém sabia ela que d'Arbeville era inocente do crime que lhe imputavam, pois que fora testemunha ocular da cena e causa única do sangrento desfecho! A nobre atitude do marquês, evitando mencioná-la nos depoimentos, mentindo mesmo, no intuito honroso de arredar as desconfianças que ameaçavam desacreditá-la perante a opinião pública — muito apesar do bilhete temerário e do medalhão encontrados — tocou-lhe tão poderosamente a alma, que se ergueu em sua mente, resoluto, o desejo de tentativas visando a libertá-lo da mácula aviltante, restituindo-lhe o conceito das pessoas de bem e a honra injustamente atacada. Chorava cruciantemente o desaparecimento de de Franceville, chocada no mais íntimo do ser. A chaga que se lhe abrira no coração sangraria, certamente, para sempre! E agora, recapitulando os acontecimentos, não compreendia como se atrevera a atitudes tais, desconhecendo-se na análise meticulosa que se impunha. Estivera louca, porventura?... Como esquecera tanto a própria dignidade, como o respeito devido ao esposo, a quem, afinal de contas, estimava lealmente, a ponto de atrair Gaston aos seus apartamentos, por meio de um bilhete, oferecendo-lhe, ainda, um retrato?... Que diabólica inspiração a tivera como joguete de seus caprichos?!... Oh! ela, em verdade, e não Saint-Pierre trazia a responsabilidade daquele drama que amortalharia sua alma em eterna luto! Ela o levara a esquecer de que jamais deveria levantar para ela sequer o pensamento — oh! a ele, que só desejara esquecer e renunciar! Num momento de excessiva emotividade, funesto produto da indisciplina dos sentimentos, do descontrole mental, desviara a visão da sublime rota do dever... e cavara a própria desgraça, como dos dois homens que tão lealmente a tinham amado!...

E agora?... Graças a um momento de imponderação e fraqueza, passaria o resto da existência a chorar entre um túmulo e um cárcere!...

Certa noite, dois meses após a tragédia, Henriette e sua mãe trocavam impressões sobre a mesma, pois os assuntos vertentes eram os preferidos agora em Soissons, até pelos moços das cavalariças — quando o mordomo discretamente as avisou de que o Sr. de Lacordaire voltara inesperadamente de Blois e desejava falar à filha.

Achavam-se, mãe e filha, numa pequena sala do primeiro andar, onde a formosa viúva passava a maior parte do tempo. Henriette Flavie cobria-se, agora, de rigoroso luto e amplos véus de crepe substituíam a graça das vaporosas echarpes de outrora. Pálida, altiva, a jovem viúva esperou o pai. À sua entrada levantou-se e cumprimentou-o cerimoniosamente, no que foi imitada pela viscondessa. Flávio era rígido observador de protocolos e em seus estados os costumes se conservavam idênticos aos de um século passado. Não beijou a filha. Tampouco lhe ofereceu esta a fronte. Pesava acentuado constrangimento entre ambos desde que, chegando ao castelo, o visconde se inteirara dos acontecimentos em todos os seus detalhes. De cenho carregado, Flávio começou, conservando-se de pé e assim obrigando as damas a fazerem o mesmo:

— Senhora de Soissons! Acabo de chegar de Blois, onde os assuntos que conheceis tomam curso diverso do que era de prever...

Mantendo-se a moça em silenciosa expectativa, aquele prosseguiu, traindo excitação:

— Vossa reputação encontra-se comprometida em juízo, Sra. marquesa! O maldito medalhão, com vossa dedicatória, acusa-vos insofismavelmente! É o fatal testemunho do vosso adultério!...

— Já tive ocasião de vos declarar, Sr. visconde, que jamais atraiçoei minha honra conjugal! E sobre a sagrada cruz do Crucificado renovo a minha afirmativa: tenho tranquila a consciência! Não adulterei, não sou uma mulher sem honra!

Madeleine pôs-se a chorar. Flávio Henri deu um passo para a filha, revogando as maneiras polidas:

— Confessa antes, desgraçada, que fizeste a vergonha do meu brasão, que és a amante do infame libertino de Paris, e que teu mesquinho proceder causou o assassínio do pobre de Soissons!

— Senhor, piedade! A cólera vos cega! Nossa filha está inocente, continua digna da nossa confiança como do respeito da sociedade! — suplicava, saindo da obscuridade, a viscondessa, enquanto a Sra. de Soissons, de fronte levantada, fitava o vácuo sem parecer ouvir o insulto.

O acusador, porém, retrucou implacável!

— Calai-vos, senhora, que, como mãe, vossa defesa é inaceitável! Nossa filha — estejais certa — atraiçoou-nos vergonhosamente, perjurou sobre a própria honra conjugal, levando o amante a assassinar o justo que antes deveria esmagá-los... e o seu opróbrio é conhecido de toda a sociedade! Desgraçada foi a hora em que se permitiram buscas nos aposentos do miserável! Longe de suspeitar eu me encontrava de que a Sra. de Soissons — a esposa do homem mais honrado da França — descesse da sua respeitabilidade ao ponto de escrever um bilhete comprometedor, e oferecer como penhor supremo da sua desonra, ao mais abominável caráter da França, a sua própria efígie! Oh! não se morre de vergonha, pois que ainda estou vivo!... A fim de salvaguardar do opróbrio o nome até hoje inatacável dos meus ancestrais, bem assim a memória de Soissons, que deveria permanecer aureolada de respeito, tentei adquirir as dádivas malditas. Mas em vão roguei ao juiz de instrução que se interessasse por fazê-las desaparecer, levando em consideração a honra de duas nobres famílias, que certamente se desacreditarão, uma vez que tais provas acompanhem o processo. Debalde ofereci favores, prestando-me a auxiliá-lo em sua carreira política ou profissional, como assegurando-lhe bens monetários, em troca do bilhete e do medalhão!... O inferno persegue-me, encarnando a honestidade desse homem que respeita severamente seus deveres profissionais e conscienciais... enquanto os Srs. de Franceville, movendo pressão justamente contra o réu, tornam-se contra meu intento, interessando-se para que as duas provas sejam conservadas onde estão, porque, de qualquer modo, tornariam o crime, ou o duelo, ainda mais abominável!

— Não houve crime nem duelo, senhor! O marquês d'Arbeville diz a verdade, não tocou sequer numa arma! Eu fui testemunha!...

— Em juízo exigem, agora, o vosso depoimento, senhora! Dentro de quarenta e oito horas sereis convidada oficialmente a depor. É a vergonha suprema para nossa casa! Minha filha diante de um tribunal, coparticipante de um escândalo sem precedentes em nossa família! O nome respeitável de de Lacordaire rastejando na sarjeta dos comentários desairosos! Ó meu Deus! Meu Deus! Para sofrer um ultraje desse, então, era para que estava reservada a minha velhice?!... Ó minha filha, por quem sois! Pensai no nome de vossos pais, no nome do vosso malogrado esposo! Por sua memória, que deveis respeitar, suplico-vos: parti imediatamente com vossa mãe! Ainda é tempo! Evitai a intimação, o interrogatório, a vergonha para nosso brasão! Ocultai-vos na Itália! No fundo da Touraine ninguém saberá quem vive numa pequena herdade dos arredores de Nápoles! Ide, ide hoje mesmo, agora! Salvai-vos do descrédito que contorna o vosso nome — o nosso nome!

Sentou-se acabrunhado sob o esforço daquela humilhação. Estava lívido; e enxugou, trêmulo, o suor da fronte.

— Sim, minha filha, partamos, evitemos novos dissabores — aventurou Madeleine em lágrimas, a qual havia muito se habituara a encontrar no marido as razões de uma divindade.

Mas Henriette, que parecia não ter ouvido a longa exposição paterna, respondeu serenamente:

— Não pretendo deixar a França, senhor!

— Mas sereis, então, forçada a obedecer à lei, enfrentareis o tribunal!

— Não temo o tribunal, meu pai! Não há do que me envergonhar diante dele! Obedecerei à lei como à minha consciência. Darei o meu testemunho!

— Não farás jamais tal coisa, desgraçada! Não levarás tuas inconveniências ao ponto de defenderes o assassino de teu marido e...

— Não sei que haja algum assassino de meu marido! O Sr. de Soissons não foi assassinado! Direi a verdade do que se passou, apenas. E dizendo a verdade não acusarei nem defenderei...

Tanta decisão e serenidade desconcertavam o altivo titular, que parecia perder a razão. Encaminhou-se para a filha, fremente de cólera, apertou-lhe com força o braço, sacudindo-a com violência, rangendo os dentes:

— Proíbo-te que o faças, miserável impudica! Partirás esta madrugada para Nápoles, ainda que acorrentada por meus próprios punhos!...

Ela desvencilhou-se de suas mãos com brandura, fitando-o friamente. A de Lacordaire, porém, afigurou-se que invencível obstinação, a par de mágoa infinita, acompanharam a expressão do olhar com que sua filha lhe lançou este repto, exaltando-se gradativamente:

— Não ousareis violentar-me, Sr. de Lacordaire, meu pai, porque sereis tolhido pelo direito da razão e da justiça, que se acha em meu poder! A menos que cometais um crime de morte ou um rapto monstruoso na pessoa de vossa filha, não a impedireis de ficar e falar! Sabei que nem mesmo esperarei o convite especial da Justiça! Amanhã partirei, sim! mas para Blois, onde voluntariamente prestarei esclarecimentos aos juízes, falando a verdade, tão só a verdade! Não, os vossos insultos não me atingem, porque não sou adúltera! Mil vezes não, d'Arbeville não é assassino! Somos — isso sim! — apenas duas vítimas das circunstâncias atrozes criadas pelo vosso desmedido orgulho, pelos vossos ferazes preconceitos, assim como também o foi o próprio Georges! Ó meu pai! Eu estremecia e respeitava o pobre de Soissons como se o fizera a um irmão, mas amava loucamente a d'Arbeville, e vós não o quisestes acreditar! Quando me forçastes a desposar de Franceville, eu vos fizera notar que tal consórcio destruiria a minha felicidade, tornando-nos a ambos desventurados, porquanto eu não poderia ser boa esposa para um homem quando meus pensamentos pertenciam a outro! A coisa alguma quisestes considerar. Vosso orgulho cegou-vos. Exagerastes os defeitos do pobre d'Arbeville, a ele atribuindo intenções que não animava! Arruinastes nossas vidas e levastes a desventura ao coração e à vida do próprio Georges, que tanto merecia ser feliz, criando assim, para vós próprio, os desgostos que hoje vos cruciam! Sim! Amo d'Arbeville ainda e sempre, meu pai, mas jamais como hoje, quando o reputo soberanamente digno de ser amado! Sabei, Sr. visconde, que vos enganastes com a pessoa do Sr. de Saint-Pierre! É ele o mais nobre e honrado fidalgo da França, o mais límpido caráter de que tenho notícias, a par do pobre de Soissons, cuja sorte sinceramente lamento! E se o nome respeitável dos vossos avós continua refletindo sua tradicional honradez; se os brasões de Lacordaire prosseguem inatacáveis, ostentando sua reconhecida altivez; se o nome generoso de Soissons impõe-se, padronizando, como sempre, respeitabilidade, probidade; e se eu própria, como mulher, como esposa e como fidalga posso neste momento erguer a fronte para rebater suspeitas indébitas e acusações aligeiradas que sobre mim pesam — foi porque o Sr. d'Arbeville de Saint-Pierre soube e quis portar-se com honradez durante todo o decorrer desse drama! Sim, meu pai! Devemos, todos, a existência, até agora, da honra do nosso nome e dos nossos brasões — à alta expressão de honradez do Sr. de Saint-Pierre, que jamais desejou aviltá-los! Pois eu o sei, eu o sinto, que teria sucumbido a uma queda moral irremediável, se a tanto me quisesse ele ter arrastado! Mas... não! Gaston amava-me lealmente, e para sua esposa foi que me desejou!... Poderia, no entanto, ter-me escrava de seus desejos... mas preferiu permanecer honrado como não o seria uma de Lacordaire! Mil vezes não, não sou adúltera! Mas a ele devo a conservação de minhas virtudes! Amo-o sim, meu pai, e ainda que me custe a vida bater-me-ei para que sua inocência seja reconhecida, pois que bem merece ele, de mim, tal sacrifício!...

Ela falara com dignidade e altivez, orgulhosa por poder fazê-lo, traindo a fibra inquebrantável do próprio caráter paterno. Retirou-se, porém, arrebatada, mal pronunciara as últimas palavras.

Flávio Henri de Lacordaire deixara-se cair numa poltrona e cobrira o rosto com as mãos. O horror esmagava-o, tolhia-o! A vergonha de ouvir a filha amesquinhava-o em seu próprio conceito e parecia sufocá-lo. E quanto a Madeleine, mártir silenciosa de tantos males, seguiu lentamente a filha para o interior da casa, fiel ao destino de chorar humildemente por todos os motivos...

2

Subitamente, os acontecimentos se precipitaram a respeito de d'Arbeville. Conservado, até então, como de direito, em Blois, por cujos tribunais seguia o processo, amparado pelas simpatias das autoridades e reconfortado com a presença de sua mãe e o interesse da própria Henriette, que o visitava por meio desta, ordens de Paris o removeram para a própria capital, daquele momento em diante passando a ser conservado em severa custódia. Tão significativo acontecimento, porém, tivera por escopo as provas apresentadas pelo visconde, as quais lhe imputavam os crimes de conspiração contra o regime e de traição à pátria.

O que Flávio Henri sabia a respeito das relações do jovem marquês com as agremiações republicanas da França e os bonapartistas nacionais, como exilados no estrangeiro, não bastaria para provar a veracidade da sua delação.

Gaston de Saint-Pierre conspirava contra a monarquia, era bem certo. Era republicano entusiasta e trabalhava pela mudança do regime, por entendê-lo, na República, mais perfeito e concorde com a evolução do tempo como da sociedade. E porque o príncipe Luís Napoleão se proclamava republicano, tornara-se mártir de um longo exílio, ditava aos íntimos plataformas governamentais regeneradoras e se mostrava discreto e idealista, deixou-se Gaston iludir pelas aparências, como, de resto, muitos outros franceses honrados o fizeram também — e se tornou dedicado bonapartista, combatendo a dinastia secular dos Orléans, que tantos infortúnios e tantas lágrimas legaram ao país com o seu despotismo.

D'Arbeville possuíra oficinas tipográficas para servirem à causa, mantivera jornais, subvencionando redatores, colaboradores e panfletários; militava, ele próprio, no jornalismo, ardoroso e legítimo defensor da liberdade como dos direitos dos povos; fazia ainda parte de agremiações políticas patrióticas, e de clubes secretos, defensores da Justiça como da Fraternidade Universal, tais como a Maçonaria, os quais se distendiam sempre pelos ideais republicanos. Todavia, mantivera-se perfeitamente equilibrado, discreto, conduzindo-se por diretrizes dignas do verdadeiro idealista, fiel aos princípios de honradez como às finalidades patrióticas, incapaz de uma felonia política ou social, respeitador dos direitos do adversário, democrata sincero e nobre a despeito da posição de aristocrata, ombreando, de resto, com outras nobres personalidades que verdejavam na França de então, enamoradas de um regime mais humano e mais honesto, que concretizasse a aspiração sublime ainda hoje inatingida pelos povos da Terra e por isso mesmo acesa em seus ansiosos corações: Liberdade — Igualdade — Fraternidade!

Todavia, à falta de suficientes ou legítimas provas, que ao jovem patriota perdessem no conceito da nação, de Lacordaire as forjaria — remanescente que era de consciências e partidos sociais que ressumbravam ainda os velhos odores do feudalismo inquisitorial.

A França vivia então um momento angustioso, em que as dissensões políticas e a variedade dos partidos enfraqueciam a nação, agitando as classes sociais e desencorajando o pacato rei Luís Filipe de Orléans, que se atemorizava quanto ao futuro. Incertezas aflitivas envolviam o ânimo de cada cidadão; a imprensa investia implacável e mordaz; as opiniões se conflagravam na expectativa incômoda de acontecimentos sensacionais. Em épocas tais, a justiça esmorece do critério que lhe é imanente. As direções governamentais, sentindo-se enfraquecer, exorbitam dos direitos que defendem e, à falta de outra coisa melhor, aplicam

Amor e ódio

arbitrariedades, esperando, desse modo, retomar o equilíbrio que lhes vai faltando... É a oportunidade, geralmente, para as perseguições individuais implacáveis, para as vinganças pessoais que se mascaram de zelos patrióticos, fingindo fidelidade ao regime vacilante, enquanto apenas servem a interesses particulares. O vingador, então, como o ambicioso, para se locupletar só se servirá de um elemento: audácia! Com semelhante auxiliar vencerá o ambicioso, enquanto o vingador perderá a quem quiser ferir — cobrindo-se de glórias mentirosas ao fazer supor que vela sobre o altar da pátria.

Iniciava-se o ano de 1847.

Flávio de Lacordaire incendiava o próprio coração de ódios pessoais, por essa época de agitações que dividiam sua pátria, e não apenas de fidelidade a Sua Majestade. Era realista, com efeito, acompanhando-se de indomáveis preconceitos. Abominava a República, porquanto, não admitindo a Igualdade, também não compreendia a Fraternidade, ao passo que Liberdade, em seu conceito, seria simbolismo de imoralidade e anarquia. Não obstante, nesse caráter singular, não existiria a possibilidade de uma infâmia para com ela servir a monarquia em prejuízo de outro sistema governamental. Porém, de Lacordaire odiava; e, para saciar seu ódio por um homem, iria à prática de infâmias, se necessário. Audácia — sobejamente encontrá-la-ia na profundidade do seu orgulho, como na rigidez férrea do seu caráter. E a observação tem concluído que o ódio costuma operar milagres, na inversão dos que também opera o Amor!

Quando o altivo titular verificara que a filha rompia com a sua autoridade, que até então acatara, exaltou-se tanto que, por sua vez, também olvidou a secular honradez que bordava seus brasões. Tempestuosos sentimentos de ódio e represálias obscureceram-lhe a razão, permitindo que os mais inferiores projetos emergissem das fráguas danosas em que se convertera sua mente. Teria assassinado Gaston, se o pudesse. E imaginou perdê-lo irremediavelmente, levá-lo de qualquer forma à pena capital, assassinando-o por meio da lei.

Oh! a vergonha de ouvir a confissão da filha exacerbava-o até o delírio! Saber que um d'Arbeville tivera mais dignidade do que a teria tido uma dama da sua raça — era humilhação demasiada, excessivo castigo que o seu orgulho repudiava! Ela dissera soberba e valorosa, vergastando-lhe a alma com a afronta da confissão: se os brasões de Lacordaire podem ainda ostentar a sua incorruptível honradez é porque o Sr. de Saint-Pierre quis e soube conservar a sua!

Semelhante ultraje pagá-lo-ia caro o próprio marquês! As palavras da filha rebelada imprimiu-as ele no cérebro em caracteres de fogo! Eram a sua obsessão. Estigmatizavam-no como se, visíveis, revelassem sua desonra ao mundo inteiro. Perseguiam-no, zombavam da sua confusão, causticavam-lhe a mente acendendo em seu peito irreprimíveis desejos de desforra contra o miserável que levara a desarmonia e a desdita ao seu lar dantes sereno. Tal havia sido a depressão sofrida pelo visconde naquela noite inesquecível, que adoecera repentinamente, prostrando-se sobremodo aflito, ele cujo estado de saúde não era lisonjeiro.

Alguns dias depois, porém, refeito, deixava o trágico solar em busca de sua residência em Paris, para onde levara a esposa com a proibição de sequer corresponder-se com a filha.

Uma vez ali instalado, não perdeu tempo. Rebuscou seus arquivos, consultou notas, releu correspondência e jornais antigos, consultou diários, pesou maduramente a situação, a si mesmo propondo análises e problemas em torno dela; delineou programas de ação, escrevendo em laudas de papel todas conveniências, como as inconveniências do que pretendia; meditou, considerou, e, depois de passar três dias no segredo do seu gabinete de trabalho, sem receber nem mesmo a visita da esposa e suspendendo o trabalho apenas para as refeições e o sono, pôs mãos à obra no intuito de desgraçar d'Arbeville.

Ao quarto dia levantou-se cedo, vestiu-se modestamente, em pesado luto, ordenou a seu mordomo que providenciasse uma carruagem de aluguel, e, depois de ter almoçado frugalmente, meteu-se nela, dirigindo-se para a Prefeitura de Polícia, onde passou duas horas em conferência secreta com juízes, rábulas e comissários, depois do que novamente se meteu na carruagem, mandando tocar para a residência de certo advogado da rua de C., o Sr. Leblanc.

De há muito conhecia o visconde o Sr. Leblanc. Bom político, meticuloso e avisado em tudo quanto se imiscuía, o austero pai do antigo "Lírio da Normandia" conhecia circunstanciadamente os adversários das próprias ideias, chefes ou não dos variados partidos que então enfestavam a França. Quando do pedido da mão de Henriette por Gaston, desejando Flávio Henri penetrar mais detalhadamente os passos do jovem marquês, ao investigar, em Paris, como estaremos lembrados, sua vida pública e particular, tivera ocasião de se tornar também conhecedor de circunstâncias melindrosas da vida de várias pessoas com aquele relacionadas. Assim foi que lhe apontaram o indivíduo Leblanc, que durante algum tempo administrara os bens do "divino Apolo", como pessoa apta a informá-lo acerca do estado financeiro do pretendente de sua filha. Então o estranho advogado discorrera impiedosamente contra o constituinte, dera asas à maledicência, além de faltar ao compromisso do segredo profissional, terminando por àquele acusar de conspiração contra o reino, de inteligência com o sobrinho do "Usurpador",[21] com quem se correspondia assiduamente e a cujos interesses servia espionando na França.

Como político, jornalista e revolucionário, Leblanc não era estranho a Flávio. Sabia-o ambicioso e extremado, fervoroso admirador de Marat.[22] Não ignorava tivesse ele se implicado perigosamente no atentado de 1836 contra o rei; e se não se comprometera ostensivamente, no momento culminante, ao lado dos seus realizadores, pelo menos sabia Flávio que os conhecera mui de perto, que com eles entretivera

---

[21] N.E.: Nome acintoso dado ao Imperador Napoleão I por seus detratores.
[22] N.E.: Jean-Paul Marat (1743–1793) foi um médico, filósofo, teorista político e cientista mais conhecido como jornalista radical e político da Revolução Francesa.

relações de amizade e partilhara a seu lado opiniões revolucionárias — anárquicas, cheias de temeridade. Leblanc não era amigo de quem quer que fosse. Sem escrúpulos, visando unicamente a vantagens pessoais, seria o padrão do político profissional, comerciante e não patriota, capaz de atraiçoar correligionários e partidos desde que auferisse proventos e compensações. Para o escritório de tal individualidade foi que rumou o inimigo do jovem normando ao descer as escadarias da Prefeitura de Polícia.

— Creio já termos o prazer de nos conhecer, Sr. Leblanc... e, se possuís memória fiel, vos recordareis da minha pessoa... — disse em tom dúbio, apresentando-se ao advogado.

O rábula não se recordava absolutamente, não reconhecia de Lacordaire e esquecera a visita que lhe fizera este algum tempo antes.

— Não... não me recordo... perdoai-me... Porém, o vosso nome?...

— Não importa meu nome... Necessito, antes, de um serviço particular da vossa competência e estou disposto a recompensá-lo generosamente... Conheço a vossa situação política e financeira e sei que ambas são precárias... Estou devidamente informado de que, no momento, vos extremais em ideias revolucionárias para derribarem o trono, assassinando o rei... Conheço a influência que exercestes sobre Aliband e Meunier,[23] quanto ao atentado de 36 contra o mesmo... Tenho provas de que muitas vezes falsificais assinaturas e documentos para auferir vantagens pecuniárias nos inventários e testamentos que advogais, assim como forjais testemunhos fementidos quando vos apraz... Sei que muitas fraudes e intrigas, quer políticas, quer comerciais e profissionais, viveis executando... E sei também que, se eu vos denunciar à polícia, se não fugirdes já, agora, da França; se fordes apanhado pela justiça de Sua Majestade e provadas vossas ousadias em desfavor da pátria e

---

[23] N.E.: Autores do atentado contra a vida de Luís Filipe, do qual este escapou ileso, em 1836.

da sociedade — porque posso prová-las —, esperar-vos-á uma destas três coisas: a guilhotina, o cárcere perpétuo ou os trabalhos forçados da Guiana, na longínqua América Meridional...

Leblanc olhava aterrado para aquele homem sinistro e audacioso, coberto de luto e lívido e severo como um espectro, que falava friamente de coisas terríveis que ele supunha ignoradas de todos, e que o provocava em sua própria casa. Surpreso, não sabia se cairia sobre esse intruso a fim de estrangulá-lo ou se o deixaria discorrer até ver aonde chegaria a exposição dos conhecimentos que a seu respeito possuía.

De Lacordaire, no entanto, ao passo que falava puxava pela carteira, retirava algumas notas de mil francos e depunha-as sobre a secretária. Leblanc contemplou as notas afetando indiferença, mas, compreendendo que o estranho cliente se interrompia, voltou para ele os olhos interrogativos:

— Que quereis dizer, cavalheiro?... Que desejais?... Não vo-lo entendo...

— Já me entendereis, Sr. Leblanc! Falemos como bons amigos e correligionários, cúmplices de quaisquer das infâmias que tendes perpetrado, porquanto será o melhor que tendes a fazer, visto vossa sorte se encontrar detida em minhas mãos... O que desejo?... Simplesmente que me forneçais um documento e uma carta, da suposta autoria de determinado indivíduo — um fidalgo... Para isso imitareis sua letra e falsificareis sua assinatura... pois sei que existem ambas nos vossos arquivos... O documento, selado e lacrado com as etiquetas do vosso cartório, conviremos que se trate da cópia, escrita em vossa banca, de uma denúncia feita ao Prefeito de Polícia, há cinco anos passados, contra conspiradores implicados nas insurreições democráticas de então,[24] por um comparsa dos mesmos; em consequência do que alguns destes foram sacrificados enquanto outros, como Sérgio de Villemont, a quem vós, Sr. Leblanc, bem conheceis, porque fostes amotinadores juntos, se encontram presos até

---

[24] N.E.: Insurreições de 5 e 6 de junho de 1840 e Revolução de 1842, contrárias ao rei.

hoje... A carta, por sua vez, será como se fora escrita pelo mesmo delator a vós próprio, Sr. Leblanc... Nela, o infame indivíduo vos dará notícias do que praticou, salvaguardando-vos, a vosso pedido, de responsabilidades perante a consciência e a sociedade, pois figurareis como cidadão justo e probo que apenas cumpriu o mandato de um cliente... Dirá que o seu signatário, repeso por se haver batido pela causa injusta e ingrata de uma República — na qualidade de aristocrata que é —, voltava a se dedicar à coroa e, testemunhando a lealdade de que se sentia investido para com esta, apontava os elementos mais perigosos, ameaçadores do regime...

Leblanc recostou-se no espaldar da cadeira em que se sentava, cruzou as pernas, fitou com desprezo o interlocutor e replicou impressionado:

— Concordo em que eu seja infame, Sr. desconhecido, não tenciono negá-lo, visto que está tão bem informado a meu respeito... Porém, declaro que minha baixeza profissional não chega até onde supõe... Não chega até onde mergulhou a sua miséria moral!...

— No entanto, meu digno Leblanc, tenho prazer de vos recordar que em 1836 fostes um quase regicida... e que somente Aliband e Meunier foram dados como culpados... mas, que, no momento, vos achais em véspera de o ser definitivamente... Ora, além do mais, nos vossos arquivos conscienciais existem lembranças mais dramáticas ainda, como, por exemplo, os mapas roubados ao...

— Basta, senhor! Abusais de minha tolerância!

— ...O que vos poderá levar a conhecer a Guiana, na hipótese mais simples... Ao passo que — (isso é convosco) — uma fortunazinha poderá vir acompanhar estas notas de banco, permitindo-vos uma vilegiatura na Espanha ou na Inglaterra, até ver o que se passará na mãe-pátria...

Leblanc endireitou-se. Tinha a fronte porejada de suor. Sobejamente compreendia que destino o aguardaria se porventura se provassem os crimes apontados pelo terrível desconhecido. Fazia-se lívido, tinha ímpetos de assassiná-lo. Mas aquele prosseguia, tentador como um demônio:

— Dai-me esses documentos e facilitarei vossa fuga para onde desejardes esperar a borrasca que está iminente... Aqui está um salvo-conduto fornecido pela própria Prefeitura de Polícia, que acabo de conseguir... Aliás, o crime que vos proponho não passará de uma comédia... e terá limitadíssimas proporções... Os documentos não serão para uso da Justiça: tornar-se-ia melindroso para mim próprio, se o fosse...

— Quem mais os conhecerá, além de nós ambos?...

— Um pobre diabo, semilouco há cinco anos, cativo numa masmorra de Mazas,[25] e um moço de cavalariça, ignorante e presunçoso...

— Mas... documentos dessa natureza não são criados em algumas horas... Serão necessários dias, muito estudo, observação acurada acerca da caligrafia a ser imitada...

— Não no caso vigente... As masmorras de Mazas são escuras: não prestará grande atenção nos detalhes da caligrafia quem lá se encontra há cinco anos, gemendo sob os ferros de dolorosa reclusão, se porventura ainda puder ler alguma coisa... e quanto ao moço de cavalariça estará preso em minhas mãos, como vós outro, Sr. Leblanc...

— Quem é o prisioneiro a que vos referis?...

— Sérgio de Villemont, antigo agitador das massas, tribuno eloquente, da feição de Desmoulins, intransigente republicano que bem conheceis...

— E o moço de...

---
[25] N.E.: célebre prisão de Paris.

— Felix Touchet, antigo tipógrafo, reacionário a quem o medo decepou as asas, levando-o a preferir a convivência dos irracionais...

Todavia, o advogado vacilava ainda.

De Lacordaire, então, encaminhou-se tranquilamente para uma janela que deitava para a rua. Ergueu sutilmente o reposteiro e, sem nada pronunciar, apontou para fora. Aproximando-se indeciso, Leblanc lançou um olhar perquiridor para o local indicado e recuou impressionado. À porta de sua casa acabara de ver postados dois gendarmes e um oficial de justiça. O visconde requerera-os, antes de se dirigir ao domicílio que visitava, justamente para o fim que tinha em mira; a título, porém, de colher provas contra o conspirador que denunciara. Leblanc, que era criminoso e ignorava as insídias verdadeiramente obsessoras do extraordinário constituinte, temeu que eles ali se encontrassem por sua causa.

Entrementes, o visconde, voltando-se para o interior, sacou novamente da carteira, delas retirou cinco mil francos em notas de banco e depôs ao lado das que anteriormente colocara sobre a secretária. Uma pequena fortuna, razoável para a época, se ostentava sob os olhos do advogado, falsamente desinteressado dela.

— Preciso dos documentos dentro de duas horas. Mãos à obra, Sr. Leblanc! Dobrarei a partida!

Leblanc sentou-se. Pegou da pluma e exclamou desencorajado de fitar o cúmplice:

— A quem devo desgraçar com este documento, Sr. Satanás?

E Flávio Henri de Lacordaire, com voz sinistra, que teria gelado de terror aquele cujo nome pronunciava:

— A Gaston d'Arbeville, marquês de Saint-Pierre!

Deteve-se o advogado, repondo a pluma em seu lugar. Fitando o visitante, exclamou de cenho carregado, e, mau grado seu, emocionado:

— Senhor! Conheço esse homem! Não seria capaz de uma ação como a que lhe imputais!

— Relutais, portanto?...

— Esse homem é meu amigo! É amigo de todos, não trairia quem quer que fosse!...

— Dele sei apenas que é dissoluto de costumes, traidor da pátria e falso amigo...

— Devo-lhe grandes favores... Conquanto arraste alguns defeitos, foi sempre generoso e leal para com todos...

— Vejo que não aceitais a proposta?...

— Como recompensaria com infâmia a quem tanto me há servido?...

— A mim devereis a tranquilidade do resto dos vossos dias, no estrangeiro...

— Oh! o vosso ódio por de Saint-Pierre deve ser terrível! Ele está perdido!...

— Ao passo que o Sr. Leblanc estará salvo, se quiser!...

O advogado silenciou. Traçou, os rascunhos sob ditado do extraordinário cliente e deu-lhos a examinar. Tratava-se de uma obra-prima de intriga, mentira e infâmia. Uma vez aprovada, Leblanc rebuscou em seus arquivos manuscritos de d'Arbeville, encontrando-os facilmente. Iniciou, em seguida, a abominável ação. Legível, de talhe simples, a caligrafia de Gaston prestava-se ao malvado sortilégio. A operação levou três horas, durante as quais, impassível, sem um movimento ou um murmúrio, o visconde esperou. Ao fim desse tempo, recebendo a estranha encomenda das mãos criminosas do seu cúmplice, examinou-a, confrontou-a com os documentos autênticos retirados do arquivo e uma crispação lhe agitou os lábios à falta de um sorriso: a semelhança tornaria difícil separar dos verdadeiros os falsos manuscritos!

Então, de Lacordaire, satisfeito, acrescentando a quantia já fornecida com o dobro do seu valor, exclamou:

— Tenho a honra de vos declarar, Sr. Leblanc, que tendes vinte e quatro horas para vos retirardes da França... a não ser que prefirais ser incomodado pela polícia...

Leblanc fitou-o atrevidamente, verberando raivoso:

— Quem quer que sejais, senhor, sois um miserável, o rebotalho da França!

Ao que de Lacordaire, que se retirava, respondeu, voltando-se a meio corpo:

— E vós, Sr. Leblanc, o rebotalho da Humanidade, porque um miserável ainda mais completo!...

3

Deixando o prédio da rua de C., onde o indivíduo Leblanc ficara atordoado, porém disposto a obedecer ao cúmplice que surgia, fantasma diabólico propiciando-lhe uma fortuna, Flávio, já munido de uma ordem da Prefeitura de Polícia, dirigiu-se a um extremo da cidade, encaminhando-se para a prisão de Mazas — assinalada, mais tarde, quando da dissolução da Assembleia Nacional pelo golpe de Estado desferido por Luís Napoleão, por haver enclausurado, entre vagabundos e ladrões, legítimos representantes da nação, deputados eleitos pelo povo, que ali provaram um tratamento que dantes lhes seria impossível conceber.

Conduzido por um oficial interno, chegou à cela de certo prisioneiro por quem desejava servir os próprios interesses. Tratava-se de um pequeno fidalgo sem terras nem haveres, cujo nome era Sérgio de Villemont. Encontrava-se preso havia cinco anos, acusado de anarquismo e traição ao regime, havendo-se comprometido nos acontecimentos de 1840 e 1842. Esquecido pelos amigos e até mesmo pela lei e a justiça, amargava sua miserável sorte minuto a minuto, na solidão de um cativeiro arbitrário e desumano, pois nunca fora ouvido, jamais tivera notícia sequer do andamento do processo contra a si próprio instaurado, interrogando-se diariamente porque ali o mantinham durante tanto tempo sem lhe concederem um fim qualquer, ainda que fosse o patíbulo.

Sérgio fora orador fecundo de comícios, sublevador e arengueiro, estimulador de queixas e insatisfações, extremado nos conceitos, temerário nos propósitos porque disposto a meios violentos para atingir o fim de que esperava glória para a mãe-pátria e felicidade para o povo. Jornalista vigoroso, exorbitava dos próprios direitos até a inconveniência antidemocrática, antissocial e desumana da ameaça e do insulto ao adversário, o que vezes sem conta lhe valeu advertências e censuras dos próprios correligionários e amigos, dentre estes Gaston d'Arbeville. Mas, tolhidos seus descomedidos impulsos por uma repressão igualmente violenta e desumana, seu ânimo se apoucara, as energias se anularam sob a tortura de cinco anos de masmorra. Em vão Gaston se debatera por sua libertação, desdobrando-se em procura do auxílio de personagens influentes que lhe conseguissem ao menos o desenvolvimento do processo. Inutilmente apresentara o próprio testemunho, como o dos demais adeptos da mesma causa, amenizando quanto possível as responsabilidades que pesavam sobre o antigo redator dos seus jornais. Sérgio continuava incomunicável no fundo da prisão, enquanto cada vez mais escasseavam as esperanças de arrancá-lo ao seu jugo.

De Villemont era normando, o visconde conhecera sua família, com ela entretendo relações de polidez durante algum tempo. Vendo, surpreendido, que a porta da masmorra se abria permitindo passagem a alguém que não era o carcereiro, levantou-se, sem, contudo, reconhecer o visitante. À penumbra do miserável sítio Flávio de Lacordaire examinou-o, não, porém, sem se impressionar notificando que o infeliz se tornara irreconhecível.

— Não me reconheceis, Sr. De Villemont? — disse, estendendo a destra, enquanto o oficial e o carcereiro postavam-se do lado de fora. O prisioneiro fitou-o detidamente, para, de súbito, responder no auge da surpresa e da emoção:

— Oh! O Sr. de Lacordaire! Meu Deus, não me atrevo a acreditá-lo!... Obrigado, Sr. visconde, mil vezes obrigado!...

— Trago-vos o testemunho da minha consideração, desde muito dispensada à vossa respeitável família, Sr. de Villemont!...

— Obrigado, Sr. visconde!... Mil vezes obrigado!...

— Lamento sinceramente os vossos infortúnios... e trago-vos a esperança com minha visita. Eia! Reanimai-vos! Nem tudo está perdido! Ofereço-vos a liberdade!...

O prisioneiro deu um salto, agarrando-se àquele que se insinuava como salvador:

— Por quem sois, Sr. visconde!... Não zombais de minha desgraça?... Ah! repeti, repeti o que acabastes de dizer!...

— Com efeito, Sérgio de Villemont! Posso restituir-vos não apenas à liberdade, mas também ao convívio da vossa família, que há cinco anos chora por vós, como ao convívio da sociedade!... Para tanto será necessário tão somente certo entendimento entre nós ambos... e é para vo-lo propor que, vencendo poderosos obstáculos, aqui me tendes, animado de boa vontade para agir em vosso benefício...

O prisioneiro de Luís Filipe curvou-se, tomou aquela mão esquálida e beijou-a compungidamente. Uma lágrima umedeceu a camurça da luva, sem atingir a pele.

— Falai, senhor — atalhou com ardência. — Ouvirei como ouviria o próprio Deus, que se compadeceu de mim por vosso intermédio! Pedi em troca o meu sangue, a minha vida!...

Nova crispação fez tremer os lábios delgados do inimigo de Gaston, à falta da possibilidade de um sorriso. Ele compreendia que de fraquezas e alucinações deprimirão a mente de um prisioneiro esquecido pela lei, e que perdeu a esperança! E que, assim sendo, como seria fácil fazer desse farrapo humano um escravo dócil a quaisquer caprichos, desde que se lhe prometesse a liberdade! Disposto a prosseguir, continuou, cheio de animação:

— É indispensável forneças certos esclarecimentos, meu caro De Villemont, sem os quais me não será dado iniciar *démarches*[26] para a tua libertação...

Tratava-o agora intimamente, por entender mais sedutor que assim fosse. Sérgio reconfortava-se atento. De Lacordaire interrogou, de chofre:

— Conheceste o marquês d'Arbeville de Saint-Pierre, o filho?

— Oh, muito, Sr. visconde! — afirmou quase risonho. — Quem o não conheceu em Paris?!...

— Confiaste nele quanto a ideais patrióticos ou políticos?...

— Sim... Todos os grêmios e associações republicanas tinham em grande conta a palavra do marquês, apesar da sua juventude... Favorecia dedicadamente a causa...

— Dize-me... e ao Sr. de Franceville de Soissons, conheceste?...

— Também... Falamo-nos algumas vezes na redação, graças à influência de d'Arbeville. Eram íntimos.

— Pois bem, agora ouve, de Villemont.

Sérgio fitou-o emocionado. O tom em que de Lacordaire pronunciara as últimas palavras ressoara tão lugubremente em sua sensibilidade que, mau grado seu, o prisioneiro inquietou-se:

---

[26] N.E.: Ação realizada com empenho e diligência; esforço, providência.

— Estou ouvindo, Sr. visconde.

— O Sr. de Soissons morreu.

— Oh! Não sabia!

— Era meu genro e meu mais estremecido amigo.

— Oh! Não sabia!

— Morreu assassinado.

— Oh! Não sabia!

— E foi d'Arbeville de Saint-Pierre que o matou miseravelmente, depois de abusar de sua confiança de amigo generoso, tentando ultrajar--lhe a honra conjugal!

— Oh! d'Arbeville?... Impossível! Seria incapaz de tal infâmia, Sr. visconde! Conheci-o mui de perto — suas leviandades não iriam a tanto...

— Cala-te! Vê-se bem que o não conheces! Ouve-me: de Saint-Pierre, sedutor, traidor, assassino, traz na consciência a vileza de um outro crime: é delator e perjuro!

— Oh! d'Arbeville, delator? d'Arbeville, perjuro?... Afianço-vos que estais enganado, Sr. de Lacordaire!... Era franco, leal, sincero, não pode ser, não pode ser!...

— Porventura não imaginaste jamais, desgraçado Sérgio, a quem deves a denúncia que a ti, como a teus cômpares mais íntimos, reduziu ao cativeiro?...

— Não, senhor!

— A d'Arbeville!

— A d'Arbeville?... Não! Não! D'Arbeville não cometeria semelhante traição! É inofensivo e bondoso, não desgraçaria quem quer que fosse, voluntariamente!

— Sabes quem te acusou, quem lançou a desonra sobre teu nome, agravando tuas ações em prol de uma república, escancarando-te as portas desta prisão para te cobrir de opróbrio, enquanto a si mesmo inocentava e salvava?...

— Senhor! Não fui denunciado! Os oficiais de Sua Majestade descobriram tudo... Fui apanhado em flagrante, no meu clube, incentivando a revolução e a deposição do nosso soberano... Fui além das conveniências, apaixonei-me, enlouqueci ante a miragem das ambições...

— Quem julgas que te denunciou, avisando os oficiais de Sua Majestade da reunião daquela noite?...

— Ó meu Deus! Não, Sr. visconde!... Estarei louco?... Foi Gaston d'Arbeville?...

— Sim, Gaston d'Arbeville! Trago-te provas, e, mais tarde, outras aparecerão. Sim, ele, o falso amigo, ontem como hoje; o devasso e traidor que tanto vilipendia honras inatacáveis como agremiações políticas!...

O tom de que usava de Lacordaire era violento.

O suor inundava a fronte cálida do prisioneiro, que se julgava joguete de insidiosas alucinações. Pesado silêncio caiu sobre os dois homens durante alguns instantes. Na mente de Sérgio, reduzida a um caos, como que retumbava a deprimente advertência:

— É a d'Arbeville de Saint-Pierre que deves a desgraça que te aniquilou para sempre!

Eis, porém, que o insinuante fidalgo, qual demônio obsessor, retirava de uma carteira de couro, que sacara de um bolso da sobrecasaca, a falsa carta que extorquira da vileza do indivíduo Leblanc, na qual se pretendia que Gaston revelava ao seu advogado a delação que fizera de vários correligionários, entre outros Sérgio, assim como o suposto rascunho do ofício com que, cinco anos antes, cometera a ominosa traição.

— Lembras-te de Leblanc? — indagou cínico, enquanto estendeu os dois documentos ao mísero segregado de Mazas.

— Sim... Meu companheiro de tumultos ideológicos...

— E administrador dos bens do senhor...

— ...de Saint-Pierre, sim, lembro-me!

— Lê estes documentos, Sérgio, que Leblanc me confiou, desgostoso com mais uma infâmia de d'Arbeville, pois o miserável acaba de denunciá-lo agora, e Leblanc, perseguido e infeliz, parte hoje para o estrangeiro, exila-se no intento de escapar à sorte que te surpreendeu de boa-fé...

O antigo discursador das ruas recebeu-os nas mãos trêmulas, pondo-se a lê-los com dificuldade, na penumbra da cela. A assinatura do moço marquês lá estava, elegante e legível, assinalando a infâmia. Para um desgraçado que, havia cinco anos, definhava de dor e desespero nas sombras de um cárcere aterrador, a caligrafia que dançava sob seus olhos, em macabro ajustamento de um fraseado indigno, não apresentaria defeitos.

De Villemont dobrou os papéis, entregando-os ao visconde sem nada proferir. Estava lívido e absorto. Profunda derrocada oprimia sua alma, sufocando em seus escombros uma ilusão a mais.

Flávio Henri ainda uma vez rompeu o silêncio:

— Enquanto, arrojado neste antro, sorves o fel de todas as amarguras possíveis a um coração, com ele, que igualmente conspirou contra o rei e o regime, que tem acontecido?!... Absolutamente nada, porque se soube forrar às repressões da vigilância governamental, ao passo que perdia os correligionários... Vivia para os gozos brilhantes da sociedade, bajulado e endeusado como César, enquanto que tu, e outros como tu, gemiam na sinistra solidão de masmorras infectas como esta... até que, por eliminar covardemente o pobre marquês de Soissons, caiu, inevitavelmente, nas garras da justiça!...

Sérgio ouvia, atingido por uma surpresa indescritível, um mal-estar que lhe trazia laivos de loucura. Mas Flávio, cujo caráter não recuaria jamais à frente de um projeto iniciado, continuava tecendo o enredamento sinistro — mórbus letal contaminando a mente exausta do infeliz encarcerado:

— Que tem feito ele para te livrar?!... Acaso procurou consolar-te, sequer?...

— Estou incomunicável, senhor, há cinco anos!... Sei, porém, por alguns recados transmitidos pelos guardas, que socorreu minha família, livrando-a da miséria!...

— Oh! Nada fazia para te livrar, antes te entregava à tua própria sorte, porquanto muito lhe conviria o teu degredo aqui, para que lhe não pedisses contas, mais tarde, da ação praticada...

— Não sei, Sr. visconde... Parece que... Não sei...

— Pois bem! Necessito do teu testemunho contra d'Arbeville e venho pedi-lo em troca da tua liberdade! Ainda não foste julgado, sequer se iniciou o teu processo — informaram-me hoje na própria Prefeitura de Polícia —, como não foste jamais interrogado! Tanto melhor! Tratarei do teu processo e, necessariamente, serás chamado a inquirições.

Amor e ódio

Disponho de excelentes meios para anular as responsabilidades que sobre teus ombros pesam. Não pouparás o marquês em teus depoimentos. Acusa-o, Sérgio! Acusa-o de tudo o que te vier ao cérebro! Lembra-te de como te traiu e aos demais!... Castiga-o quanto puderes! Acusa-o, sobretudo, de vos incitar, a ti como aos teus cômpares de clube, para eliminar Luís Filipe...

— Sr. visconde, mas... Devo grandes favores a esse pobre marquês... e sei que é inofensivo! Ademais, é padrinho de minha filha, garantiu-lhe a educação num internato religioso, deu-lhe um dote, para quando contrair matrimônio...

— Tanto melhor, Sérgio! Tanto melhor! Todos dirão que, com tudo isso, se chegaste a acusá-lo, é que dizias unicamente a verdade!... E enquanto me prestas tal serviço, bater-me-ei em teu proveito, arrancar-te-ei da prisão! Possuo ainda a mansão de Sainte-Croix, que bem conheces. Não pretendo, jamais, tornar a habitá-la. Ajuda-me a castigar o delator, o homicida, e Sainte-Croix será tua, terás boas terras já cultivadas, posição equilibrada entre teus pares da nobreza, a fim de reiniciares a existência serenamente, junto dos teus, lá, na querida Normandia, a terra do teu berço...

Ora, o resultado do sinistro colóquio, levado a efeito sob as abóbadas sombrias do cárcere, não poderia deixar de ser senão o que na realidade foi.

O infortunado prisioneiro, meio dementado pelo sofrimento, confiou sinceramente nas afirmativas daquele que revivescia em sua alma as mortas esperanças de liberdade — ao qual conhecera aureolado de austeras virtudes —, ou fez que confiava, a si mesmo contrariando, sopitando os brados solertes da consciência, para servir os interesses próprios, dada a circunstância desesperada em que se encontrava. Prometeu a de Lacordaire tudo quanto este lhe pedia, lembrando, no decorrer do conciliábulo satânico, outras coisas imprevistas, entre elas a existência de um arquivo secreto na residência do moço normando, no qual papéis comprometedores seriam encontrados, tais como esquemas para possíveis revoluções, programas para governo republicano, cartas de Luís Napoleão indagando do estado da política na França e respostas do mesmo príncipe às exposições feitas, do assunto, por d'Arbeville.

O orgulhoso titular deixou Mazas com os olhos resplandecentes do torpe ardor da maldade em vias de satisfação. Não obstante, o testemunho do farrapo humano que acabara de aviltar, com suas insídias obsessoras, não lhe parecia tão forte e decisivo quanto desejava, para esmagar, de uma vez para sempre, o antigo prometido de sua filha.

* * *

Dentre os serviçais da casa de Soissons sobressaía um moço de cavalariças pela viva inteligência de que era dotado, como pelos hábitos, que mais pareciam os de um autêntico estudante do bairro latino. Chamava-se Félix Touchet e, nas cavalariças de Soissons, servira apenas durante dois meses, passando sem mais discussões a auxiliar da intendência — ou mordomia —, graças ao espírito sagaz que possuía, aos conhecimentos sólidos de letras, contabilidades etc. Antes de se ver forçado a servir no humílimo posto de tratador de cavalos, e, seguidamente, no de auxiliar de mordomia, esse jovem parisiense fora tipógrafo e convivera em ambientes frequentados por intelectuais e gênios da literatura, cujos nomes ainda hoje se pronunciam com admiração, a seu contato se habilitando progressivamente, a ponto de declamar os poemas do Sr. de Musset e do Sr. Victor Hugo, e de se dedicar à leitura das obras de J. J. Rousseau.

Por essa época, de Villemont, militando no jornalismo como redator dos órgãos mantidos por d'Arbeville, deu-lhe trabalho a seu lado, tornou-o pessoa de sua confiança, arrastando-o para o seio dos partidos reacionários a que servia, dele fazendo árdego batalhador republicano.

Amor e ódio

A revolução de 1842, porém, detendo os ímpetos patrióticos de De Villemont, lançou-o, como ao mestre, no fundo de uma prisão, da qual saiu, alguns meses depois, graças à intervenção de d'Arbeville, completamente curado das ambições políticas, empregando-se, então, no palácio de Soissons. Flávio de Lacordaire conhecera-o na ocasião em que passara a auxiliar de intendência, pois, na ausência de Soissons, Flávio, se presente em Paris, inspecionava os haveres deste, zeloso e prestativo. Haviam-se falado quando Touchet, bom secretário, exibia a escrituração dos domínios, sempre em perfeita ordem. Durante uma dessas conversações, Touchet, vaidoso por tratar com a nobreza, notificou que de longa data merecia a confiança de aristocratas, então citando de Villemont, fidalgo arruinado, e de Saint-Pierre. Ora, de Lacordaire, que na ocasião justamente colhia informes acerca do belo marquês, que lhe acabava de solicitar a mão da filha, provocou o moço intendente a confidências, valendo-se de ardis e subterfúgios assaz maliciosos. Supondo-o amigo como o próprio de Soissons, e encantado com a consideração de que se via alvo, Félix se expandira, certo, ademais, de que tratava com um adepto dos ideais republicanos. Assim foi que discorreu eloquentemente sobre as atuações políticas e jornalísticas do marquês, a quem conhecia de perto, afirmando, entre outras coisas interessantes, que Gaston escrevia artigos violentos de ataque à monarquia como ao clero, a ambos responsabilizando por muitas das infelicidades que afligiam o povo, mas o fazia com nomes supostos; que eram de sua autoria muitos panfletos e artigos de fundo atribuídos aos redatores, pedindo a deposição do soberano para a proclamação da República; que existira um arquivo na redação, no qual se colecionavam os originais firmados pelo marquês e as indicações dos pseudônimos por ele usados, exigência dele próprio, que não desejava seus auxiliares responsáveis por ideias suas; que o arquivo fora transportado, mais tarde, para a residência particular do fidalgo republicano; que este expedia farta correspondência para bonapartistas exilados, os quais opinavam declaradamente pela República; que se correspondia mesmo com Luís Napoleão, a quem visitara pessoalmente, por duas vezes, no exílio da Holanda; e que os d'Arbeville, que no século XVII se haviam beneficiado com os favores de Luís XIII — por um de Orléans, portanto, depois da Revolução haviam traído a casa de Orléans, bandeando-se para as hostes napoleônicas, opinião que Gaston conservava, tornando-se simpático ao sobrinho do grande Imperador, e até nele pensando para o primeiro magistrado do país, uma vez advinda a República.

Deixando Mazas, Flávio rememorava todos esses pormenores, sem atender sequer aos incômodos solavancos da carruagem de aluguel em que demandava a residência humilde do moço escriturário.

Recebido polidamente, foi imediatamente ao alvo premeditado:

— Circunstâncias graves, assim como particularidade melindrosa trazem-me à sua presença, Touchet, obrigando-me a solicitar o seu auxílio para o cumprimento de um dever sacrossanto.

O discípulo de Rousseau respondeu com modéstia:

— Se estiver dentro de minhas humildes possibilidades servir a uma alta personagem como o Sr. visconde, estejais certo de que podereis contar com a minha boa vontade!...

Flávio pareceu meditar um momento. Talvez que o papel que se impunha diante de um homem de condição social inferior a si próprio repugnasse. Prosseguiu, não obstante, incapaz de voltar atrás nos projetos a que se propunha:

— Creio não estar ainda de todo esquecida a tragédia que roubou a vida ao inesquecível marquês de Soissons...

— Efetivamente, Sr. visconde! A perda é irreparável!

— D'Arbeville encontra-se detido no velho presídio de Blois...

— Soube-o, e lamento profundamente...

— Como, lamenta?!... Não é, então, justo que a lei reprima os criminosos, sejam plebeus ou fidalgos?...

— É que não creio o Sr. de Saint-Pierre capaz de um homicídio e, ainda menos, na pessoa do seu melhor amigo...

— No entanto, é indubitável a sua culpabilidade...

— As aparências iludem frequentemente, senhor! Confio na palavra do marquês perante o tribunal!

— E considera o Sr. de Saint-Pierre honrado bastante para que sua palavra mereça confiança?...

— Não tenho razões para duvidar da honra do Sr. d'Arbeville de Saint-Pierre...

O insidioso adversário sorriu enigmaticamente no intuito de impressionar o interlocutor.

— Bem se vê — insistiu satânico — que ignora fatos concludentes da desonestidade da personagem em apreço, meu pobre Touchet...

— Como assim, Sr. visconde?...

— Esqueceu os inexplicáveis acontecimentos que levaram à prisão — De Villemont, Ferdnand, Gerardin, Alexis de Merville, Tardieu de Saint-Simon, Félix Touchet?...

— Inexplicáveis, dizeis?... Pois não éramos todos conspiradores?... Não combatíamos o nosso rei, tratando de sua deposição?... E que tem o Sr. d'Arbeville...

— Com tudo isso?... Denunciou a todos vós como reacionários perigosos, terroristas que pretendiam a reprodução do patíbulo de 93...[27]

— O Sr. de Saint-Pierre praticou essa abominação?... Denunciou-nos de tal monstruosidade?!... A mim também?

— A todos do seu clube aprisionados naquela noite fatal...

Touchet fitou acintosamente o pai de Henriette:

— Sr. visconde — acentuou com azedume —, se pretendeis o meu concurso para represálias ao marquês de Saint-Pierre, em vista dos sucessos desenrolados no seio de vossa família, desenganai-vos, não vos atenderei! Conheci sobejamente o marquês para aceitar a possibilidade de semelhante infâmia!

— Perdoo a ideia pouco lisonjeira que está fazendo do meu caráter... Sugere, assim, que falto com a verdade?...

— Longe de mim o pensamento de tal desrespeito! Mas podereis estar mal informado...

— E eu afirmo que o senhor é que se engana, Touchet, que d'Arbeville praticou essa infâmia, sim, pois que a verdade é que, com efeito, conspirastes juntos, preparastes *complots* e audaciosas revoluções no segredo dos vossos grêmios, inimigos que sois todos vós de Sua Majestade, coisa que eu próprio poderei provar perante a lei, até mesmo a seu respeito, Touchet!... Pena é que d'Arbeville, delator dos próprios companheiros de ideal, não fizesse jus à confiança de que fora depositário... Aliás, como aristocrata, cedo ou tarde abandonaria, fatalmente, a grei republicana para retornar ao senso da responsabilidade de casta... e, para se exculpar e retornar às boas graças do seu soberano, nada melhor do que uma delação de tal vulto!...

---

[27] N.E.: Referências à decapitação de Luís XVI, ordenada pelo Tribunal Revolucionário, em 1793.

Ao passo que discorria, servindo-se de uma ironia que não escapava ao jovem conspirador, Flávio Henri tirava do bolso os documentos que conhecemos, apresentando-os ao interlocutor, cuja palidez, ouvindo o visitante, atestava a inquietação que dele se apoderava. Sem uma palavra, Félix Touchet leu e releu os documentos, tornando-se lívido a cada frase que concluía. Longos minutos se passaram, durante os quais, com os olhos colados aos nefastos papéis, dir-se-ia que refletia sobre os acontecimentos passados, ali ressurgidos. Àquele caráter que se esforçava por se tornar correto em todas as circunstâncias, nem por um instante assomou a possibilidade de se tratar de provas falsas. Félix não conheceria, com certeza integral, a caligrafia de Gaston e tampouco seria técnico em pesquisas do gênero, para poder encontrar, de momento, os defeitos que a habilidade criminosa de Leblanc poderia ter deixado passar. Os originais de Gaston para as redações eram arquivados por ordem da gerência da casa, seguindo para as oficinas de impressão tão somente o produto dos copistas firmado pelos pseudônimos, razão por que o jovem declamador julgou reconhecer a letra do antigo chefe, a qual costumava entrever uma e outra vez, na redação, sem mais preocupações de detalhes.

Terminado o exame, dobrou vagarosamente os ditos documentos, devolvendo-os ao seu possuidor.

— Que responde?... — interpelou, ansioso, o intrigante.

Félix fitou-o com um misto de desapontamento e severidade, atendendo antes com outra interrogação:

— Que pretendeis de mim, Sr. visconde?...

— Apenas o seu testemunho no tribunal de justiça de Paris contra d'Arbeville! Dirá dele tudo que souber a respeito de suas atuações políticas e mais o que me confiou há algum tempo...

— Mas é que... Não creio que suas atuações representassem cabedal criminoso... Ademais, devo-lhe favores. Como retribuirei tão mal o bem que me andou fazendo?...

— Pensa bem, Touchet! De Saint-Pierre não é amigo senão das próprias vaidades! Vingue-se dele, que aos próprios colegas desgraçou! Prestar-me-á serviço inestimável, provará respeito aos companheiros sacrificados, servirá a pátria, reprimindo um traidor...

Na tarde do dia seguinte, após uma noite de ansiosas elucubrações e prolongados entendimentos com antigos comparsas de pelejas partidárias, Félix dava entrada no suntuoso solar do inimigo de Gaston, sendo imediatamente recebido. Depois dos cumprimentos, polidos, mas não servis, por parte do visitante, seguiu-se curto diálogo, eloquente bastante, porém, para prever o destino que esperaria o detido de Blois:

— Venho comunicar-vos, Sr. visconde — esclareceu o moço tipógrafo —, que me ponho ao vosso dispor para o testemunho ontem solicitado a respeito das atuações do Sr. marquês de Saint-Pierre em nossos grêmios... Falarei o que souber... e ficai certo de que sei de muita coisa de fácil comprovação... Alguns companheiros meus, que desde muito desconfiavam dele, em virtude da sua deslealdade, como aristocrata, para com Sua Majestade, revoltados com o que lhes expus, prestam-se igualmente a esclarecimentos importantes. Orientai-me, portanto...

— Ó Touchet! Eu sabia que tratava com um homem honrado!...

Apertou-lhe a mão, num gesto de desprendimento que jamais concedera a pessoas de outra condição social, e acrescentou sorridente:

— Tranquilizai-vos, não correreis nenhum risco ante a justiça... E quanto a si, honrado mancebo, quanto deseja pelo serviço que me presta?...

— O meu caráter não está à venda, Sr. visconde — repeliu, com ousadia, o admirador de Rousseau —, nem desejo prestar qualquer colaboração. Apenas pretendo castigar um perjuro dos postulados sagrados da Fraternidade!

4

O processo de Sérgio, seus depoimentos pontilhados de malícia, confirmaram a denúncia de Flávio contra o marquês de Saint-Pierre, assim os testemunhos de Félix Touchet e seus asseclas, levados pela presunção e boa-fé. Realizadas as devassas e respectivos sequestros nos arquivos de Gaston, provas concludentes de sua responsabilidade frente à conspiração para mudança do regime foram, efetivamente, encontradas, o que irremissivelmente o comprometeu perante as leis vigentes do país. No entanto, o que de Lacordaire não previra, por ignorar ocorrências do passado, era a existência, nos mesmos arquivos, de cartas de Henriette, apaixonadas, veementes, quando prometida do marquês, as quais igualmente foram encontradas pelos representantes da justiça; e, assim sendo, o orgulhoso fidalgo houve de sofrer a decepção de corar até a alma, confuso e envergonhado, diante das missivas de sua filha datadas de Sainte-Croix, como do Convento de Rouen e de Belleville, às vésperas de seus esponsais com o Sr. de Soissons, missivas que, examinadas em juízo, corroboraram as suspeitas de adultério por parte da mesma como a versão da culpabilidade de Gaston na morte de Georges. Detida para averiguações a própria Sra. de Soissons, estrugiu o escândalo sem precedentes na casa de de Lacordaire, arrastando ao pó a soberbia daquele que não admitia lacunas no proceder alheio! Aproveitaram-se do dramático enredo os republicanos intrigantes e apaixonados, inimigos da aristocracia, para glosarem, nos recantos dos jornais, críticas mordazes e alusões maliciosas e, certamente, injustas, mas, para eles, facilmente admissíveis, a respeito da jovem senhora. Canções humorísticas, relativamente ao caso dos arquivos, foram criadas para o jocoso acontecimento, enquanto o nome de de Lacordaire era repetido até pelos barqueiros do Sena, entre sorrisos de mofa e anedotas audazes. Por pouco a própria Henriette não fora acusada como cúmplice no assassínio do esposo, e o drama certamente tomaria proporções imprevisíveis, se a Sra. de Saint-Pierre, valendo-se de salvadora ideia, não contribuísse para a amenização do angustioso momento.

Assim foi que, regressando de Blois, e se hospedando em um simples hotel, em virtude de se encontrar interditada pela justiça a residência da rua de Lafayette, Assunción de Saint-Pierre, entre outras visitas de solidariedade e reconforto recebidas, destacara as que lhe haviam feito o Sr. Denizard Rivail, antigo professor de seu filho e pessoa das relações de amizade do defunto marquês, como sabemos, e o Sr. Victor Hugo, escritor de nomeada, poeta fecundo e erudito.

Sensibilizada com o alto apreço das duas eminentes personagens, Assunción, em lágrimas, narrou-lhes toda a verdade sobre os infaustos sucessos, sem absolutamente nada omitir, rogando-lhes, finalmente, algo tentarem em benefício do filho inocente dos monstruosos crimes de que era acusado, e de Henriette Flavie, a quem o pai abandonara em difícil circunstância. Denizard Rivail e Victor Hugo acolheram, prestativos e solidários, a solicitação angustiosa da pobre senhora, e, sem mais delongas, visitaram ambos, na prisão em que aguardavam averiguações, graças aos bons serviços do Sr. Hugo, que obtivera licença especial, pois, se a jovem marquesa se encontrava tão somente detida, no entanto Gaston continuava incomunicável.

Atento e grave, o ilustre discípulo de Pestalozzi, isto é, o professor Rivail, ouviu a confissão sincera e completa, do que realmente acontecera, como das causas determinantes do drama do castelo de Soissons, vazada do coração confiante e comovido do seu antigo aluno. Muito penalizado, Rivail lamentou que seu discípulo não houvesse observado, em toda a sua nobre extensão, os ditames rigorosos do dever, no caso Henriette de Soissons, ocasionando, com um instante de fraqueza emocional, o tremedal de dissabores em que se reconhecia submergir — resultado lógico de uma deplorável leviandade! Todavia, confortou-o valorosamente, reanimando-lhe as energias morais com prudentes e sábios conselhos; e, acima de tudo, declarando ao coração apreensivo, que em sua presença se descerrava confiantemente, que se disporia a interferir quanto possível, dentro da legalidade, para que justiça lhe fosse feita, impedindo que arbitrariedades se infiltrassem na lisura do processo para seu desfavor, pois, com efeito, observava que, em consciência, não existia homicídio no caso, porque não houvera intenção da ignóbil prática, e que, ademais, esquivara-se, ele mesmo, à contenda de que resultara a tragédia.

Assim foi, com efeito. O professor Rivail, que, como não ignoramos, contava entre os membros de sua família magistrados e juízes íntegros e ilustres, interferiu junto de algumas relações que possuía na magistratura, no sentido de se estabelecer vigilância criteriosa sobre o caso de seu ex-aluno, que parecia sofrer perseguição árdua por parte da realeza como da nobreza e mesmo de forças ocultas da própria Justiça, idêntico trabalho desenvolvendo o Sr. Victor Hugo no vasto círculo de relações que possuía no seio da magistratura. Quanto à jovem marquesa, graças à influência de ambos, viu-se rapidamente liberada da opressão sofrida, declarando-a o tribunal isenta de qualquer suspeita.

Vamos encontrar Gaston, agora, na Conciergerie, essa velha e sinistra prisão, que escancarava as portas de suas masmorras ameaçando tragá-lo para sempre, não saciada ainda do sangue de tantos mártires, que, debaixo de suas abóbadas, nos dias do Terror,[28] vergaram sob o suplício de mil cruciantes agonias, antes que o cutelo da guilhotina os libertasse de tantas humilhações e ignomínias.

---

[28] N.E.: Período em que mais violento se mostrou o despotismo do chamado Tribunal Revolucionário, durante a Revolução Francesa.

Seu aspecto físico era lamentável, como impressionante se revelava o estado moral. No entanto, a dor por ver morrer Georges em seus braços, em tão desesperadoras circunstâncias, sobrepunha-se a todas as demais amarguras a que se reconhecia jungido. Seu coração se contorce nas fráguas de acerba aflição, de inquietação superlativa e incontrolável, e nada há que o conforte e acomode. Sabe que sua mãe, Henriette, Victor Hugo e seu velho professor Denizard Rivail procuram ajudá-lo, movimentando-se no sentido de patentear sua inculpabilidade em ambos os casos, tanto quanto a gravidade da situação o permita, mas sente, sabe, porque indefinível voz interior lhe assevera, que tudo será debalde, porquanto irremediável destino selou o seu futuro!

Então, abisma-se no próprio infortúnio. Penetra-o, analisa-o meticulosamente, sofrendo, minuto a minuto, na inconsolável solidão do seu presídio, a esmagadora realidade que passou a viver!

Que foi feito do seu passado de risos e folgares, do esplendor de que se rodeava, das vaidades em que deixava deslizar, imprevidente, o batel da própria existência?...

Efêmero sonho, do qual despertava agora, entre as muralhas hostis de uma sombria casa de degradações! E na solidão em que se desespera, no cárcere que tresanda a desgraça, a morte e a imundície — perquire de si mesmo, aflito e apavorado, porque o odeiam tanto, porque o atraiçoam e infamam, quando de seu coração jamais destilou senão a amabilidade e a boa vontade para com todos, enquanto lágrimas pungitivas lhe rescaldam os olhos, deslizando, lentas, silenciosas, pelas faces emaciadas.

Não obstante o torturam com irritante insistência para que confirme o testemunho dos acusadores, confessando os crimes que lhe imputam. Ele, porém, não cometeu crimes, nada tem que confessar, portanto!

Sim!... Era preciso que o acusado confessasse e assinasse o próprio depoimento — porque assim o exigiam o ódio de Flávio de Lacordaire, como os interesses subalternos daqueles que, pretendendo servir as leis vigentes, antes serviam aos próprios anelos e ambições!

No entanto, Gaston, interrogado muitas vezes, durante quatro meses de prisão, nada mais adiantava ao que afirmara de início.

Certo dia, contrariamente às normas legais da justiça, um escrivão e um comissário da Prefeitura de Polícia, acompanhados de dois pequenos oficiais representativos da lei, surpreenderam d'Arbeville em seu cubículo, apresentando-lhe papéis a assinar.

O prisioneiro, como seria justo, desejou primeiramente lê-los; e, reclamando, para isso, que o transportassem para uma cela mais iluminada, porquanto, a em que se encontrava era escuríssima, não lhe permitindo coisa alguma distinguir com precisão, desejou ao mesmo tempo lhe confiassem os mesmos documentos até o dia seguinte, a fim de examiná-los e inferir do seu valor antes de lhes apor a assinatura. Excusaram-se, alegando ilegalidade na pretensão, ao passo que inútil seria a sua leitura, uma vez que se tratava dos próprios depoimentos.

Gaston, porém, resistiu, replicando que os assinaria, sim, em presença de um tribunal regular, mas jamais coagido por impositivos que se revelavam tendenciosos e arbitrários.

Os singulares representantes da legalidade se retiraram em silêncio, conduzindo os papéis. À tarde, não obstante, abriu-se a portinhola do cárcere e uma das aludidas personagens, introduzindo por ela parte da cabeça, inquiriu autoritário e incivil:

— Estais ou não estais disposto a assinar o vosso próprio depoimento?... Advirto-vos de que tereis muito a perder se vos colocais nessa contumácia!...

— Sim! — retorquiu, destemeroso, o altivo d'Arbeville — assiná-lo-ei, como ficou esclarecido, diante do tribunal, e se os juízes os aceitarem sem as confissões que de mim exigem, pois nada mais tenho a acrescentar...

O oficial retirou-se e a portinhola novamente se fechou, mergulhando, como dantes, em silêncio e impressionante penumbra o cubículo onde se revolvia em percuciente expectação o homem mais belo do que Apolo.

Ora, tais documentos eram efetivamente os depoimentos do Sr. de Saint-Pierre, porém, ardilosamente viciados com falsas interpretações, acrescidos de confissões apócrifas, deturpados pela vileza de interpolações perigosas.

A condenação do acusado seria fato previamente consumado por forças ou interesses escusos em conluio com inimigos poderosos e autoridades incautas, entre os quais de Lacordaire se agitava braminado as armas da intriga, arrastando da sua peçonha letal até a presença do próprio soberano, o qual, em virtude da situação difícil que a nação atravessava, externava desejos de que o "traidor" fosse devidamente castigado!

Vivamente contrariados com a resistência do preso cuja argúcia e lucidez dificultava o andamento do caso que antes deveria concluir em breve tempo, a fim de àquele não permitir tempo suficiente para a própria defesa, os audaciosos contraventores da lei e da justiça — que avultam, em todas as épocas, um pouco por toda a parte — apelaram para a violência, não obstante a qualidade social do réu.

À noite, certo indivíduo embuçado em ampla cobertura negra entrou discretamente no cubículo, acompanhado de dois gendarmes e dois carcereiros — espécie de carrascos noturnos para ações ilegais — declarando em tom duvidoso:

— O prisioneiro resiste às exigências da lei! Obrigá-lo-emos a obedecer!

Exibiu uma ordem, que nem os gendarmes nem os carcereiros, e tampouco o prisioneiro, puderam examinar, e acrescentou:

— Aos grilhões!

Obedeceram, servis, os comparsas.

D'Arbeville foi maniatado ao muro do cárcere, vigorosamente algemado pelos pulsos e tornozelos, aos ferros que se destacavam ali, como se o crucificassem para mais rapidamente levá-lo à morte.

Surpreso, porém impassível, guardando digna atitude nesse instante supremo em que compreendia que nada mais poderia esperar em seu próprio favor, porquanto sabia ser alvo de vinganças pessoais por meio da ilegalidade dos atos cometidos em nome da justiça, Gaston não protestou sequer com uma súplica contra a violência, como não denotou revolta em presença dos algozes...

A arbitrariedade revoltante ocorrera mais ou menos à meia-noite.

Escoou-se uma hora, lentamente, dolorosamente! Esmagadora solidão estendera mantos de pavores sobre os sinistros corredores da casa de desgraças, que era a sombria Conciergerie.

Preso ao muro com os braços suspensos abertos em cruz e os pés ligados, Gaston dir-se-ia nas vascas da agonia. Seu sofrimento físico, dada a posição dolorosa a que o forçavam, tornava-se insuportável às suas forças, intensificada que era, de minuto a minuto, a violência das dores que lhe iam avassalando toda a estrutura corporal. Ele se julgaria ali supliciado desde muitos séculos! Seu cérebro vacilava, apoucado por delíquios deprimentes, como no estado pré-agônico. Tonteiras contínuas atordoavam-no causando à audição zumbidos alucinadores, enquanto fios de suores gelados lhe banhavam o rosto como o corpo inteiro, o qual se retesava sob a anormalidade da incômoda posição. Alterava-se-lhe a circulação do sangue, produzindo ânsias inconcebíveis; câimbras violentas mortificavam-lhe os músculos; os nervos se distendiam entorpecidos, e todas as suas artérias intumesciam, enquanto a respiração era cada vez mais ofegante e difícil.

O desventurado marquês sentia-se enlouquecer.

Perquiria o pensamento a fim de se orientar em meio da imprevisível borrasca que o atingia e o pensamento se furtava a ilações sensatas, oferecendo antes a sensação do vácuo, a incapacidade de raciocinar!

No entanto, não blasfemava, não imprecava, sequer um acento de revolta se lhe distinguiria na fácies dolorida! Apenas incontidos gemidos revelariam a extensão do drama que as possantes muralhas, como o mistério da noite, encobriam aos olhares humanos!

Duas horas se passaram...

Quando, lentas e sugestivas, soavam as duas pancadas anunciando um novo dia, passos pesados ressoaram sob as arcadas que tantos amargurados corações contemplaram no decorrer do tempo, acompanhando, sinistras e mudas, a agonia que os torturara antes mesmo do suplício, mil dolorosas impressões dos mártires que desde muito antes também ali deixaram esperanças e ilusões, a caminho do patíbulo! Ranger de ferros fez-se ouvir, impressionante, dentro do silêncio, e rumor de vozes, rude e banal, espancou a religiosidade das sugestões do pretérito que o silêncio, como as trevas, evocaram.

Como que imerso em pesadelo, Gaston de Saint-Pierre ouviu que os ferrolhos da porta eram corridos, alguns homens entravam e um foco de luz avermelhada e fumarenta se projetava sobre as negras paredes do túmulo em que o sepultavam em vida.

Entraram com alvoroço, meio bêbedos de sono e de álcool, desrespeitosos e incivis.

À meia-noite, quando renderam a vigilância, esses homens, o carcereiro inclusive, tinham recebido a seguinte ordem do diretor da prisão:

"Às duas horas, ide à masmorra nº... para retirar das grilhetas o prisioneiro que lá se encontra..."

Com uma destreza que bem atestava a prática do serviço, agarraram d'Arbeville abruptamente, abriram as algemas dos pulsos e dos tornozelos a um mesmo tempo e libertaram-no em poucos instantes. Desamparado, porém, sem o ponto de apoio oferecido pelo suplício pungente, o "divino Apolo" oscilou, caindo pesadamente sobre as lajes, desfalecido. O sangue correu de sua fronte lívida. Inclinaram-se para ele chegando a luz do miserável candeeiro:

— Estará morto?! Morreu, forte peste! — blasfemou o primeiro.

— Não nos faltava senão o desprazer de empalhar defuntos a tais horas! — atalhou o segundo.

— Grande estúpido! Morrer a esta hora, sem aguentar sequer duas horas do nosso "estilo"!...

— Que os ratos o devorem!...

— Amém!

O desgraçado jazia estendido sobre as lajes. Estava lívido, e, tal a expressão de dor e amargura estampada em seu semblante que os bêbedos, malgrado à habitual rudez, sentiram algo picar-lhes as entranhas, como um aceno de compaixão.

Abaixaram-se ao som das indispensáveis blasfêmias. Tomaram-no nos braços e jogaram-no sobre o grabato. Seria já muito, para corações endurecidos no mister de algozes.

Deixaram-no a sós, sem cogitarem de qualquer socorro. Aferrolharam novamente a porta e se afastaram barulhentamente, como tinham vindo, até que o rumor de suas vozes e de seus passos se perderam além das galerias...

5

Iluminou-se o sombrio recinto subitamente, como se, para além das abóbadas da Conciergerie, fontes opalinas jorrassem até ele reflexos imateriais de luz suave e adamantina.

As impressões dolorosas do passado se retraíram e calaram recordações, tal se inefáveis, inesperados refrigérios descessem dos Céus dulcificando-lhes o eco das gritas de outrora. Dir-se-ia mesmo que vibrações deíficas entoavam ali, agora, doces cânticos de fraternidade e assistência, enquanto o silêncio já não parecia sinistro, mas sagrado.

No entanto, ninguém entrara em quaisquer daquelas celas! As portas aferrolhadas se mantinham severas e fiéis no dever de segregar seus cativos do convívio da sociedade! Mas, ainda assim, aquela em que sofria o marquês de Saint-Pierre inundava-se de claridades, como se alguém ali penetrasse sobraçando feixes de estrelas.

E assim era, com efeito!

Dois varões imortais, habitantes das infindas plagas do Mundo Invisível, ali se achavam em piedosa visita ao supliciado. Espalmava um deles, sobre sua fronte banhada em sangue, a destra translúcida, de onde se despetalavam aljôfares cintilantes que se espalhavam, rápidos e balsamizantes, sobre todo o corpo contundido — terapêutica sublime concedida pelo Céu àquele que era perseguido pelos homens! De sua sutil configuração de entidade virtuosa das estâncias do Infinito irradiavam reflexos hialinos, como se — e realmente assim era — dele próprio manassem as claridades que espancavam as trevas locais, ao passo que o outro, tão diferente na densidade da forma que trazia, como as chuvas do estio diferem das neblinas da alvorada, deixava transparecer dor moral profunda, sentimento angustiante de inquietação e expectativa, conquanto a companhia em que se encontrava atestasse de suas qualidades morais, prometedoras, de Espírito bem-intencionado, submisso aos altos princípios da Lei que rege a Criação.

As duas personalidades do Invisível falavam. A palavra, porém, tal como a entendem os homens, não seria o termo perfeitamente apropriado para demonstrar a forma pela qual se entendiam. Não careciam eles do vocabulário humano, limitado e obscuro, a fim de se compreenderem! Conversavam por meio dos próprios pensamentos, cuja fertilidade e poder de criação tocavam o maravilhoso, o sublime, indescritíveis aos pequenos recursos mentais dos habitantes das sombrias formas terrenas.

— Meu pobre filho!... A que miserável estado suas eternas inconsequências o reduziram!... No entanto, ó meu Deus, possui um generoso coração, e, pelo menos na presente etapa migratória, está isento de culpabilidade nos crimes de que o acusam! — exclamou em tom de profundo sentimento o menos radioso dos dois, enquanto o outro, sereno e grave, retrucou:

— Por que te acabrunhas tanto, meu caro Augustus, quando o dever proclama a confiança nas leis de justiça do Senhor Todo-Poderoso, o acato à sua irrefutável sabedoria, que distribui as medidas punitivas consoante os débitos acumulados, como os altos destinos criados para as suas criaturas?!... Porventura esqueces de que o drama a cujo desenrolar assistimos é apenas a lição que ao nosso amado Gaston elucida nos campos da renovação moral, tão necessária ao seu caráter como a luz e o ar ao seu envoltório físico que aqui se encontra, debilitado e exânime?...

Não compreenderás, então, enceguecido ainda pelos trevosos conceitos terrenos, que, se nessa romagem espinhosa, que para ele se estenderá daqui em diante, existem cardos a lhe rasgarem o coração, torturando--lhe o Espírito com um acervo imprevisível de decepções, humilhações e amarguras, será para que, no ápice desse outro Calvário, se positive a redenção do seu Espírito criado para as blandícias da Luz, e que, por isso mesmo, não poderá permanecer indefinidamente nas penumbras da ignorância, ou do pecado?...

"Coragem, Augustus d'Arbeville! Necessitas — também tu — de todo o valor, de dispositivos inequívocos de fé enérgica e realizadora, de atividade inquebrantável, com que te reabilites de passadas negligências, testemunhando ao Senhor de todas as coisas a fortaleza de que serás capaz no cumprimento do dever!

"Ainda muito recentemente desempenhavas a missão terrena de pai do jovem que aqui contemplamos. Confessas a ti próprio, como aos teus mentores espirituais, que te descuraste de sua educação moral — conquanto teus exemplos moralizadores fossem suficientes como método educativo.

"Afirmas, compungido, haver cuidado, de preferência, de prover-lhe a educação intelectual e social, em prejuízo da moral-espiritual! Pois repara, agora, o erro de que te inculpas: protege-o com tua vigilância espiritual como ontem o protegeste com a material, no desempenho dos deveres paternais! Vasto é o programa que se te antolha: revigora-lhe a coragem na provação, valendo-te de todos os meios lícitos concedidos pela Lei de Justiça e de Amor! Faze por lhe infiltrar, nas sensibilidades superiores da alma, os sentimentos de respeito e veneração a Deus, dos quais te descuraste quando lhe puseste nas mãos uma harpa e um pincel de artista desacompanhados dos códigos imortais de moral, selados no alto do Calvário com o sangue de um Justo! Fala-lhe em sonhos, como por sugestões ou intuições, da soberania desse Criador, do qual ele descrê, mas para cujo seio incessantemente deverão subir nossas oblatas pelos pensamentos que criamos, como das ações cotidianamente praticadas! Será indispensável que, primeiramente, teu filho de ontem aprenda a buscar esse Poderoso Pai, reeducando-se por meio do amor, para que as forças psíquicas que nele jazem latentes se distendam até as conquistas próprias do Espírito!

"O Sempiterno, pela misericordiosa sabedoria das suas leis, concede-te o sacrossanto direito de velar ainda por aquele a quem forneceste o envoltório corporal terreno para as justas da reabilitação, ao qual tanto tens amado através do tempo, no giro de encarnações constantes! Segreda-lhe, pois, energias e esperanças quando perceberes que ameaça fraquejar! Palmilha ao seu lado a ascensão que seu Espírito elabora entre as ardências da expiação, fazendo-o sentir que tu existes para além dos limites do túmulo, que o amas ainda e sempre e o compreendes intimamente, assim dulcificando o fel das amarguras que o diláceram! E sê para ele, Augustus d'Arbeville — em memória do Cristo do Senhor —, como o anjo consolador do Getsêmani!..."

— Vossas ponderações comovem-me e encorajam-me, venerável Instrutor, e vô-las agradeço profundamente, a mim mesmo prometendo esforços a fim de corrigir o excesso das emoções!

"Sim! Infelizmente ainda não me pude conceder tréguas para bem combater as funestas reminiscências da sociedade terrena e dominar em meu ser a percuciente mágoa de ver meu filho atado a tão deploráveis situações — conquanto entenda que é a justiça da Lei incorruptível que se impõe em seu destino, em virtude dos delitos praticados num passado remoto, de outra existência corporal! Ó meu pobre e querido rapaz! Vejo-o ainda, pequenino e grácil, em nossas antigas terras da Normandia, ensaiando as primeiras passadas guiado por meus braços solícitos e meus olhos complacentes! Revejo-o, na ternura da saudade de um período feliz, soletrando as primeiras lições sob meu cuidado enternecido, curvada a cabecinha gentil sobre o silabário aberto em cima de nossa mesa de trabalho!... Tudo sacrifiquei em prol daquilo que supunha ser um dever e contribuiria para a sua felicidade — até mesmo o repouso e a saúde, porquanto, foi bem verdade que me extenuei fisicamente sobre as lides campesinas... E agora, epilogando tantos labores e amorosas intenções, que vejo, ó Senhor meu Deus?!... Apenas um presídio, e, nele encerrado o meu filho bem-amado, vilipendiado como o último dos delinquentes!"

A entidade que assim se expressava deixou perpassar pelo ambiente a expressão pungente de um soluço. Chorava! Curvou-se, não obstante, sobre o corpo contundido que jazia sobre a enxerga — e cujo Espírito ali mesmo se encontrava, como atordoado, em pesadelo — e osculou-lhe ternamente a fronte ferida.

Tratava-se, como vimos, da forma espiritual daquele que na sociedade terrena fora o nobre Sr. Gaston Augustus d'Arbeville, marquês de Saint-Pierre, pai do jovem Gaston. Visitava o filho na prisão acompanhado de um obreiro da Fraternidade, tutelar mais diretamente em contato com ambos e, com aquele, partilhava as agruras de que o compreendia presa.

No entanto, grave e prudente, o outro, a quem Augustus denominava Instrutor, advertiu:

— É lamentável, meu amigo, que, após um lustro de permanência na estância espiritual que te cabia, e sendo, como realmente és, caráter disciplinado, fiel à boa vontade, como ao critério justo para todas as circunstâncias, deixes amolentar as energias íntimas, diante de uma crise moral que o raciocínio indica temporária, ao ponto de te contaminares da fraqueza desarmoniosa que de ti ressalta! Para recurso da conformidade que deves chamar em teu socorro, no presente caso, será bom lembrares que a presente situação do herdeiro do teu nome, na sociedade terrena, é a única que lhe cabe, compatível com a justiça das Leis Morais que regem o Universo, por necessária ao reerguimento de sua consciência frente aos deveres que vem deixando de observar desde etapas afastadas de sua evolução espiritual... De outro modo, que eram teus limitados intuitos de pai carnal, que foste, comparados às realidades eternas da vontade do Pai celestial — único verdadeiro, uma vez que de si mesmo fornece a vida infinita do Espírito?

"Nada mais do que vapores fictícios, que se esvaíram ao sopro da primeira nortada!...

"Quiseras para teu filho, imprudente e vaidosamente, louros marcados pela própria fragilidade de que se inspiravam, ousando acreditar que seu destino se imporia na conquista de ruidosos triunfos terrenos. Mas pensavas como homem, imbuído das ilusões conferidas pelo estado humano desassociado do ideal divino! E que valem as ardorosas investidas do homem para o açambarcamento de um destino que ele, em sua incapacidade mental-espiritual, acredita ser o único que lhe convém, diante dos destinos — estes sim! — gloriosos e imortais, que o Sempiterno para ele estabeleceu com a harmonia das suas leis, desde que lhe concedeu de sua essência imortal?..."

— Eu o amava tanto, venerável Instrutor! Ter-lhe-ia possibilitado a aquisição do mundo todo, se tal me fora possível!...

— Por muito que o ames, meu caro Augustus, infinitamente maior é o amor que o eterno Pai lhe consagra. O que lhe deste não será bastante para proporcionar glória ao seu Espírito, na ascensão sublime que todos faremos na trajetória imposta pelo nosso próprio destino imortal. Desenvolveste sua inteligência, abrilhantaste de conhecimentos variados sua mente, que se galardoou de cabedais indestrutíveis, os quais muito lhe aproveitarão no desenrolar do progresso, é bem verdade! Mas não lhe poliste a alma ainda contaminada pelas gangas do pecado, e Deus quer que essa alma se alinde e abrilhante através da evolução; que o coração, como os dotes do Espírito, resplandeçam em virtude até o deslumbramento, a fim de que a essência divina que neles habita se revele pela deífica beleza que deixar transparecer! E é o início dessa reeducação que se operará na alma de Gaston, a qual não poderias, com efeito, realizar, por superior às forças humanas a sua profundidade e extensão, que assistimos aqui, nesta masmorra, que, para mim, é apenas uma escola, mas que a ti se afigura a culminância da desgraça!

Sugestivo silêncio caiu sobre os interlocutores.

Amor e ódio

Instrutor depunha sobre o mísero ferido os bálsamos reconfortativos do seu cabedal psíquico superior e caridoso. Suas mãos benéficas, quais lâmpadas estelíferas, derramavam pequeninas gotas de luz sobre a fronte de Gaston, as quais se espalhavam ao longo de todo o corpo, rápidas, qual celeste antídoto ao precário estado em que ele jazia. Respeitoso, o velho marquês aguardava em atitude de elevação mental, e o próprio mensageiro do Infinito dir-se-ia absorvido em caridosas evocações...

Sob os ósculos do céu, a cela mais e mais se aclarava... E agora, sobre a enxerga, o jovem de Saint-Pierre adormecia benfazejamente...

* * *

Consoladora é a crença doutrinária que prova ao homem com fatos concludentes a existência de um guia espiritual que junto dele desempenha missão tutelar conferida pelas leis do Todo-Misericordioso e Complacente.

O guia espiritual será como um agente do Amor divino junto das criaturas. Ele conhecerá, com precisão, as leis sobre que o Criador estabeleceu a harmonia moral das sociedades espirituais, e as aplica com sabedoria equivalente ao próprio grau de elevação na escala do aperfeiçoamento. Se necessita inspiração para os graves problemas a solucionar dentro das atribuições que lhe são conferidas, ele a suplica, ardoroso, ao Grande Foco que nas profundezas do Infinito irradia sabedoria sobre o Universo todo, e o Grande Foco lhe refloresce as energias na mente lúcida, que se amplia, vigorosa, no carreiro a prosseguir...

É incompreensível e incompreendido pela maioria das individualidades às quais se dedica. Sua formosura integral, resplandecente de virtudes imortais, passaria despercebida aos olhos da vulgaridade, se a esta fosse possível defrontá-lo. A fim de contemplá-la e compreendê-la em toda a sua radiosa realidade, tornar-se-á necessário ao tutelado adornar-se de potenciais psíquicos de ordem elevada, os quais se encontram ainda latentes, sufocados pela materialidade, no interior de cada um, à espera das clarinadas decisivas do progresso.

Age sobre o homem frequentemente, e o homem não o compreende! Sente, este, suas manifestações em torno da própria vida, mas geralmente ignora que sejam suas!...

O guia espiritual é a destra do Criador que se espalma sobre o homem, inspirando-o e protegendo-o na espiral difícil, mas gloriosa, do Espírito, rumo da redenção!

As doces lendas do passado o denominavam anjo de guarda. Seja, porém, qual for o nome que lhe derem, será invariavelmente a dedicação incansável, o amor abnegado até ao sacrifício!

Ama seus pupilos com o amor elevado à potência espiritual a que chegou, o que quer dizer que tal sentimento se avoluma e fortalece à proporção que ele próprio ascende na espiral do progresso, rumo da perfeição. O homem desconhece essa modalidade do amor, a qual denominaremos divina, conquanto a Terra já tivesse ocasião de contemplá-la em toda a sua gloriosa expressão.

Lembrai-vos de Jesus, o Cristo do Senhor, amando a Humanidade, por ela incompreendido, mas, ainda assim, oferecendo-se em sacrifício pelo grandioso ideal de atraí-la a si! Recordai os primitivos cristãos, enamorados da causa libertadora aprendida com o Mestre inesquecível, a tudo renunciando, a coisa alguma ambicionando senão merecer desenvolver e multiplicar a divina herança legada pelo Filho do Céu que conviveu entre eles!

É com idêntico sentimento que cada um de nós tem a felicidade de ser bem-querido por seu guia espiritual.

Que seria da criatura humana, em luta ininterrupta com a inferioridade dos planos em que se movimenta, no aprendizado cotidiano da

Amor e ódio

experiência, se essa Consciência iluminada pelas próprias virtudes não a seguisse paternalmente — expressão celeste do reconforto e do amparo, na existência de cada uma?... Assiste-a da selvageria ao coroamento dos méritos, e, na gloriosa peregrinação, colhe para si mesma triunfos maiores, à proporção que a alma tutelada ascende ao progresso. Sofre, se o tumultuar das paixões do protegido, por muito renitentes, lhe dificultam o desempenho da missão de que foi investido. Rejubila-se, porém, sempre que o contempla a conquistar vitórias na peleja contra si mesmo. Pode, de uma vez, tal seja o grau da própria elevação, influenciar sobre cem, sobre mil individualidades diferentes, protegendo-as, a todas inspirando. E no amor do divino Mensageiro se revigora para as peripécias da avultada missão.

Quando sua elevação, por avantajada e radiosa, ultrapassar as necessidades imanentes ao gênero humano, poderá, se quiser, ingressar em mundos mais bem-dotados de moral e de Ciência, anelando triunfos novos, glórias crescentes, por meio do trabalho honroso do Amor como do Progresso Universal, em missões árduas ou tarefas abnegadas. Todavia, geralmente, só o faz quando as pobres almas que lhe foram confiadas o puderem seguir nessa etapa luminosa, caminho do progresso. Raramente as deixa, e só por ordem superior emigrando para outros continentes do Universo sideral.

Era uma dessas sedutoras e abnegadas entidades que acabava de penetrar na masmorra de d'Arbeville.

Todavia, penetraria, com efeito, em tão repulsivo local, esse eleito dos Céus?...

Sim, porque os obreiros espirituais dessa hierarquia brilhante não medem sacrifícios no desempenho da virtude máxima proclamada pela Lei — a Caridade. Porventura o Cristo do Senhor, seu Verbo inconfundível, lídimo representante da sua lei, não fez muito mais do que reter vibrações a fim de exercer o sublime mandato do socorro pessoal a alguém carente de proteção?... Não se fez homem, convivendo com uma Humanidade pecadora?...

Irradiaria, porém, somente dos altos espaços até o grabato doloroso, pensamentos e vontade, tornando-se, por isso mesmo, presente, e, dessarte, reconfortando o sofredor?...

Não seria impossível!

De qualquer das formas, sua presença ali era real.

As entidades espirituais de ordem superior podem refletir a própria personalidade sobre vários pontos da Terra, como do Espaço, a um mesmo tempo, tornando real sua presença em todos eles. São como o Sol, que, suspenso nos eternos abismos do infinito, irradia de suas propriedades generosas, imperecíveis, sobre as montanhas imponentes como para a singeleza dos vales, levando-as ainda a vagar, graciosas, sobre as águas, a aquecer os lares, a fecundar campos, selvas e searas produtivas, favorecendo com seu esplendor até os abismos submarinos, equilibrando a própria existência do planeta e sua Humanidade! E — gloriosa, sublime atuação do seu poder! — equilibrando e fecundando até mesmo outros mundos e outras Humanidades!

Assim os guias espirituais de elevada hierarquia podem reter as vibrações a fim de chegarem até a pobreza da nossa condição. Poderão também distender energias para além e para mais longe, tornando-se presentes aqui como acolá. Bastar-lhes-á ativar a potencialidade brilhante da própria vontade!

É o dom da ubiquidade, que o Espírito só desenvolverá depois de longas etapas, de romagens fecundas e heroicas através da dobadoura do tempo e do espaço. É o atributo do Criador supremo projetado em potência relativa, suscetível de progresso, à criatura que se unificou com o divino — uma vez que à criatura será facultada, através dos milênios, a suprema glória de refletir a imagem e a semelhança do seu Deus e Criador!

A entidade Instrutor estava vestida.

Sim! O almo habitante das plagas do Invisível trajava-se!

Mas trajava-se como?...

De essências luminosas, de hialinas fulgurações, forjadas da sua própria vontade harmonizada com as lídimas preocupações do belo, de fluidos moldados nas argênteas vibrações da sua mente unificada ao bem. De luz, enfim!

Uma túnica que teria inspirado os artistas a criarem os seres alados de suas concepções, filhas de um ideal ardente, envolvia-o graciosamente, despreocupando-se de velar os braços e o colo, que lucilavam desnudos. Dir-se-ia, assim, o sonho de um deus grego, ao se glorificar nas visões divinas do Olimpo. Dir-se-ia Apolo surgido de focos imorredouros de luz celeste. Fídias não conceberia sequer em sonhos perfeições aproximadas. Nem os gênios do pincel que surpreenderam os séculos com a resplandecência da sua arte, conseguiriam traçar sequer uma dobra dessa túnica que parecia talhada em elementos radiantes de alucinadoras cambiantes.

Em Instrutor tudo se resumiria em luz.

A luz possui alma, vida, inteligência, porque é vibração. Impelida pela vontade do eterno Criador, em que se tornará ela?...

Em essência animada — espírito, criatura, consciência — glória da Criação!

Quando poderá o homem atual compreender a Luz, para a si mesmo, como a seus irmãos de espiritualidade, compreender?...

Mas, ali, Instrutor dominava as vibrações, restringia as possibilidades de irradiação, humildemente se apoucando, por amor à caridade, à condição de simples igual do velho de Saint-Pierre, a fim de que o trabalho da Fraternidade não padecesse falhas.

Tão encantador Espírito apareceria a Augustus d'Arbeville aureolado por singular diadema, lucilante e discreto, que lhe forneceria autoridade irresistível, enquanto a destra se destacaria empunhando formoso instrumento em forma de lira — emblema da Poesia, como da Música.

Seria, então, um artista?...

Era possível.

Existem no Espaço encantadoras esferas criadas para o aprendizado do belo, onde as Artes são cultuadas ao mesmo tempo que o Amor e a Fraternidade — pois Deus é o supremo Artista que deve ser amado também com todas as mais nobres expressões da beleza! Instrutor seria um desses veneráveis inspiradores de falanges artísticas, que, a par de outros dons valiosos, de moral como de Ciência, possuísse também o domínio pleno da Arte por predisposições particulares. Daí, certamente, a apaixonada vocação do jovem d'Arbeville, seu tutelado, pelas Artes em geral e pela Música e a Poesia em particular.

No entanto, finda a oração, por intermédio da qual Instrutor e Augustus d'Arbeville se empenhavam em obter, das potências celestiais, a misericordiosa interferência de que tanto carecia o prisioneiro, prosseguiu o primeiro, validando a necessidade de serenar o companheiro ainda vacilante na observância das tarefas de que principiava a se incumbir na espiritualidade:

— É vão o teu receio, supondo que o nosso Gaston rematará com a desesperação as desventuras que o vêm contrariando. Em suas fibras morais mais íntimas existe o desejo sincero de vencer, o que será cabedal precioso para o revigoramento na luta.

"Ah, pobre Augustus! Que julgas então da legislação que previu e estabeleceu os destinos dos homens?!... Porventura ousaste julgar que o Sempiterno exigisse de seus filhos imediatas reparações dos erros praticados, desatento à necessidade de estes se fortalecerem previamente, a fim de que continuadas derrocadas os não surpreendessem nas precipitosas jornadas da reparação, degenerando em círculo vicioso?... Crês, talvez, que aquele que é o amor, a bondade, a caridade e a justiça supremas — sobrecarregue de trabalhos expiatórios as frágeis possibilidades de quem ainda não esteja algo preparado para o grave, complexo certame da reabilitação, exigindo o máximo no decorrer de uma só — tão curta! — existência terráquea?

"Enganas-te, Augustus!...

"A par dos demais atributos de perfeição suprema, nosso Criador possui também a paciência infinita! Suas leis são rigorosas porque encarnam a justiça incorruptível, que tanto pune como premia, mas são também a graça da misericórdia que concedem tempo e habilitação para a integral solvência do débito! Quando o homem sucumbe ou desespera no embate das provações, pratica ato de absoluta responsabilidade própria, inspirado no desequilíbrio das paixões como na má vontade de vencer, mas não por haver sido demasiado o carregamento de frustrações no decorrer da vida, pois, muitas vezes, confunde ele a consequência funesta dos próprios desatinos do momento com o imperativo das leis do destino!

"Há muito venho preparando Gaston para o resgate cruciante cujo início contemplamos. Se falir, cometerá ato de sua própria vontade, pois que suas possibilidades permitem o laurel da vitória. Todos os recursos lhe serão conferidos para que se galardoe de méritos, assim como também é feito para com todas as demais criaturas em análogas circunstâncias. Não obstante sofres, e preferirias ver teu filho seguir a jornada da existência entre o cintilar das lâmpadas aristocráticas, o riso das festividades e o doce aroma das flores?... Quiseras que o mundo inteiro se curvasse aos seus caprichos, tal como o fizeste nos dias serenos da tua Normandia?...

"Mas nem sempre é o caminho das satisfações pessoais e das alegrias mundanas que ergue os filhos de Deus aos planos imortais para que foram talhados por seu Pai e Criador, Augustus!...

"Na ascensão dificultosa para o melhor até o divino — muitas vezes teremos de experimentar circunstâncias sombrias da vida planetária como da espiritual, obrigando-nos, de boa mente ou não, a pisar os cardos de ásperos infortúnios, a estorcer o coração na retorta da dor, fustigando a alma com a ardência das lágrimas!...

"Choras, porque, do que me ouves, compreendes inevitável o calvário que se distende no futuro de teu filho?

"Vem, então, pobre, frágil criatura, e lê, no sagrado livro da Lei, que te vou expor, que a misericórdia como a sabedoria do Eterno pairam muito acima das críticas e dos reclamos das almas tímidas e pouco experimentadas; e que, quando, à revelia de nossos atos, o inevitável doloroso se interpõe entre nós e nossas aspirações, será porque a Justiça irrefutável se interpôs entre nós e nossas fraquezas, alevantando nossas capacidades, aos embates da dor, para uma finalidade bem mais gloriosa do que nós mesmos esperamos!..."

Arrebatou por alguns instantes Augustus d'Arbeville de junto do prisioneiro de Luís Filipe e, enquanto a cela se conservou aclarada pela ignota irradiação, sentiu aquele que as vigorosas influenciações de Instrutor envolviam a sua mente em ondas de sugestões irresistíveis. Forte comoção fê-lo distender as próprias capacidades de visão e de entendimento até o limite conveniente à ação do amoroso tutelar, o qual, com superior autoridade, exclamou:

— Olha e vê: eis aqui, nestas cenas que se encaminharão ao teu exame através de minhas próprias observações a respeito de teu filho — o Gaston que desejarias, Augustus de Saint-Pierre!

No mesmo instante, às evocações enérgicas do lúcido benfeitor às forças psicomagnéticas com que poderia contar — Paris, a capital galante, com seu cortejo impressionador de glórias e misérias, elevou-se aos olhos espirituais do antigo fidalgo normando, que fremiu de admiração. Gaston Augustus d'Arbeville reconheceu-se transitando por suas ruas. Habitou-a, por assim dizer, sentindo voltar ao passado, o qual se reavivou dos arquivos de suas recordações para novamente fazê-lo desfrutar os dias já vividos em sua sociedade.

Instrutor, no entanto, falava.

Todavia, como falaria Instrutor? Que é a palavra do Espírito?...

É uma vibração do pensamento, o efeito da vontade!

No homem atado à gleba corpórea, tal vibração se traduzirá pela fluência dos vocábulos enunciados, mais ou menos expressivos e sugestivos, espécie de tradutores pouco capazes do pensamento fecundado pela ação motora da vontade — imperfeito recurso para os humanos se compreenderem.

Entre os Espíritos libertos dos entraves terrestres, porém, a mesma vibração se dilata, aperfeiçoa, transcende às possibilidades humanas e apresenta vida — fatos, cenas, movimentação, detalhes, histórias, dramas, realidades vigorosas e emocionantes, cuja intensidade de persuasão aterrorizaria a mente débil da criatura terrena, se lhe fosse dado apreciá-la.

Instrutor, pois, falava: queria que o antigo marquês compreendesse o seu pensamento. E a sua vontade de ser compreendido corporificou-se, edificou os fatos desejados e necessários ao ensinamento, concatenou ideias e fez que toda uma poderosa sequência de acontecimentos se desenrolasse à frente do pai de Gaston.

Reconhecendo-se em Paris, completamente dominado pela força sugestiva do elevado mentor, Augustus d'Arbeville atentou nos bens que ali possuíra e se viu de posse do velho palácio do *faubourg* Saint-Germain, onde ele próprio residia sempre que visitava a capital, e onde residira o filho. Este lá estava, belo e feliz, bajulado pela sociedade qual novo semideus! Nem uma sombra a lhe encrespar os horizontes da existência! Na fronte ampla e inteligente nem sequer uma ruga toldando a vivacidade do semblante!...

Fortemente interessado, o dedicado pai sentia-se feliz vendo ditoso o filho, e, esquecendo tudo, seguiu o fio dos acontecimentos em torno dele, tal se juntos convivessem diariamente, durante muitos lustros.

Observou, então, bem próximo, a vida dissoluta que preferira levar o seu Gaston, olvidando princípios de honradez, como a observância dos deveres, absorvido nos gozos sempre renovados pelas facilidades oriundas da fortuna. Mediu-lhe, uma a uma, as ações e as atitudes. Sondou-lhe o coração e apenas se lhe depararam, contornando-o, as sombras ominosas do egoísmo. Penetrou-lhe os pensamentos e se sentiu estarrecer, ante os fantasmas depressores que testemunhou, rondando-os!

Afligiu-se, então.

Aos embalos da principesca vida que levava, Gaston se apresentava tal a encarnação autêntica do deboche, da imoralidade, da vileza dos costumes, de todas as torpes paixões que denigrem o coração como o caráter do homem.

No entanto, também verificava que Gaston subia sempre, em fáceis escalonadas das posições sociais, como no conceito do mundo. Mas de artista que fora, tornara-se devasso incorrigível! De filho respeitoso e terno, olvidara a pobre mãe no recesso sombrio da remota Normandia!

No auge da excitação, compreende então o antigo marquês que aquela criança loura e gentil a quem tanto amara, a quem, pacientemente, ensinara as matemáticas nos serões do velho solar provinciano, agora, corrompida e odiosa até o crime, não é mais do que repulsivo monstro moral protegido pelas facilidades em que se movimentava!

Mas não era só. Cumpria-lhe atingir o vértice da poderosa lição de Instrutor à sua inconformação com a trilha estatuída pela Grande Lei!

Subitamente, aos olhos atentos do antigo Sr. de Saint-Pierre, abismo incendido rasga-se aos pés do próprio filho, no qual se precipita, qual réprobo odiento, aquele a quem chamavam "divino Apolo". E nas trevas desse abismo, onde todas as iniquidades, por ele próprio praticadas, se avolumam, investindo contra ele a fim de persegui-lo em ricochetes irremediáveis, para devidamente castigá-lo, eis que o vê imprecar e blasfemar, chorar e ranger os dentes, malsinando o momento em que nascera; ulular e gargalhar colhido nas precipitosas redes dos atos praticados ao inverso do bem e da moral... E acolá, em encarnações pósteras, ei-lo a se arrastar leproso e miserável pelas mesmas avenidas da cidade em que resplandecera cortejado por ações e gozos vis! Ei-lo amesquinhado pelos efeitos das próprias causas forjadas na insanidade do pecado, dolorosa e irremediavelmente expiando o procedimento criminoso sob os fogos de resgates inapeláveis!...

Alucinado, Augustus de Saint-Pierre bradou angustiosamente, desfeito em lágrimas:

— Não! Não! Ó céus misericordiosos! Poupai a meu desgraçado filho tão deplorável futuro!...

E Instrutor, sereno, digno emissário da solicitude celeste:

— Sim, teu filho! Sê-lo-ia, após a existência de gozos e inconsequências que para ele desejarias, sem cogitares de compreender se se encontra quites com a Lei para que seus dias de existência possam flutuar entre rosas e aromas, por sobre o oceano do aprendizado planetário... Sim! Esse o irremediável futuro de Gaston em tormentosa existência carnal que se seguiria à atual se os teus desejos de pai, que somente abrange o presente, fossem plenamente satisfeitos... O contrário, porém, dar-se-á, deixando seguir o curso natural dos fatos que no momento o cercam...

pois que nada mais são estes do que as reparações e os testemunhos por ele conservados em débito para com a legislação suprema!...

Espalmou, enérgico, a destra sobre a fronte do protegido e continuou:

— Contempla, agora, o Gaston que eu desejo... Que importa a repulsiva masmorra, se vem perto a redenção?... Que importam ruína, desonra, desgostos, humilhações, se, por meio das dores que causam ao coração da criatura, auxiliá-la-ão a se afinar, bem cedo, com as sublimes concordâncias da lei do Sempiterno?!... Observa a estrada que se delineia para o seu Espírito, a par do negror expiatório do momento, que o faz sofrer sem esperanças nem consolações, quando sabemos que isento se acha das responsabilidades de que o inculpam! Repara que, a cada nova escala dessa via mortificante, desabrocham nobres qualidades em seu caráter, predispondo-o ao triunfo de uma finalidade gloriosa, junto daquele que desceu das esferas divinas a fim de engrandecer, com seus ensinamentos, as ovelhas deprimidas pelas torrentes das paixões inferiores! E ouve, Augustus, que também a ele será dirigido o glorioso convite: "Vem, bendito de meu Pai..."

A aflita entidade, agora esclarecida, sentiu um deslumbramento! Lá estava Gaston, posto em alvinitentes vestiduras, reverente diante da cruz da redenção que o iluminava com o seu resplendor! Então, compreendendo a plenitude da lição edificante, deixou que as lágrimas balsamizassem as angústias percucientes que lhe atingiam o coração e exclamou com humildade:

— Que se cumpra, pois, a justiça da Lei, em benefício de meu pobre filho!... — enquanto o esclarecido mentor finalizou atencioso:

— A Gaston, portanto, uma só trilha convém — a das lágrimas! Um único recurso para se libertar das cadeias que o atêm a um passado delituoso — sofrer! E uma só arma para defender-se na espinhosa jornada rumo da redenção espiritual — a resignação!... A menos que, revoltando-se contra a Lei suprema, para si mesmo acumule desgraças mais profundas ainda, o que não será provável...

No cárcere, Gaston despertava, lentamente, do longo desmaio. Instrutor confortara-o solícito, atraindo-o através do Espaço a fim de lhe revigorar as forças anímicas para os testemunhos inapeláveis. Entorpecidos seus membros pela longa letargia, só dificultosamente recuperava os sentidos corporais. Todavia, pôde distinguir ainda, a seu lado, dois vultos que o amparavam, ao passo que argêntea claridade dir-se-ia ofuscar-lhe as pupilas através das pálpebras... Vê seu pai debruçado sobre seu corpo imóvel, sente que é osculado na fronte por aquele amado ser e ouve, já desperto:

— Coragem, meu filho! Estarei contigo!

Nas barras do horizonte, para além daquelas muralhas sinistras, se debuxavam os primeiros raios da alvorada — bênção divina sobre as lides obrigatórias da Humanidade...

6

Uma vez corridos, com o rumor característico, os pesados ferrolhos da porta, dois homens penetraram na cela do moço de Saint-Pierre, acompanhados do carcereiro, que depôs a um canto as pouco apetitosas iguarias do dia.

— Gaston de Saint-Pierre! — exclamou com afetada gravidade um dos visitantes. — Aconselhamo-vos a confissão integral a bem da vossa própria defesa! Vossos crimes foram descobertos! Vossos cúmplices falaram! A documentação encontrada em vosso domicílio compromete-vos irremediavelmente! Convirá confessar, a fim de tentar defesa!...

— Responderei a um tribunal legalizado. Não reconheço autoridade em inquirições no segredo de um calabouço!...

— Cuidado, Sr. marquês! Prevenimo-vos de que será perigoso para vós a resistência...

— Vós me condenastes previamente, sei que será inútil qualquer tentativa de defesa... Vinde arrancar-me confissões de crimes que não pratiquei, após a violência desta noite, sob ameaças de reprodução da mesma?...

Os pretensos representantes da lei calaram-se, cruzando significativo olhar. Algo intraduzível e inquietante lhes picou a consciência, ocasionando-lhes mal-estar indefinível. Num gesto automático, um deles estendeu ao pupilo de Instrutor papéis a assinar, acompanhados de uma pluma preparada. Gaston recebeu-os em silêncio e assinou sem mesmo os ler, sobre os joelhos.

Desde essa manhã d'Arbeville passou a aguardar a sentença de morte. Evidente era que falseavam a justiça no intuito de perdê-lo. Os acontecimentos se sobrepunham, cerceando-lhe as esperanças. Sempre incomunicável, não lhe concediam nem sequer o direito de defesa. Tratavam-no como a prisioneiro vulgar, a um malfeitor nocivo à sociedade, negando-lhe as prerrogativas conferidas à nobreza.

— Só sairei daqui para o patíbulo, ou jamais verei a luz do sol! — monologava a todo instante, chocado de vergonha e revolta. Sabia que o processo de Blois, onde contava com as simpatias gerais, agora corria pelos tribunais de Paris, sob pressão dos de Franceville e de Lacordaire, que contra ele investiam sedentos, e por isso repetia:

— Sim! Se chegar a ser julgado, serei condenado à morte! Meus inimigos perseguem-me... e tudo, tudo parece condenar-me... É possível que me assassinem nesta masmorra, indefenso que me vejo... e propalem que me vali do suicídio para fugir à desonra!...

Todavia, assim não foi.

Deus, na soberana justiça da sua Lei, na perfeita sabedoria dos seus desígnios, frequentemente permite que, através da suavidade das vias naturais, os acontecimentos em torno das criaturas, como na vida das nações, e os sucessos gerais daí consequentes, tomem, por vezes, curso inesperado, aparentemente arbitrário e aberrante, mas em realidade oriundo de uma equilibrada jurisdição cuja presciência abrange de preferência os benefícios resultantes do porvir. É que as Leis divinas, previdentes e generosas, atendem antes ao bem moral da entidade em trabalhos evolutivos pelas vias do progresso.

Amor e ódio

Nesse processo, maculado pela desonestidade de seus propulsores, inesperadamente também se imiscuíram pessoas honradas, contrabalançando, de algum modo, a interferência do mal para agirem segundo os ditames do bem. Foram estas o eminente poeta Victor Hugo, correligionário político do jovem acusado, e o professor Denizard Rivail, aos quais Assunción d'Arbeville recorrera em benefício da ingrata causa do filho.

Após examinarem minuciosamente a mesma causa, e verificando a justiça que se faria pleiteando auxílio para o acusado, aquelas duas ilustres personagens se empenharam, quanto possível, no sentido de fraternalmente o ajudarem. Recorreram, portanto, a todos os recursos legais, desmascararam insídias, conseguindo ainda intervenções de autoridades íntegras, que foram como providenciais barreiras entre a justiça, o réu e a sanha dos seus inimigos. As expansões odiosas de Flávio Henri foram dificultadas quando já não mais seria permitido anulá-las. E, saneado, de algum modo, o ambiente, o réu foi novamente ouvido, como o fora em Blois, narrando sinceramente a participação tomada em ambos os casos. Não obstante, os testemunhos forjados pelo visconde Flávio e seus comparsas, confirmados e aceitos por d'Arbeville, num momento de desânimo, quando lhes após a própria assinatura, não foram anulados, prosseguindo, então precipitadamente, o processo para a fase final. O Sr. Rivail e o Sr. Hugo, reconhecendo a honestidade de suas intenções, que não visavam, absolutamente, à prática de crimes, se esforçaram e o salvaram do patíbulo, mas não lograram reconduzi-lo à sua antiga posição no seio da família e da sociedade. Ansiosos, esperavam todos o julgamento, que, finalmente, foi realizado.

Mortificante expectativa pairava pelo ambiente da sala augusta do Tribunal. A marquesa de Saint-Pierre, amparada por uma dama, encontrava-se no recinto onde se julgaria aquele filho querido torturado sob guantes irremovíveis do destino. Lívido qual espectro das sombras, Flávio de Lacordaire se rodeava dos de Franceville, e, mudo e odiento, não retirava os olhos febris de sobre o réu. E este, sereno e altivo, assistido por misteriosa conformidade na hora máxima, porém, sentindo rondar-lhe o ser a apreensão que precede as hecatombes morais, parecia a personificação da própria dignidade frente ao infortúnio.

Sérgio de Villemont, o farrapo humano que Flávio levara à abjeção, é a primeira testemunha a depor. Cioso da liberdade e da fortuna prometida por de Lacordaire, cumpre religiosamente as recomendações do seu mentor. Dolorosamente surpreendido, Gaston empalidece, sentindo a revolta remorder-lhe o coração. Silencia, porém. Não lhe será permitido rebater as calúnias. Seguem-se Félix Touchet e seus afeiçoados. São honestos. Não mercadejaram a própria honra para satisfação das vinditas de Flávio. Mas a própria verdade que apontam sobrecarrega as responsabilidades que pesam sobre o desgraçado d'Arbeville, o qual os ouve em silêncio, cruciado pela ingratidão que contra ele pratica aquele a quem tanto serviu! Finalmente, é Flávio de Lacordaire que depõe. É o vírus letal que destila de um coração implacável! Nada esquece o ódio que alimenta! Dir-se-ia vir preparando há séculos o momento da vingança agora culminada! Agrava e alonga os pormenores com pérfida habilidade. Já não teme escândalos. O decoro pela respeitabilidade dos brasões anulou-se para que sobrenadasse o ódio satisfeito: traz ao tribunal o incidente do convento de Rouen. Traz os testemunhos escritos das dignas religiosas. Serviçais, habilmente gratificados por seu ouro, acusam d'Arbeville, que está dolorosamente estupefato. Mais eloquente e virulento que o próprio acusador público, analisa acontecimentos, as ações do acusado, com uma serenidade, um acento de justiça, uma honradez de vistas, que pasmam a assistência, os juízes, o Tribunal inteiro. É o ódio acumulado desde o passado espiritual que prorrompe, temerário, em torrentes incandescentes, no intuito de anular o adversário. É Maquiavel travestido em fidalgo francês, resguardado por falso manto de virtudes. De Saint-Pierre sente-se perdido. Suas testemunhas se anularam diante da torrente de lavas impelida pelo pai de sua amada. Mas eis que soa a hora de ele próprio depor. Sim! É republicano e democrata! Honra-se de o ser, jamais fez mistério de que o fosse, e morrerá defendendo os sagrados postulados da Igualdade e da Fraternidade no solo francês, encarnados numa República — a República com que sonha e para a consecução da qual oferecerá todos os valores pessoais de que dispõe! Nega, porém, o crime de morte de que o acusam, repetindo as primeiras versões colhidas pela própria justiça.

Passam-se algumas horas. Os debates são acesos, violentos. A nobreza declara-se hostil ao acusado. Populares, porém, revelam simpatias àquele que se perde por defender o povo da opressão. Vem à tona as violências da Conciergerie, sofridas pelo réu. O escândalo estruge. O decoro de autoridades mui gradas está em jogo... Será preciso que tais arbitrariedades, efetivadas à revelia da Lei, não se tornem conhecidas do público, quando o regime vacila... É preciso sufocar o alarido... O magistrado suspende a cerimônia...

E duas horas se escoam...

Os debates são reiniciados. Gaston é acusado de desejar subverter a ordem em proveito próprio, caluniando funcionários merecedores da integral confiança do governo... A expectativa é ameaçadora e pungente...

A Sra. de Saint-Pierre sufoca nas próprias lágrimas. De vez em quando, um criado da casa de Soissons, inteirado do que se passa no recinto, corre a dar parte a Henriette, que, em sua residência, é presa de insuperáveis angústias... Finalmente, após delongas e cerimônias de praxe, foi lavrada a sorte do acusado, que se levanta, pálido e emocionado, a fim de ouvir os juízes.

Nesse momento, o Tribunal era como um Templo. Silêncio emocionante presidiu ao instante decisivo, como se o Infinito interferisse para que as celestes potestades presenciassem o que se passava sob os sagrados nomes da Lei e da Justiça!

E a sentença ressoou, inclemente, ao ouvido de cada um:

— O Tribunal reconhecia Gaston d'Arbeville, marquês de Saint-Pierre, culpado de crime de traição à pátria. Destituía-o das prerrogativas de fidalgo e de cidadão francês. Confiscava-lhe os bens. Condenava-o ao degredo e aos trabalhos forçados na Guiana, por toda a vida.

7

Corria o mês de setembro de 1857.

O reinado de Luís Filipe caíra desde o ano de 1848 e, em seu lugar, o príncipe Luís Napoleão Bonaparte, atraiçoando a República, para a qual fora eleito presidente, fizera-se imperador dos franceses sob o título de Napoleão III.

Havia, portanto, dez anos que os dramáticos acontecimentos descritos em nossa história se encerraram com a condenação do marquês de Saint-Pierre ao degredo da Guiana — depois de passar pelo vexame de ver confiscados seus títulos de nobreza e os bens que lhe restavam... E partira, com efeito, para aquela desolada plaga da América Meridional, banido da pátria pelo interesse de inimigos poderosos.

A Guiana Francesa é um retalho do Inferno incrustado na remota América do Sul. Nos dias decorrentes ela prevê e conseguirá, para muito breve certamente, compensadora reabilitação, que a redimirá do opróbrio de oferecer tão só o cativeiro e o martírio aos filhos da França.[29] Enquadrada numa ponta do magnânimo torrão americano, cujo destino traçado nos céus deslumbrará as gerações porvindouras, a Guiana Francesa também conhecerá a redenção do seu solo e obterá dias

---

[29] N.E.: Esta obra foi obtida do Além no ano de 1932. A presente profecia é realizada atualmente (1954), quando o governo francês extinguiu os presídios ali existentes.

de glórias. Presentemente, porém, é local inóspito, solitário, infeliz. Há um século seria o castigo supremo, o desespero irremediável, a desonra de que jamais se reabilitaria o desgraçado que para lá se visse banido, a morte cem vezes degradante, que não lograria as bênçãos do solo pátrio! A um degredado da Guiana não se permitirá sequer a esperança de uma tentativa de fuga. Sentinelas incorruptíveis do cativeiro nesse novo Hades, onde os réprobos jamais lograrão consolações — o Atlântico bravio, os atoleiros intermináveis e as matas indevassáveis são como ferozes capatazes a imporem obediência e disciplina aos pobres filhos da França que ali gemem, há muito, sob sofrimentos só por Deus avaliados! Se, acaso, a fuga é tentada pelas forças do desespero, o espectro da morte irrompe de todos os lados, abatendo, inflexível, o desgraçado que se atreveu à sobre-humana aventura. Não raro o suicídio é praticado como supremo recurso, conquanto enganoso, de libertação!

É por um domingo à tarde, em Caiena.

A temperatura elevadíssima dos trópicos sufoca e martiriza. Insetos enxameiam e, vivazes, sibilam, zunem, picam os habitantes locais, comumente distribuindo enfermidades e incômodos superlativos.

Breve repouso é permitido aos proscritos nas tardes domingueiras, no presídio. Aliás, nunca estão encarcerados, senão à noite. Trabalham ou folgam em liberdade, embora sob vigilância de sentinelas ou capatazes nem sempre humanitários. No momento em que para ali assestamos os telescópios das recordações, conversam indo e vindo por uma extensão de terreno limitada pelos abismos do Atlântico e o enredilhado luxuriante de matas seculares. Por essa época, começaram a aportar em Caiena as primeiras levas de criminosos ou facínoras, pois, em 1855, Sua Majestade imperial houve por bem conceder-lhes a honra de purgarem erros cometidos no continente ao contato do solo selvagem em que definhavam condenados políticos. Destacaremos, todavia, apenas esses últimos, pois ali estavam beletristas, jornalistas, bacharéis, conspiradores, arruaceiros, revolucionários e até aristocratas!

Amor e ódio

É possível que a lei não cogitasse de forçar essa classe de homens aos labores exaustivos do galé. Mas quem duvidará do que, em nome da lei e da justiça, em todos os tempos e países, e à sua revelia, se poderá fazer?... De qualquer forma, porém, o romancista construtivo afirma ver ali, num símbolo que bem poderia cognominar-se de Reencarnação, o malho e a bigorna para as veludosas mãos do aristocrata, a picareta para as mãos sublimes do artista, a serra para o orador que eletrizava as turbas em comícios ardorosos, a pá, o machado, a foice para todo aquele que, no estágio obrigatório, perdeu a personalidade social para só atender à classificação do número que por sorte lhe coube.

São escravos, não são homens! São mártires, antes de que exilados! São desgraçados, além de prisioneiros! E resvalam para um nível tal de humilhação e opróbrio que, atendendo por ordem numérica, procuram esquecer os próprios nomes a fim de os acobertarem da desonra que lhes crucia os brios!

Dentre tantos, destaca-se um pelo porte majestoso e aprimoramento das formas físicas, conservadas apesar da dureza do cativeiro, como da degradante indumentária de forçado.

É Gaston d'Arbeville, antigo marquês de Saint-Pierre. Traz os cabelos cortados rentes à cabeça, a barba crescida e malcuidada, as mãos calejadas pela rudeza dos instrumentos que é obrigado a manejar. Esse condenado jamais sorri. Jamais se queixa ou se irrita. Fala o indispensável. Observa a disciplina com uma passividade que se afiguraria automatismo ou indiferença. E seus companheiros lhe desconhecem o nome. Chamam-lhe agora 570, simplesmente!

Afastou-se Gaston d'Arbeville dos companheiros, subiu uma eminência do terreno e sentou-se à borda do abismo. Alongou o olhar pela imensidão que se lhe estendia à frente e deixou que o coração evocasse, uma vez ainda, as sombras do passado... As recordações irrompiam, revivescidas pela dor imensurável de dez anos de saudades inconsoláveis —

o velho solar normando, sua mãe que lá ficara, desolada; Paris, Georges, Henriette!... Depois, a partida dramática para o degredo — Assunción e sua antiga noiva acompanharam-no até o Havre, e, desfeitas em lágrimas, fraquejavam à despedida, vendo-o partir numa leva de prisioneiros... Lá estiveram, amigos na desgraça como talvez o não fossem nos dias faustosos — o professor Denizard Rivail e Victor Hugo, levando-lhe palavras de conforto e convencidos de que o futuro seria promissor... e Michel, e Roland, a lhe acenarem em prantos, leais e sinceros!

E, finalmente, as derradeiras palavras pronunciadas em solo francês: "Velarás por minha mãe, Henriette, a quem deixo paupérrima e abandonada! Promete-mo, em memória de mim!..."

Sustinha nas mãos dois pequeninos volumes, oferta do capelão do presídio, os quais, invariavelmente, conduzia nos bolsos. Eram a *Imitação de Cristo* e o *Novo Testamento de N. S. Jesus Cristo*. Gaston pega do primeiro, abrindo-o ao acaso. E sob a bênção da luz esplendorosa que se dilui do infinito espaço, ao impressionante, majestoso hinário desferido pelas ondas incansáveis, o "divino Apolo" de outros tempos entra a ler ainda uma vez:

> Jesus — Filho, põe tua confiança em Deus e não temas os juízos humanos, enquanto tua consciência te der testemunho da tua piedade e inocência...
>
> Desci do céu para tua salvação, tomei tuas misérias, não levado pela necessidade, mas pelo amor, para ensinar-te a paciência e a suportar com resignação as misérias temporais...
>
> Aprende a desprezar as coisas exteriores e entrega-te às interiores, e verás chegar a ti o Reino de Deus...[30]

As frases eram suaves e confortadoras como uma prece. Consolavam as febricitantes agruras do seu espírito qual o orvalho

---

[30] N.E.: *Imitação de Cristo*.

vivificador acalentando campos calcinados pela soalheira. Quando ele deixa perpassar os olhos sobre essas páginas como que iluminadas por uma inspiração celeste, sente nos refolhos do ser murmúrios maviosos segredando à sua razão a urgência de se esclarecer em assuntos espirituais até a saciedade.

Havia dois anos que, da *Imitação de Cristo* e do *Novo Testamento de N. S. Jesus Cristo*, fazia leitura diária e obrigatória. A princípio lera-os constrangido, compelido por instâncias de outrem, cheio de prevenções. Mas, pouco a pouco, destacando de suas páginas atrativos irresistíveis, sentiu-se envolver pelos reflexos de uma ciência celeste, reanimadora, os quais lhe aclaravam o raciocínio para o ingresso em uma senda nova. E agora eram ambos a sua companhia assídua, amigos amoráveis a fornecerem salutares refrigérios, cuja voz fraterna docemente lhe desviava as atenções das paixões demasiadamente ardentes que lhe rescaldavam o coração. A personalidade incomparável que se destacava dessas páginas miríficas — Jesus de Nazaré —, o inesquecível Rabi que palmilhava as localidades humildes e pitorescas da Galileia ou da Judeia, honorificando as massas com a exposição de sua doutrina inteiramente fundamentada no Amor, atraiu poderosamente a atenção do antigo príncipe das salas, agora relegado a áspero cativeiro. Presumia distinguir a celestial suavidade de expressões daquele jovem Mestre Nazareno, cujo coração se diluía em piedade pelos sofredores e infelizes, enquanto a mente irradiava ensinamentos redentores; o timbre sereno, arrebatador, de sua voz, que se destacaria do infinito do tempo a fim de lhe impressionar o espírito, não obstante o ensurdecedor bramido das vagas que, raivosas, se atiravam de encontro aos rochedos, quando, enternecido, atentava neste convite irresistível, cuja celestial ternura nada mais poderá ultrapassar:

> Vinde a mim, vós todos que vos achais aflitos e sobrecarregados, e Eu vos aliviarei. Tomai sobre vós o meu jugo, e aprendei de mim, que sou manso e humilde de coração, e achareis descanso para as vossas almas; porque o meu jugo é suave, e o meu fardo leve.

Se me amais, guardai os meus mandamentos, e Eu rogarei a meu Pai, e Ele vos enviará outro consolador, para que fique eternamente convosco...[31]

Gaston meditava frequentemente sobre a incomparável personalidade de Jesus de Nazaré. Imaginava-o emoldurado pelas ardências do céu do Oriente, cabelos abandonados aos ventos dos vales do Jordão, túnica ondulante, olhos engolfados nas grandiosas visões do Infinito, pensamento em comunhão assídua com o Pai — vagando de terra em terra por amor aos homens, sublime idealista revolucionando ideias seculares ou abatendo férreos preconceitos em nome de um Deus Todo-Poder e Todo-Amor, revestido da firmeza heroica das convicções superiores, as quais, nem as perseguições, nem a infâmia, nem o suplício, nem a própria morte conseguiram quebrantar, porque, expirando, sofredor e oprimido, ainda assim revelou o padrão supremo da Doutrina que trouxera do Infinito, quando, aos próprios algozes, concedeu o ósculo imarcescível do seu Amor refletido nas derradeiras palavras do alto do madeiro: "Perdoai-lhes, meu Pai, porque não sabem o que fazem!"[32]

Via-o tal como seria então: jovem, extremamente belo, afável, amoroso, excelso enamorado de um ideal supremo, dando as energias da sua mocidade radiante em benefício dos oprimidos, dos desgraçados, dos pecadores, da redenção da Humanidade, enfim, que dele mereceu todos os sacrifícios! Oh! que admirável, arrebatador poema de heroísmo e abnegação era a vida desse Jesus de Nazaré, esteta e sábio, amoroso e mártir, a quem as seduções mundanas não pesavam, mas a quem os ideais divinos levaram ao triunfo supremo de uma glória inapagável, nova sempre e majestosa para quantos se vão, por ela, redimindo! E, atraído por essa figura incomparável, rebuscou, interessado, o que dela diziam os quatro evangelistas, os apóstolos e suas epístolas. Então tinha a impressão de que a silhueta encantadora do Nazareno se debuxava ao seu lado, para, piedosamente, na solidão do seu degredo, ensinar-lhe, qual Mestre que

---

[31] N.E.: João, 14:15 e 16.
[32] N.E.: Lucas, 23:34.

era, o sentido divino da Boa-Nova. Sim! Ele compreendia-o facilmente! De sua mente jorrava uma lucidez fecunda, a qual o conduzia ao seio dessa Boa Nova como um acontecimento natural que se impunha, apenas se admirando de como só agora despertara as fibras do coração para as suas sublimes análises:

> Se alguém tiver cem ovelhas e uma delas se desgarrar, não irá pelos montes, deixando as noventa e nove, em busca da que se desgarrou? E se, porventura, a encontra, em verdade vos digo que mais prazer tem por aquela do que pelas noventa e nove que se não desgarraram. Assim também não é da vontade de nosso Pai, que está nos Céus, que um destes pequeninos se perca.[33]

Essa ovelha desgarrada que, solícito, o pastor se dedicava a reconduzir ao aprisco, não seria porventura um pouco também ele próprio, que esquecera Deus pelo turbilhonar das paixões?... E o pastor não seria esse mesmo Senhor Jesus, cuja misericórdia e piedade o atingiam, sabendo-o desgraçado, carente de assistência fraternal para a renovação moral-espiritual? Oh! abandonado, asperamente contundido pelas humilhações, lacerado pelos estiletes da ignomínia, cativo e miserável — tudo, tudo lhe faltava! Mas Jesus vinha até ele, fazia-lhe companhia na adversidade, acendia esperanças novas no íntimo do seu ser, falava-lhe, docemente, por meio daquelas páginas aureoladas de consolação, de horizontes novos a conquistar, descortinava ao seu entendimento maravilhado surpreendentes aspectos da vida a penetrar — os aspectos espirituais; não o repelia, não o censurava, não o condenava, antes descia até a crueza do seu martírio para, mansamente, confortá-lo, reanimando-lhe o coração compungido pela dor:

> Bem-aventurados os que choram, porque serão consolados. Bem-aventurados os que têm fome e sede de justiça, porque serão saciados.[34]

---

[33] N.E.: MATEUS, 18:12 a 14.
[34] N.E.: MATEUS, 5:4 e 6.

Quem ouve a minha palavra e crê naquele que me enviou, tem a vida eterna, e não entrará em condenação, mas passou da morte para a vida.[35]

Eu sou o Caminho, a Verdade e a Vida, ninguém irá a Deus senão por mim.[36]

Depois, nas entrelinhas, via-o nas aparições a Paulo de Tarso, aos Apóstolos reunidos como às mulheres chorosas por sua morte; a Estêvão moribundo, aos cristãos martirizados, a Pedro...

Suspendia, então, a leitura. Fitava o espaço como imanado à sugestão de um passado grandioso e eloquente, e murmurava ansioso:

— Meu Deus! Meu Deus! Se tudo isso é verdade — como sinceramente sinto que é, nas profundezas do meu ser —, o homem não pode, não deve considerar-se desgraçado...

Inesperadamente, alguém falou de mansinho, às suas costas:

— Dá-me licença, Sr. marquês de Saint-Pierre?...

Virou-se de chofre, estupefato. Quem proferia o seu nome e o seu título, onde seria ultraje aos brios, como aos infortúnios de cada um, recordar posições ou estados pretéritos?... Reconhecendo, porém, quem assim se expressava, serenou a fisionomia:

— Ah!... Sede bem-vindo, padre de Robin!... Perdoai-me... Achava-me absorto na leitura destes repositórios de consolações com os quais me presenteastes...

— Lede-os, lede-os, Sr. marquês, habilitai-vos, confiante, para o advento de uma era nova que acaba de despontar nos horizontes da Terra...

---

[35] N.E.: João, 5:24.
[36] N.E.: João, 14:6.

— Como assim, meu padre?... — interrogou, curioso, o antigo prometido da formosa de Lacordaire.

— Trago-vos hoje a primeira palavra de um acontecimento sensacional, fadado a revolucionar as sociedades terrenas... Trata-se de um livro sobre Filosofia, recém-editado em Paris pela primeira vez, justamente há cinco meses, pois saiu a lume no dia 18 de abril deste mesmo ano de 1857... Figurando ao lado destes que aí tendes, conduzirá vossa mente a esclarecimentos verdadeiramente redentores...

Retirou dos bolsos da alva um pequeno volume cuidadosamente acondicionado, timbrado com lacre vermelho, e continuou, enquanto o forçado o fitou curiosamente:

— Soubestes, porventura, que ontem aportou a Caiena um veleiro proveniente da França?...

— Sim, soube-o...

— O imediato trouxe-vos, de mão própria, esta correspondência, a ele confiada por um vosso antigo professor, de Paris, o Sr. Denizard Rivail, de quem é também, aquele, discípulo, atualmente... Aqui tendes o volume, que para vós recebi do próprio imediato...

Gaston agradeceu, o coração confrangido por amaras reminiscências, relegando para mais tarde a consulta ao novo compêndio do Sr. Rivail, a quem sabia escritor didático. Um tanto constrangido ao verificar que o volume não se fazia acompanhar de cartas, o antigo marquês exclamou desalentado:

— Esperava cartas do continente... Há cerca de dois anos que não tenho qualquer notícia...

Seus olhos baixaram tristemente, e expressão angustiosa ensombrou-lhe o semblante. Condoído, o capelão, intentando desviá-lo das exaustivas apreensões que tão bem lhe conhecia, circunvagou o olhar pela imensidão do horizonte que se distendia à frente, e foi dizendo, comovido, como inspirado por insólita espontaneidade:

— Observai, Sr. marquês, a harmonia reinante nesta tarde de domingo! Dir-se-ia princesa tropical ataviada para festejos nupciais! Vós, que sois artista, poeta de sensibilidade profunda, não tendes, então, anotado o esplendor da luz e das cores?... Ó Deus! Que bem faz à alma do pensador ver, sobre a beleza desta imensidade, as bênçãos criadoras do Artista supremo e inimitável, revigorando a sua produção!... Somente os céus e os mares tropicais, Sr. marquês, possuem o segredo de coloridos tão vivos, pródigos de ardentes lampejos, como de vida, de movimentação inconfundíveis! Dir-se-ia que a Natureza, imprimindo neste recanto de pátria toda a magia da sua augusta arte, ocultou-o assim, entre abismos, ciosa de seus esplendores!... Em a nossa milenária Europa já não nos permitiremos contemplar matagais assim profusos, sadios de seivas como estes, cujas tonalidades, de variedade estonteante, traduzissem a primavera da vida, tal como a que se desenvolve ao redor de nós! Este sol fulgurante, quase direi — audacioso! — ofuscando-nos com tanto desperdício de cintilações; este oceano majestoso qual soberano confiado na própria força — Atlântico inspirador de pavores e mistérios, sugerindo ao pensamento enamorado remotas civilizações submersas em seu seio, e sobre cujo dorso julgar-se-ia vagarem ainda destroços das lendárias metrópoles da fabulosa Atlântida; este oceano, o belo encarnado na força, a conjugar reflexos com o astro-rei para projetá-los, depois, sobre o amorenado da Terra e o luzidio verde das matas —, modulam uma estranha sinfonia, tão grata e esplendente que, diante de tanta beleza e majestade, minha alma se curva reverente, bendizendo o Criador! Oh! Formoso retalho da Terra! Bendito sejas! Eu vos saúdo, poderoso Deus! por esta luz, por este oceano, por esta vegetação reverdejante, por tanta imensidade e tanta vida — testemunhos que são do vosso poder e da vossa sabedoria!...

O "formoso d'Arbeville" esboçou um sorriso.

Amor e ódio

— Somente o vosso generoso coração, meu padre — replicou —, teria o condão de descortinar tais magnificências na miserável terra do degredo... Confesso que jamais reparara no formoso painel que apresentais... Para mim, este pobre burgo que vos parece uma pátria de deuses nada mais é que atra região onde se perpetuam desesperos...

— No entanto, meu filho, o teu estado de amargura — permiti que seja íntimo o tratamento que vos dê agora — nada terá a ver com o local em que o experimentas, porquanto, a verdade é que sua origem está nos próprios infortúnios que te deprimem a coragem moral, como nos teus erros, no teu estado mental ou espiritual, enfim... Se observares melhor as vistas da Providência no que concerne à tua própria situação, e, com isenção de ânimo, te propuseres a penetrar o âmago dos fatos desenrolados ao redor de ti, compreenderás que, na tua atualidade, aparentemente arbitrária, pungitiva, apenas te é concedido fecundo ensejo de aprendizagem substanciosa, a qual te oferecerá proveitosa experiência! Sim, porque é ao calor das difíceis pelejas da adversidade que as criaturas humanas conhecerão detalhes da existência, que jamais seriam verdadeiramente concebíveis se não fossem vividos e experimentados! Desta data em diante, por exemplo, seja qual for o destino que te aguardar, saberás como vivem e sofrem milhares de homens, teus irmãos perante Deus, esses míseros escravos do trabalho árduo e rigoroso, ou prisioneiros maculados pela ignomínia, tão esquecidos e menosprezados pelas sociedades brilhantes, e os quais nunca aprenderias a considerar como teus iguais se a mesma dor que os há ferido a ti igualmente não viesse demonstrar esse grande princípio moral e filosófico! Conhecendo, sentindo agora essa modalidade da vida — a do trabalho braçal, a do cativeiro —, novos sentimentos de solidariedade humana acender-se-ão nas piras de tua alma, esclarecendo-te que príncipes, cavouqueiros, lenhadores, degredados, delinquentes, todos possuem uma alma sensível ao sofrimento, e, como a tua, talhada nos moldes divinos e, portanto, merecedora do teu apreço como da tua estima! E tal aquisição, meu jovem amigo, aparentemente insípida e vulgar, aos embates da dor aprofundar-se-á originando muitas preciosas efusões do coração, visto ser a chave áurea para os domínios da Fraternidade! Queres que doces consolações te visitem a alma, lenindo as amarguras da situação suposta irreparável?... Concede um pouco de ti mesmo, com os serviços da bondade, aos infelizes que te cercam compartilhando das mesmas agruras que também te pungem! Existem aqui homens tão sofredores como tu, e que, como tu, carecem do estímulo da fraternidade para que se não despenhem nos abismos das desesperações irremediáveis! Envolve-os, Gaston, nas celestiais fragrâncias que o Evangelho de Jesus te há dado a aspirar durante a aprendizagem silenciosa e discreta que vens fazendo por intermédio de suas páginas... Em vez de te isolares egoisticamente, cioso da tua própria desventura, procura-os amavelmente, testemunha-lhes o teu interesse pela sua sorte, com a tua fraternidade; conforta-os com a tua companhia, ama-os! porque o Amor engrandece sempre aquele que o pratica, e verás que serás suavemente beneficiado à proporção que os beneficiares... No coração humano, Gaston, sede física dos augustos sentimentos cujos germens o Sempiterno plantou em nosso Espírito para que os desenvolvêssemos até a florescência e a sublime frutificação, por meio dos nossos próprios esforços e boa vontade, cabem todos os afetos e expressões generosas! Aqui mesmo, neste presídio, existe quem sofra ainda mais, porque arrastando a consciência virulenta pelas sombras aflitivas do remorso. Ama a esses, de preferência, que são os mais infelizes! Reparte com eles as alvíssaras que a Boa-Nova do Senhor te deu a conhecer... e cedo verás que até mesmo as cruciantes saudades que te sangram o coração estarão lenidas ao aconchego da própria generosidade que desenvolveres em proveito deles... Oh! Nem tanto te cruciariam o degredo, o afastamento do torrão natal, mesmo a ausência dos seres amados, se deixasses o coração e o pensamento alçarem irradiações rumo de uma ideia superior, edificante e compensadora! Porventura, meu filho, a verdadeira pátria não será antes o Universo todo, essa inapreciável reunião de sóis e globos planetários que evolucionam pelo azul do Infinito?... uma vez que o homem é, principalmente, ser espiritual, oriundo de um Pai eterno, criador do Infinito, e que, por isso mesmo, necessariamente, é herdeiro desse Infinito que para ele foi criado, a fim de que, palmilhando-o de etapa em etapa na espiral da evolução, se abeire, glorioso, do Grande Foco que lhe concedeu a vida?... Aprende a considerar

Amor e ódio

como pátria o Infinito, por irmãos a Humanidade inteira, e jamais, Gaston d'Arbeville, jamais! te sentirás expatriado ou insulado dos teus afins...

— Encantam-me e atraem-me as vossas tão formosas ilações, venerando padre... Sois poeta e santo...

— Enganas-te, meu amigo! Não sou poeta, como não possuo santidade! Unicamente, penetrei algo do sentido superior existente em todas as coisas, aprofundando-me em estudos sacrossantos, procurando enobrecer minha alma nos rastros de grandes pensadores e de filósofos do passado, que comungaram com o bem e o Invisível nas suas expressões mais nobres... Eis, porém, que os ensinamentos que venho abeberando, desde muitos anos, nos compêndios de filosofias e ciências transcendentais reservados outrora aos eruditos e privilegiados da Iniciação austera, quase sobre-humana porque apanágio dos caracteres vigorosos dos homens de antanho, tais os filósofos gregos e os expoentes das Doutrinas Secretas do Oriente, começam hoje a ser popularizados, ofertados aos homens comuns, para que igualmente obtenham o direito de se iluminarem e engrandecerem moralmente, com o aparecimento do livro que está aí, em tuas mãos, gentilmente enviado pelo autor, até a tua solidão, e ao qual, marquês, ainda não tiveste a curiosidade de quebrar os lacres, a fim de o examinares...

Realmente, Gaston esquecera a dádiva recebida, atraído pela conversação suave do velho sacerdote. Àquela sugestão amável, entregou-se ao afã de quebrar os selos, enquanto este esclareceu:

— Também eu fui honrado com a oferta de um volume igual, feita pelo imediato, que se declarou adepto das doutrinas nele defendidas... Passei a noite a lê-lo e posso garantir tratar-se de estudo profundíssimo, monumento imperecível de uma nova era...

Um maço de correspondência saltou do envoltório. Eram cartas de Assunción e de Henriette, que o degredado recebia com indisfarçável comoção, enquanto o pequeno volume aparecia aos seus olhos surpresos, simbolizando a aurora de uma vida nova que surgiria, não somente para ele, mas para a Humanidade inteira.

FILOSOFIA ESPIRITUALISTA

O LIVRO DOS ESPÍRITOS

Ditado por Espíritos superiores, com o concurso de vários médiuns e recebido e coordenado por

ALLAN KARDEC

Intrigado, o ex-fidalgo abriu-o e leu esta singela, mas expressiva dedicatória:

A d'Arbeville de Saint-Pierre,

ALLAN KARDEC

Não lograva compreender. Quem seria esse Sr. Allan Kardec, de quem jamais ouvira falar na França?... De Robin, sorrindo, veio em seu socorro:

— O Sr. Denizard Rivail preferiu assinar esta obra e, certamente, outras que se seguirão no gênero com o presente pseudônimo. Hippolyte Léon Denizard Rivail e Allan Kardec são, portanto, uma única pessoa...

Eis, porém, que, ansioso, o condenado se pôs a ler as cartas. Fazia-o em voz alta, desejoso de fazer o amigo partilhar do noticiário, não obstante os protestos por este apresentados. Assim foi que, nessas missivas, expositório de saudades e lágrimas, Assunción d'Arbeville participava-lhe que recuperara o velho solar de Saint-Pierre, o qual, posto a leilão judiciário após sua condenação, fora adquirido por Henriette Flavie, que, durante os dez anos que se seguiram, Henriette, auxiliada por Michel Blanchard e Roland, fê-lo prosperar, e, agora, restabelecido no seu justo valor, doara-o a ela própria, Assunción, como dádiva de aniversário natalício, retornando o imóvel, portanto, a um d'Arbeville! Que Michel, falecido havia alguns meses, fora sepultado no túmulo dos d'Arbeville, porque bem merecera a homenagem daqueles a quem tão lealmente servira. No entanto, que, até aquela data, nada de positivo haviam conseguido para a revisão do processo que a ele, Gaston, sentenciara ao degredo, não obstante os esforços movidos acerca do Imperador, que, no apogeu do triunfo, parecia esquecer os amigos do passado...

Gaston deixava correr as lágrimas enquanto lia a missiva materna, comovido e saudoso, assistido pelos estímulos do sacerdote. Mas, quando passara às páginas emotivas de Henriette — a mulher admirável que não o esquecera na desgraça, antes atendera mesmo ao apelo supremo do seu coração, à hora do último adeus, para que velasse por sua pobre mãe —, sentiu-se exultar de esperança frente as alvíssaras que o antigo anjo de Lacordaire de tão longe lhe enviava. Entre outros pontos interessantes, dizia ela:

"Ó Gaston! É um fato encantador, ainda que, quando o presencio, minha alma se comova e emocione até as raias do pavor! Falar com os nossos mortos queridos!... Que de consolações e suaves esperanças colhemos desse abençoado intercâmbio! Conquistar novas relações de amizade no soerguimento de uma ponta do véu que nos encobre as sociedades do Mundo Espiritual, adquirir amigos ternos e leais, conhecer, acima de tudo, o que nos aguarda quando para lá se transladarem os nossos espíritos! oh! que mirífica epopeia entrevemos, e que luminosa renovação se opera, então, em nosso ser moral, que todo se alcandora de alegrias tão puras quanto legítimas e inquebrantáveis! Os eternos desígnios preparam uma remodelação moral-filosófica-científica nas sociedades humanas e a França tem a honra de ser o berço desse outro Renascimento, de consequências inavaliáveis no momento, para o bem da Humanidade! O nosso velho amigo Sr. Denizard Rivail — a quem hoje todos aludem servindo apenas do pseudônimo por ele recentemente adotado, e o qual lhe criou uma nova personalidade — Allan Kardec —, tornou-se definitivamente o chefe desse movimento com a publicação do livro que hoje te enviamos, fruto de seus labores e investigações a respeito do Mundo Espiritual. Convidada, por ele, a participar de suas reuniões experimentais, consegui falar longamente com o meu pobre Georges e com teu venerando pai. Tua mãe, outrossim, há recebido do defunto marquês os mais alentadores testemunhos de sobrevivência, afeição e interesse sempre renovado, o que foi inestimável refrigério para as percucientes amarguras que tem experimentado. Ela rejuvenesceu! Hoje em dia, meu Gaston, na França, mesmo na Europa, e, certamente, também nas duas Américas, são raros aqueles que não mantêm relações com o Invisível! Nas reuniões levadas a efeito pelo Sr. Allan Kardec, ou pessoas por ele autorizadas, apresentam-se almas portadoras de grandes virtudes, verdadeiros mensageiros do Senhor, e ouvi-los esclarecer as leis que revelam, ler as mensagens que ditam aos seus intérpretes, ou "médiuns", para a estruturação do corpo doutrinário daquilo que denominam de "Nova Revelação" é sentir a alma a ascender às regiões da lídima ventura espiritual! Quisera, meu amado, ter-te entre nós, a fim de que partilhasses da lenidade que eu e tua mãe temos obtido no convívio com nossos mortos queridos e outros amigos que se revelaram fraternalmente — em pleno domínio dos desgostos que nos atingiram! Às suaves advertências dessas augustas entidades dedico-me hoje às obras de beneficência em geral, haurindo nesse sacrossanto ministério muitos doces estímulos para o coração. Oh! quando, com minhas próprias mãos, confecciono agasalhos para os órfãozinhos que vivem sob minha proteção; quando consigo solucionar problemas de um pai enfermo sobrecarregado de aflitivas responsabilidades; quando observo que contribuí para que o sorriso reflorisse nos lábios de uma pobre mãe dantes chorosa e apreensiva — sinto que o coração se me distende até as plantas do Senhor, comungando num hausto de felicidade espiritual que toda me renova e transfigura! E, por isso, mando-te *O livro dos espíritos*, ofertado por teu antigo professor para que também sejas informado das alvíssaras que ele apresenta, como da renovação que seus ensinamentos podem operar num coração sedento de verdade e de justiça! Devo, porém, esclarecer que o Espírito Georges me induziu a fazê-lo, certo de que serás proveitosamente beneficiado..."

A essa altura o "divino Apolo" de outros tempos suspendeu a leitura, os olhos marejados de pranto, poderosa comoção interceptando-lhe a palavra. A carta de Henriette parecia, com efeito, reflexos de uma aurora renovadora! E o último tópico, anunciando que Georges, redivivo, pensava nele, por ele se interessando como outrora, oh! era, com efeito, rejuvenescedor eflúvio para o seu coração seviciado por contumazes dissabores!

De Robin premiu-lhe delicadamente o ombro:

— O Céu generoso rasgou-se para vós, marquês, e estou certo que conhecereis suas imortais belezas! — exclamou comovido. — Chorai! Chorai!... Que vossas lágrimas, correndo livremente sobre este altar da Natureza, assinalem para o vosso espírito a aurora da redenção!...

8

Alguns meses se passaram, durante os quais Gaston progredira sensivelmente nos conhecimentos fornecidos pelo admirável compêndio que viera da França — *O livro dos espíritos* —, assim como nas páginas cintilantes do Evangelho cristão. A comunicação com as almas defuntas se estabelecera quase normalmente, graças à alta compreensão de princípios do Sr. de Robin, o qual, como não ignoramos, conhecia o assunto desde muito, sendo mesmo versado em Ciências esotéricas do Oriente. De Robin, Gaston e um guarda do presídio, por nome Manuel Felício, homem simples e humanitário, guianês de nascimento, mas de origem brasileira, reuniam-se durante as tardes cálidas de domingo à beira do mar, suspensos no abismo; e, ali, tendo como altar a Natureza, elevavam em conjunto suas orações e homenagens mentais à Majestade Divina, predicavam sobre as sublimes lições do Cristianismo e confabulavam, respeitosos, com os emissários do Além que acorriam solícitos, correspondendo à boa vontade com que se empenhavam no cultivo dos dons da alma. O capelão, que, havia muito, prelibara o delicado ministério da mediunidade por meio das meditações profundas e silenciosas com o Céu e da austeridade de costumes, ambas propícias ao fato, com facilidade viu-se visitado pelas "línguas de fogo" que assinalam a livre expansão da preciosa especialidade; e, assim, emprestando aos habitantes do Mundo Espiritual o seu aparelho carnal, puderam estes se dirigir aos dois recém-iniciados para lhes falarem das verdades divinas, confortando-os dos dissabores frequentes, orientando-os na senda nova, o que, indubitavelmente, constituía legítima caridade cristã!

Manuel Felício falou, dessarte, com sua própria mãe, reconhecendo-a por particularidades inconfundíveis. O pobre homem, qual se o próprio Céu se revelasse em deslumbramentos aos seus olhos de mortal, dera livre curso às lágrimas sentindo a presença daquela que lhe dera o ser, a qual, morta, havia tantos anos, em seus braços, agora lhe testemunhava, do Além-Túmulo, o seu imarcescível amor maternal, como a sobrevivência da própria personalidade adentro dos segredos da morte. Por sua vez, Gaston ouvia o pai, dele recebendo conselhos e consolações que o revigoravam no cruciar das provações, bem assim lições edificantes sobre moral e fraternidade e revelações quanto às condições da existência no Além-Túmulo, o que era motivo de doces compensações para sua alma duramente contundida pelo sofrimento. Outras personalidades apresentavam-se também, e Gaston e Manuel, nascidos em ambientes diversos, cuja civilização e cultura diferiam tanto entre si, mas agora irmanados pelo vero amor cristão, entusiasmavam-se ante as provas obtidas da realidade dos fenômenos que a complacência celeste lhes concedia. Não obstante, d'Arbeville não se resignava à desarmoniosa nuvem que penumbrava os horizontes da sua nova convicção:

— E Georges?... — a si mesmo interrogava apreensivo. — Por que não acorre aos meus apelos?... Por que não se permite refrigerar meu coração com uma só palavra, que me garantisse a sua estima, ainda hoje?... Oh! morreu magoado comigo, é bem verdade, pois!...

Em vão a palavra de seu pai tentava reconfortá-lo, aconselhando paciência. Debalde o velho sacerdote recordava as cartas de Henriette, repletas de consolador noticiário sobre o amado morto. Não se conformava ele com a desconcertante realidade, fatigando-se em elucubrações renitentes quanto ao impressionante drama que a ambos enleara, drama que tinha o seu doloroso epílogo naquelas solidões sul-americanas.

Amor e ódio

Certa noite, achava-se Gaston ainda desperto, apesar do adiantado da hora. Graças à caridosa intervenção do velho sacerdote, poderia o antigo marquês habitar, agora, pequena dependência gradeada, isolada do dormitório geral, a qual propiciava melhor repouso, como mais serena meditação.

O anjo consolador do sono, a quem Deus incumbe de oferecer tréguas às criaturas ergastuladas na carne, descera seus mantos compassivos sobre o grande abrigo que tantos desesperos encerrava, e levara consigo, até as suaves regiões do reconforto espiritual, as almas lamentosas dos seus protegidos.

Insone, porém, o último d'Arbeville dirigia os pensamentos para a pátria distante, lembrando Henriette, de quem recebera novas cartas, na véspera. Ele a revê mentalmente, saudoso e comovido, tal como há dez anos — formosa qual aparição celeste, os cachos louros suavemente perfumados, os longos vestidos de musselinas brancas, senhora, ainda e sempre, do seu amor, que nem a desgraça conseguira destruir! Oh! voltar à França! Rever sua mãe, amenizando, com sua ternura, as desventuras que a feriram tanto!... Desposar Henriette, construir um lar, nele viver serena e honestamente, como tanto desejara seu pai!... Servir a Deus, diante de cuja majestade, agora, sua alma se prosternava reverente, servindo ao próximo, por seu amor! E possuir filhos de Henriette, seres mimosos que lhe chamassem de pai, rever-se na terna formosura de entezinhos risonhos, de quem seria incansável sustentáculo!... Nada disso, porém, seria jamais possível, porque ele já não era nem mesmo um homem, senão mísero precito injustamente banido do seio da pátria!

Nas missivas recebidas na véspera, sua mãe e Henriette anunciavam que, em vão, durante dez longos anos, conjugaram esforços e boa vontade ao lado do Sr. Rivail, uma vez que o velho amigo Victor Hugo permanecia no exílio, por ordem do Imperador, para que se fizesse a revisão do seu processo. Luís Napoleão, a quem ele tanto servira, e que não atendera aos empenhos conseguidos a seu favor, quando presidente da República, com maiores razões conservara a atitude de ingrato depois que se nomeara Imperador! Flávio Henri, ainda afastado da filha, interviera novamente. Falara ao soberano, destilando como nunca a peçonha da difamação e da intriga. A justiça de todos os climas teme a revisão das próprias decisões, muitas vezes suspeitando da legalidade em que se inspirou a fim de proclamá-las. E o resultado fora que se reconhecera a prudência de conservar no degredo de além-Atlântico o suposto terrível conspirador e anarquista, indesejável na França imperial de Napoleão III, que alijara do berço natal até mesmo patriotas como o Sr. Hugo.

De súbito, teve ele a atenção atraída para um ponto luminoso, cujas suaves colorações partiam do mais límpido adamantino até os matizes do azul suavíssimo, o qual baloiçava no espaço da cela mergulhada em trevas. Dir-se-ia uma estrela. Por vezes crescia, dilatava-se até o diâmetro de um disco lunar, aclarando docemente o triste recinto. Contraía-se depois, até quase extinguir-se. Corria de um extremo ao outro do compartimento, bailava em ondulações caprichosas, graciosa, atraente, inteligente, como dirigida por mãos invisíveis...

Impressionado, o discípulo do Sr. Kardec levantou-se:

— Será o reflexo de alguma lanterna esquecida ao longo da extensa galeria? — pensou, comprazendo-se numa explicação qualquer. — Como assim, porém, a tais horas e se tal não seria permitido pelo regulamento?... E, ademais, lume de tal natureza existiria, porventura, na pobre Guiana martirizada e cativa?... Aquelas tonalidades hialinas, distribuindo cambiantes sedutoras, inconcebíveis, nem mesmo existiriam sobre a Terra!... Só poderiam provir... de onde, oh! Deus do Céu!...

"De Além-Túmulo!"

Ele, porém, não se atrevia a crer no que presenciava e quedava-se em insólita expectação...

De repente a luz se condensou e cresceu. Distendeu-se e adquiriu forma. E a forma era humana. Era um vulto masculino, refletindo aquela mesma luz da estrela inteligente. A forma aperfeiçoou-se. Acentuou detalhes próprios. Delineou com fidelidade os característicos fisionômicos... e Gaston d'Arbeville, reconhecendo-a, caiu involuntariamente de joelhos, desfeito em lágrimas...

Georges de Soissons, ressurgido dos abismos da morte, mostrava-se, redivivo, ao seu dileto amigo do passado! Georges, o amigo fiel, triunfante da atra escravidão do túmulo — ali estava, real e sorridente, ao alcance de suas mãos!...

— Georges! Georges! Sê bendito, meu amigo, meu irmão!... — balbuciou deslumbrado e comovido até a mais sagrada fibra do ser!

Sim, era ele! Mil vezes sim, era ele!... Os mesmos cabelos castanhos dourados, os mesmos olhos claros e doces, o sorriso cordial e afável que jamais se fechava em seus lábios... e até a pérola de Ceilão com que prendia a seda da gravata lá estava, visível, cintilante!...

Mil vezes sim, era ele!

Georges nada dizia. Fitava o amigo prosternado e sorria bondosamente...

— Georges, meu amigo, meu irmão! — repetiu, entrecortado pelo pranto. — Fala-me, oh, por piedade, fala-me! Dize que és feliz, que me perdoaste o crime de não poder olvidar Henriette depois que ela se tornou tua esposa... Não, Georges, não profanei o teu lar! Minhas intenções foram as mais honestas, e jamais vos pretendi tornar infelizes!... E não toquei sequer nas tuas armas... Tua morte foi um acidente imprevisto, que a mim também poderia ter eliminado... Mas, ainda assim, rogo teu perdão, como a certeza de tua antiga afeição... Vê, Georges, o meu suplício neste cativeiro. Contempla o meu coração despedaçado pelas mais duras provas da adversidade, meu nome irremediavelmente desonrado, vilipendiado como não seria o do mais vil dos criminosos! Vê que minhas esperanças foram irrevogavelmente destruídas, e que minha própria vida nada mais traduz senão escombros sepultados na infâmia de um degredo perpétuo! Se vires, porém, que tal acervo de sofrimentos não bastará para me exculpar aos teus olhos, de qualquer dúvida que ainda possas conservar quanto à minha conduta a respeito de ti — faze que sobre mim pesem maiores e mais ardentes represálias —, por amor de ti, eu a tudo me curvarei resignado, julgando-me feliz se venturoso te souber onde existes, na esperança de um dia merecer a tua complacência!...

A tão ardente invocação, o luminoso fantasma respondeu aproximando-se do amigo; e, estendendo a destra num gesto afável e inequívoco, sussurrou às possibilidades psíquicas do antigo condiscípulo, ao passo que em derredor o silêncio se tocava de harmonias e ao longe o oceano continuava os tons da sua irrequieta sinfonia:

— Não te considero culpado... Não necessitas do meu perdão...

Fê-lo levantar-se. Aturdido, Gaston se reconhecia singularmente influenciado, incapaz de resistir à pressão a um tempo tão doce e veemente, da entidade que o visitava. Georges impelia-o para o catre constrangendo-o ao repouso. Ele deitava-se, com efeito, enquanto aquele lhe aconchegava as pobres coberturas, como o fazia outrora, nos dias faustosos do velho palácio do *faubourg* Saint-Germain... Mas de Soissons tornou de mansinho, como por meio somente de uma vibração do pensamento:

— Dorme, Gaston... estás fatigado... necessitas repousar...

E assim foi que um bom anjo, vendo-o insone, caridosamente socorria-o, arrebatando-lhe a alma para as flóreas regiões do repouso.

* * *

Amor e ódio

Caridosamente arrebatado pelo Espírito Georges, sob as injunções irresistíveis do sono magnético, que melhor faculta a liberdade temporária do encarnado, Gaston atingiu formosa mansão fluídica, dessas que florescem pelo Além marchetando de beleza e harmonias o azul infinito no qual o Criador plantou também as esferas físico-materiais. Tratava-se, no entanto, por assim dizer, de ambiente ainda mesclado de emanações terrenas, correspondente aos impositivos dos serviços espirituais nas Gálias. Dir-se-ia imensa metrópole gótica — de que Paris seria denso arremedo —, plasmando o tipo ideal de uma civilização assinalada pela expressão da beleza e da arte. Suas formosas construções, estruturadas na magia de um elemento material quintessenciado, dir-se-iam antes caprichosas peças de filigrana expostas num santuário de arquitetos consagrados, as quais, refletindo nuanças de ignotos luzeiros, lucilavam em suaves tons multicores, emprestando ao panorama aspecto paradisíaco.

Ao recuperar as faculdades por um momento eclipsadas, graças ao impositivo do transporte, Gaston, em espírito, reconheceu-se ao lado de Georges, caminhando pelas aleias de imenso jardim que lhe era familiar, com seus tabuleiros de flores olentes e raras e gorjeios de passaradas acentuando os encantos ambientes. Não se surpreendeu e nem mesmo pareceu prestar grande atenção ao que o rodeava. Seu pai veio-lhe prontamente ao encontro, beijando-o ternamente como durante a sua juventude. O moço correspondeu-lhe a afabilidade e seguiram lentamente, os três, por entre os canteiros cheirosos e os arvoredos farfalhantes...

Foi Gaston o primeiro a expressar o pensamento:

— Quisera aqui poder ficar convosco, para sempre!... Dói-me tanto o duplo cativeiro da existência!...

— No entanto, meu filho, é imprescindível que arrastes até o final os compromissos assumidos ao reencarnar, porque a tua honra de filho de um Deus Todo-Poderoso assim o exige!... Sem que te libertes dos lúridos reflexos do passado, não poderás permanecer por muito tempo entre nós ou ascender a mais nobres regiões da Espiritualidade... Lembra-te de que teu atual estado terreno foi decretado pelas tuas próprias ações, em anterior existência planetária...

— Assim é, meu pai, ai de mim!... Mas sofro, porque no estado de vigília a ciência desse passado e dos compromissos assumidos para com a Lei de Deus se esfumam de minha compreensão e julgo-me vítima de ignominiosas injustiças, restando-me apenas o travo acrimonioso do presente infeliz... Mesmo neste momento não consigo recordar um só detalhe das razões que elaboraram o meu infamante presente...

Georges interveio vivamente, enlaçando o amigo pelos ombros:

— Trago ordens superiores para reavivar aos teus sentidos as operosidades desse mau passado... Estou certo de que tal concessão visará a auxiliar-te nas últimas etapas dolorosas das vias que palmilhas... e amanhã, ao despertar, doce resignação te predisporá aos sacrifícios, conquanto apenas conserves a impressão de um sonho confortador...

Haviam atingido certo recanto circundado de altaneiros arbustos. Reflexos opalinos suavemente irisados de tonalidades azuis projetavam-se sobre o local, concedendo-lhe feição de santuário. Sentaram-se na alfombra macia que a luz fazia cintilar qual se cristalino orvalho se espargisse sobre ela, e, ao fazê-lo, o antigo marquês de Soissons, virando-se de súbito para o antigo condiscípulo, perguntou-lhe enigmático:

— Como te chamas, meu amigo?...

E este, prontamente, intrigado ante a ociosa interrogação:

— Porventura esqueceste, meu caro Georges, que sou o marquês Gaston d'Arbeville de Saint-Pierre, atualmente destituído dos títulos de nobreza, retido no degredo de além-Atlântico?...

Muito sério, Georges fitou-o e exclamou com veemência, coadjuvado pelo velho marquês:

— Não! Teu nome é Léon de Lesparres, és conde de Bayonne, e resides em Florença!...

Estendeu sobre ele a destra que se inundou de um jacto de luz feérica, proveniente de Mais Alto, e continuou:

— Abre tua alma às recordações!... Deixa que teu pensamento e tua consciência retrocedam juntos pelo tempo até te encontrares com o nome de Léon de Lesparres... Lê em tuas próprias ações passadas a justiça das Leis divinas que infringiste criando as consequências atuais... e sorve nesse manancial sagrado a conformidade indispensável ao bom êxito da tua própria reabilitação!...

Junto ao grupo, mas invisível no momento, um vulto venerável presidia à sublime interferência. Era Instrutor, fiel ao seu alto mandato.

Então, compelido pela força irresistível de seus maiores, Gaston extraiu dos refolhos sagrados da consciência o impressionante drama vivido no passado — impressionante origem das provações experimentadas na atualidade planetária...

Tal foi a intensidade desse drama, que pedimos vênia ao complacente leitor para transcrevê-lo nas páginas seguintes.

FIM DA TERCEIRA PARTE

Quarta Parte

O passado

E o filho lhe disse: Pai, pequei contra o Céu e diante de ti, e já não sou digno de ser chamado teu filho.

(Jesus Cristo – Parábola do Filho Pródigo
– *Lucas*, 15:21).

1

Em Florença, pelos alvores do século XVIII, vivia um fidalgo francês emigrado, cujos dotes de coração e prendas intelectuais o tornavam admirado por quantos do seu convívio privassem. Contava, então, pouco mais de 50 anos e carecia de bens de fortuna. Seu nome era Heitor de Lesparres, e seu título — conde de Bayonne. Emigrado graças a antagonismos políticos, entrara em Florença acompanhado apenas dos próprios dons morais e intelectuais e de dois filhos gêmeos, órfãos de mãe ao nascerem — Léon, o que teria os direitos de primogenitura; e Charles, que seria o segundo. Sua vida, no entanto, decorria serenamente, entre as operosidades da mansão que possuía nos arredores da cidade e a ternura dos gêmeos, aos quais amava com especial carinho. Dentre estes, Léon destacava-se pela fulgurante inteligência que dele fizera, aos 25 anos, um artista emérito. Passava grande parte do tempo no convívio de eminentes artistas que então viviam na famosa cidade, ou que a visitavam; a estudar Artes pelas catedrais, museus e galerias, pelas bibliotecas públicas ou particulares, enriquecendo o próprio cabedal intelectual com o conselho deste ou daquele mestre, impresso em suas obras. Era, pois, talentoso artista do pincel, constantemente requisitado pelas casas afidalgadas a fim de retratar seus donos ou cuidar das decorações. E, poeta, ele mesmo, e latinista, declamava com brilhantismo Virgílio,[37] Horácio[38]

---

[37] N.E.: Publius Virgilius Maro, o mais célebre dos poetas latinos, nasceu nas proximidades de Mântua em 71 a. C., e morreu em Brindes em 19 a.C., autor das *Bucólicas*, das *Geórgicas* e da *Eneida*, sendo que esta ele não terminou por ter falecido.

[38] N.E.: Quintius Horatius Flaccus (65 a.C.–8 a.C.) foi um poeta lírico e satírico romano, além de filósofo. É conhecido por ser um dos maiores poetas da Roma Antiga.

e Ovídio,[39] assim como o próprio Dante, tornando-se admirado por toda a sociedade culta e pelos artistas em geral. Profundo desgosto, entretanto, amargurava-lhe os dias — era pobre, precisava, portanto, de lutar pela própria manutenção, impossibilitado de cursar academias a fim de melhor expandir os temas que lhe inflamavam a imaginação.

Não obstante, oposta se apresentava a face moral da sua personalidade. Era devasso nos costumes, voluntarioso, inconsequente. Não media obstáculos para a satisfação das paixões que o inquietavam, e tão depressa satisfazia uma como criava cem, a fim de se agitar. Charles, no entanto, mais sensato e bondoso, era quem auxiliava o pai nas lides agrícolas, exercendo ainda a nobre profissão de professor, pois lecionava a filhos de fidalgos e de burgueses ricos.

Charles de Lesparres nutria legítima afeição pelo irmão, com ele se desgostando, porém, frequentemente, em virtude dos desacertos em que o via incorrer. Temendo por sua vida, à vista do gênero irrequieto de vida que levava, não raro o acompanhava à noite, seguindo-o despercebidamente por vielas e ruas mal-afamadas, pronto a defendê-lo de quaisquer investidas dos rivais ou inimigos, pois Léon inimizava-se constantemente com os próprios comparsas. Muitas vezes, o caráter conciliador de Charles evitava que o mano querido fosse assassinado ao dobrar de uma esquina ou se batesse em duelos desvantajosos, pois sabia-o débil, esgrimindo mal, não possuindo o vigor físico dele próprio. Entretanto, a pérola dos de Lesparres, isto é, o jovem Charles, certa vez cometeu infamante crime de morte: pelos motivos de sempre, Léon desaveio-se com um antigo companheiro de orgias, entrando ambos a se provocarem desde então, em rivalidades repetidas. O antagonismo perpetuava-se, não obstante a intenção de terceiros que tentavam o apaziguamento. Apavorado, Charles de Lesparres previa um duelo ou traiçoeira estocada por desfecho, desfavoráveis ao irmão. Cesare, o adversário, era

---

[39] N.E.: Publius Ovidius Naso (43 a.C.) foi um poeta latino, fácil e brilhante, amigo de Virgílio e de Horácio.

robusto e ágil, gabando-se de ser o melhor florete de toda a Província. Certa noite, o inevitável definiu-se, para desespero do nobre filho do conde de Bayonne. E foi quando os dois jovens, Léon e Cesare, levando ao extremo a animosidade, marcaram encontro para a manhã seguinte, ficando assentado que um ou outro deveria sucumbir no campo de honra. Ora, o lamentável incidente ocorrera alta noite, no interior de um albergue onde bebiam e jogavam vários mancebos, acompanhados de pobres mulheres inescrupulosas. A custo pudera o jovem professor, que, como sempre, acompanhara o irmão, retirar-se com o gêmeo, que se achava ébrio, deixando na taverna o espadachim. Torturava-o aflição pungente, suprema! Indubitavelmente, na manhã seguinte Léon estaria estendido no campo de luta, banhado em sangue, morto! pois que, além do mais, passando a noite insone, debilitado pelos alcoólicos, em que parcas condições se encontraria para medir-se com tal adversário!...

Cautelosamente, levou o gêmeo a casa, coadjuvado por outros jovens amigos de ambos. No velho portão de sua residência, despediram-se os amigos, que prometeram encontrá-los na manhã seguinte, a fim de testemunharem a cerimônia. Já no interior da casa, Charles despertou a antiga ama — que a ele e a Léon criara desde o berço, com extremos maternais — e disse-lhe grave, impenetrável:

— Minha boa Marta, trago-te Léon em mau estado, olha por ele, pois corre grande perigo. Vou sair novamente. E amanhã, suceda o que suceder, não digas a ninguém, Marta, a ninguém! nem mesmo a meu pai, que tornei a sair depois de trazer Léon...

Aquiescendo a boa mulher, o filho de Heitor saiu qual sombra sinistra, colado às paredes dos sombrios edifícios, embuçado em longo manto, o rosto acobertado por pequena máscara, ocultando-se aqui e além entre pilastras ou sob escuras arcadas. Voltou às proximidades do albergue e espreitou cuidadosamente. Cesare despedia-se dos cômpares, tão alcoolizados quanto ele mesmo. Descansaria algumas horas para —

gabava-se às risadas — dali a pouco trucidar o fidalgote de Lesparres ao primeiro golpe a fundo, tal se se tratasse de um pombo...

Charles tiritava, excitado por desordenadas vibrações nervosas. Uma hora antes, oferecera bater-se em lugar do irmão, dado o encontrar-se este impossibilitado pela embriaguez. Discordara, porém, o espadachim, enquanto Léon se ofendera por ser considerado incapaz.

Que fazer, então, uma vez inconformado com a ideia de ver o irmão assassinado num combate desigual?...

O jovem florentino, entretanto, saía desacompanhado. Vinha cantarolando alegres canções, gargalhando imbecilmente, como é comum nos ébrios. Aproxima-se, vacilante... E, de súbito, Charles cai como um raio sobre o desgraçado, fazendo-se de ladrão; e, sem ensejar tempo para a reação, falou-lhe, a voz irreconhecível, por um resto de cavalheirismo, que, no momento, se apresentara em meio da sua infâmia:

— Defende-te, cão! se não queres morrer assassinado!

A luta foi breve, porém, violenta, sinistra, dentro das sombras de Florença adormecida. Em curtos instantes um vulto tombava entre convulsões de dor, e outro, arrancando do peito do moribundo o punhal gotejante de precioso sangue, fugia desabaladamente do local maldito, que a sombra de Caim[40] contemplava...

Pela manhã, o esgrimista não comparecera ao encontro. Uma testemunha correra ao seu domicílio, voltando, após, com a notícia:

— O adversário fora assaltado durante a noite, ao deixar o albergue, não podendo dominar o atacante por se encontrar ébrio. Gravemente ferido, exculpava-se por não cumprir a promessa de matar o jovem de

---

[40] N.E.: Conforme o *Gênesis*, filho de Adão e Eva, matou seu irmão Abel, sendo considerado o primeiro homicida da Terra.

Amor e ódio

Lesparres naquela manhã, o que muito o penalizava, mas prometia cumpri-la tão depressa deixasse o leito, no que teria o máximo prazer...

Mas assim não fora, porque dias depois morria sob cruciantes padecimentos, sem revelar o nome do assaltante, visto que o não reconhecera.

Em Florença, tais acontecimentos eram frequentes, não logrando sensação... E o crime ficou impune e o seu autor ignorado...

Leitor! Rogo-te que reconheças em nosso antigo amigo, o velho marquês d'Arbeville de Saint-Pierre, a reencarnação do conde Heitor de Lesparres; e em Gaston d'Arbeville e seu dileto amigo Georges de Soissons, a reencarnação dos gêmeos Léon e Charles, respectivamente.

* * *

Em certa manhã de primavera, Heitor e seus queridos gêmeos encontravam-se desfrutando os frescores matinais por entre os arvoredos da quinta, enquanto expandiam a alegria de que invariavelmente se sentiam envolvidos sempre que reunidos na doçura do lar. Marta, a boa e serviçal ama, seguia de perto seus senhores, zelosa dos queridos meninos. Em derredor, tudo era encanto peculiar às residências campestres. O gado, as mansas ovelhinhas, os galináceos e os pombos graciosos achegavam-se como desejosos de partilhar do convívio da família, e eram admitidos pelos donos com benévolas e álacres expressões. Aqui e acolá, sob as bênçãos do astro-rei que iniciava a gloriosa marcha rumo do zênite, os pássaros, já de retorno, atraídos por tanta alegria e tanta paz, saltitavam pelas frondes generosas, aliando os suaves gorjeios ao balido das ovelhas e ao cacarejar dos galináceos, assim completando o bucolismo do quadro...

De súbito, o rodar de uma carruagem que se aproximava e o galopar dos respectivos cavalos desfizeram a harmonia do recreio da família. Pai e filhos se voltaram curiosos, e compreenderam tratar-se de rica parelha de seis lindos animais atrelados, com efeito, a um carro de luxo.

— É o Sr. Urbino! — exclamaram ao mesmo tempo, reconhecendo quem se aproximava dos portões.

Realmente, era o Sr. Urbino de Vincenzio e seu filho Guido, que já desciam e eram amavelmente recebidos pelos donos da casa.

Urbino de Vincenzio era fidalgo riquíssimo, natural de Florença. Possuía seu palácio de residência — vero esplendor da Renascença — num dos mais nobres arrabaldes da lendária cidade dos Médicis, sendo respeitado e temido tanto pela rigidez do caráter como pela inatacável conduta no seio da família e da sociedade. E, personagem poderosa e influente, via-se tratado com nímias deferências, conquanto nem por todos conseguisse ser devidamente estimado.

Mais tarde Urbino de Vincenzio reencarnou na França e tu o conheceste, leitor, sob o nome de Flávio Henri de Lacordaire.

No entanto, Guido de Vincenzio era um mancebo de 20 anos, esbelto, louro, delicado, assemelhando-se mais às estátuas formosas que enriqueciam Florença do que mesmo a um ser humano. Retraído e enigmático, suas atitudes pareceriam equívocas ao observador sagaz, não obstante a gentileza do trato e a distinção de perfeito gentil-homem.

Urbino e Heitor entretinham relações de boa amizade. Charles, no exercício da própria profissão, iniciava o jovem Guido nos conhecimentos do idioma francês, ao passo que Léon guiava-o nos segredos da Literatura, do herdeiro de Vincenzio fazendo culto e inspirado burilador do verso. Plena cordialidade, portanto, unia as duas nobres famílias, preocupando-se Urbino em proteger discretamente os amigos, reconhecendo modestos os seus recursos.

Nesse dia, pai e filho visitavam a pitoresca Mansão de Lesparres a fim de reclamar os serviços de Léon e de Charles para sua casa. Guido casava-se. A noiva, que acabava de chegar a Florença a fim de previamente se adaptar aos hábitos dos de Vincenzio e afeiçoar-se ao noivo, encontrava-se hospedada no próprio Palácio Urbino e mostrara desejos de se familiarizar com o idioma francês e sua literatura, para que maiores fossem os vínculos que a unissem ao futuro marido. Jubilosos, vinham, portanto, contratar os serviços dos dois jovens mestres para essa hóspede que tão cara já lhes era ao coração. Ademais, conviria retocar a pintura do palácio para as festas dos esponsais, e para tão melindroso desempenho só Léon mereceria a confiança dos seus donos. A visita, porém, trazia um terceiro fim: convidá-los para o baile em honra à recém-chegada. Então, seria ela apresentada à nobreza florentina e o noivado oficialmente anunciado.

Seu nome — Adélia de Molino.

Nascera em Mântua e lá vivera, até então, encerrada qual prisioneira, no castelo do seu berço.

Contava 18 anos cheios de vivacidade e de ambições.

Era formosa como as madonas da Renascença, que o gênio de Rafael imortalizou; e sonhadora e enigmática como a esfinge.

Sua epiderme trazia a imaculada brancura do leite; seus cabelos, bastos, caindo em ondas vigorosas pelos ombros, ou suspensos por pentes e enfeites caprichosos, tinham o negro das trevas e o brilho sedutor da chama.

Em seus olhos, grandes, negros, profundos, por vezes ameaçadores, não se saberia o que mais admirar — se a beleza singular da forma, o fulgor equívoco da expressão ou a doçura sensual de que não raro se velavam...

Era ardente como a pantera do deserto; graciosa como a garça assustadiça...

Trazia porte de rainha, mas tinha caprichos de criança.

Seu coração era um abismo, um labirinto seu caráter, e seu todo um complexo.

Viam-se descritos nela o ardor de uma raça apaixonada, os costumes de uma época, as tradições de um passado.

Era paixão e ardência; era traição e capricho; era punhal e veneno!

Era Mulher!

O eterno complexo, que só o Evangelho de Jesus Cristo conseguirá redimir e equilibrar!

Era a noiva de Guido de Vincenzio!

Ao primeiro contato com os gêmeos de Bayonne, Adélia compreendeu que nascera para um deles e jamais para Guido, a quem não amava, mas ao qual desposaria para usufruir das vantagens financeiras e sociais que o fato ocasionaria, visto que, órfã e pobre, não lhe caberiam resistências aos desejos de seu tio, o Sr. Urbino, que sonhava uni-la ao próprio filho, uma vez certo de quanto era ela por ele amada. Entre os dois irmãos, no entanto, vacilava. Charles atraía-a. Léon arrebatava-a! Aquele, afetuoso, galante qual o cavalheiro real dos seus romances preferidos, seduzia-a ainda com a cultura invulgar que lhe descobria. Mas este, possuindo a mais o caráter impetuoso do vero cavaleiro andante, dominava-a irresistivelmente! Dentre quantos jovens conhecera na noite do baile de apresentação, Léon e Charles foram, indiscutivelmente, os destacados por suas atenções.

Nos dias subsequentes, porém, os sucessos se agravaram. Charles apaixonara-se pela discípula e sentia a impossibilidade de revelar o seu amor. Constrangido pela própria desventura, despercebia, entretanto, que Léon se abstinha dos excessos passados, recuperava-se para o lar e o trabalho, debruçado, noites a fio, sobre tratados de latinidade e lexicologia, ou entregue aos sublimes labores da Pintura. Possuía este, contudo, sobre os dois rivais — o próprio irmão e Guido —, a vantagem de ser ardorosamente correspondido pela jovem dama, que nele encontrava a concretização dos seus sonhos de donzela. As horas dedicadas às lições de Adélia, se as dava Léon, a sós com ela, eram momentos de apaixonadas efusões que faziam recrudescer a impetuosidade do sentimento que a ambos abrasava; e, à noite, não raro, insofrido, presa de alucinantes ciúmes, arriscando mesmo a própria vida, Léon rondava os jardins do Palácio Urbino, sob as janelas de sua amada à espreita de um sinal, um aceno que o convidasse à temeridade de ir colher nos lábios amados uma carícia a mais, uma esperança de dias mais tranquilos...

Ao infeliz de Lesparres, porém, seria impossível levar Adélia a um rompimento com o primo. Um noivado em Florença era compromisso de honra, que jamais se anularia sem tragédias e sangue. Ademais, que lhe ofereceria senão um coração avassalado pelo amor, enquanto os De Vincenzio lhe deitariam aos pés seus imensos tesouros?... Em face de tais barreiras, um só caminho restava — a conformidade! E surgiu, finalmente, o dia em que viu o radioso Guido conduzir Adélia ao altar do matrimônio!

Adélia de Molino, como bem presumes, leitor, mais tarde reencarnaria às margens do pitoresco Loire, na França, recebendo, assim, um novo nome para os imprescindíveis resgates — Henriette Flavie de Lacordaire!

Entretanto, nem os deveres exigidos pelos sagrados laços do matrimônio; nem as atenções do esposo, que se esmerava no desejo de a tornar feliz; nem o temor a funestas consequências ou o respeito às tradicionais virtudes da família, conseguiram aquietar no coração da jovem de Mântua os transportes da exuberante paixão que a enlouquecia. Por sua vez, enquanto o digno Charles se resignava à renúncia, entrevendo na mulher amada tão só a expressão inatingível do ideal, Léon, coadjuvado pela própria Adélia, exaltava-se cada vez mais, até que, bem depressa, viu realizadas suas condenáveis aspirações. Tornara-se o amante da nora de Urbino, comprometendo-se, irremediavelmente, nas teias de uma paixão que ameaçava destruir tudo o que lhe obstasse as expansões!

Sabedores, porém, do inacreditável acontecimento, Heitor de Lesparres e seu filho Charles, estarrecidos, apavorados com o que, de futuro, sucederia, insistiam, conciliadores, junto ao culpado, para que se afastasse de Florença, pedindo a Roma ou a Milão a reabilitação urgente de tão desgraçada situação. Em vão, porém, o tentavam. Positivamente vencido na sua honra de nobre cavalheiro, no seu pundonor de homem de bem, como na faculdade do são raciocínio, por um arrastamento que se apresentava, ao próprio entendimento, superior às suas forças de resistência, Léon perdeu todas as noções do bom senso e continuou nos braços da perturbadora Adélia!

Certa noite, em que os dois irmãos, ainda uma vez, discutiam, acalorados, sobre a ameaçadora inconveniência, Charles teve a infeliz ideia de lançar ao gêmeo este repto terrível:

— Sim, mano! É pela última vez que te advirto — sairás de Florença, já, amanhã... ou revelarei ao Sr. Urbino o que se passa!...

Fê-lo, porém, com as melhores intenções, no pressuposto de que o irmão se intimidasse, a ver se o convenceria ao dever, isento de qualquer preocupação para a realização do alvitre.

A surpresa da ameaça do irmão, até ali complacente e amorável, assim o terror à possibilidade de ser descoberto, sufocaram em Léon os protestos que desejaria emitir. Emudeceu lívido e mal impressionado, revelando desgosto e ressentimento. Na manhã seguinte, após angustiosa noite de insônia, dispunha-se a iniciar o giro das obrigações diárias, quando Charles, cumprimentando-o, com a habitual afetividade, interpelou grave:

— E então?... Quando partirás para Roma?... Seguir-te-ei, mano, para que se te não torne demasiado áspero o exílio... Do contrário...

— Basta, Charles de Bayonne! Dá-me dois dias mais, apenas!...

A pérola dos de Lesparres sorria, certa da vitória, enquanto o irmão, acabrunhado, deixava-o precipitadamente.

A esta altura, o Espírito Gaston de Saint-Pierre, cujo envoltório corporal, como sabemos, jazia sobre o grabato do cárcere, imerso em letargia, debateu-se em desesperos, negando passividade a Instrutor, que sobre suas faculdades atuava, obrigando-o a analisar e extrair o tenebroso passado dos arquivos conscienciais.

— Oh, não! — suplicava em lágrimas. — Não posso, não quero reviver esse pretérito maldito!... Georges, meu amigo, piedade! Piedade, Senhor Deus!... Deixai-me regressar ao corpo para esquecer meu crime!... Eu sou um réprobo! Enlouqueço, ó meu Deus! no horror a mim mesmo!...

Mas Instrutor lhe recompôs, compassivo, as vibrações por um momento desorientadas... e ele continuou, incapaz de se forrar ao ensinamento generoso que lhe deveria amainar as revoltas no cativeiro da Guiana.

Passaram-se dois longos dias de febril expectação para os dois jovens. Heitor de Lesparres, acabrunhado com a situação, não fora informado do ardil de Charles, a fim de decidir o irmão à renúncia, mantendo-se, portanto, alheio à animosidade dos filhos. Subitamente, na manhã do terceiro dia, achando-se a pequena família à mesa do almoço, eis que a Mansão de Lesparres é invadida por beleguins e representantes da lei, os quais prendem, sem quaisquer explicações, os dois irmãos, a despeito das súplicas do pobre pai e dos protestos de Marta, que prorrompia em pranto. Aterrados, Charles e seu pai entenderam, de início, haver-se descoberto a falta de Léon e que a arbitrária prisão seria o primeiro sinal de uma daquelas terríveis vinganças a que a cidade dos Médicis assistia desde séculos. Encerrados, entrementes, em masmorras diferentes, os gêmeos não mais se avistaram. À noite, todavia, o jovem de Vincenzio dera entrada na velha fortaleza, antiga prisão de criminosos políticos. Servindo-se de atitude dúbia, apresentou uma ordem firmada pelo preboste da Municipalidade, no sentido de serem libertados os dois prisioneiros, já que não ficara comprovada a denúncia contra ambos recebida na véspera. Entendeu-se longamente com o governador. Estabeleceram amistosa concordata... e meia hora depois saía acompanhado de Léon de Lesparres, ao passo que Charles continuava encarcerado. Passaram-se alguns dias. Depois, um mês. Dois meses se escoaram e o jovem professor não era ouvido, nem julgado, nem visitado por quem quer que fosse! Esqueciam-no. Esqueciam-se frequentemente de muitos desgraçados no segredo das masmorras do século XVIII! Bastaria, para tanto, que alguém poderoso na região os odiasse, alugasse um cárcere secreto de cumplicidade com o governador do presídio ou mesmo com um simples carcereiro, assim permitindo expansão ao próprio despeito...

Entrementes, Heitor e Urbino que, ansiosos, aguardavam na Mansão de Lesparres o regresso de Guido, certos de que se tratava de incidente passageiro já plenamente esclarecido, verificando que Charles não o acompanhava juntamente com o irmão, sobressaltaram-se, perquirindo, apreensivos, o que ocorrera. Léon titubeara, mas o jovem florentino, tomando, pela primeira vez, ascendência sobre o amigo, esclareceu jubiloso:

— Charles sairá amanhã... Irei buscá-lo pessoalmente... Apenas a necessidade da legalização de alguns assentamentos impediu-o acompanhar-nos neste momento...

Que se passara, porém?...

Ao contrário do que supuseram Heitor e Charles, a falta de Léon não fora descoberta, e Urbino tivera conhecimento da prisão dos dois mancebos pelo próprio filho, que, no entanto, silenciara quanto à falsa denúncia por ele mesmo expedida contra os dois jovens. O caso, porém, fora que Léon — revoltado com a ameaça terrível do irmão e temendo a sua realização; sem forças propícias à renúncia que se impunha, preferindo antes perder a própria vida que o amor que lhe era tão caro; cego pelo despeito e alucinado pelo desespero — decidiu impossibilitar, de qualquer forma, a ação de Charles a respeito do caso. Não lhe acudindo ao raciocínio, entretanto, outro alvitre, no penoso estado de depressão nervosa em que se encontrava, escravizou-se mentalmente à própria sugestão do mano que lhe fora tão querido — e, inconsequente e temerário, acercando-se de Guido, sobre cujo ânimo vacilante exerca poderoso domínio, e como impelido por humanitário dever —, sugeriu-lhe a necessidade de afastar o próprio irmão de Florença, porque — asseverara — descobrira, desgostoso, que este se apaixonara por Adélia; que esta, no entanto, era inocente e tudo ignorava; e que a bem do próprio gêmeo fazia semelhante revelação, rogando-lhe, no entanto, que nenhum mal lhe ocasionasse, mas que, simplesmente, o banisse para sempre da cidade...

Guido parecera razoável e compreensivo; agradeceu o zelo do amigo, a quem julgou sincero, e concertaram que, a fim de se eximirem a possíveis suspeitas, expedir-se-ia denúncia anônima de conspiração contra os gêmeos; que seriam, necessariamente, presos para averiguações, e imediatamente libertados pela improcedência da mesma, mas que, depois, disporia para que Charles fosse banido de Florença para sempre. Na tarde do dia imediato à libertação de Léon, no entanto, Guido chegava à Mansão de Lesparres acompanhado de seu pai. Encontravam-se jubilosos e, descendo, ligeiros, da carruagem, bradavam pelo nome de Charles em tom afável, amistoso. Iam — afirmavam — cumprimentar o moço, congratulando-se com a família pelo feliz resultado do incidente que tanto os sobressaltara na véspera. Mas depararam o conde Heitor sucumbido, Léon confuso e Marta debulhada em pranto. É que Léon regressara da prisão, onde procurara informações do irmão, com a notícia de que este saíra pela manhã com o jovem de Vincenzio, que o fora buscar pessoalmente. No entanto, a tarde declinava e Charles não regressara ao lar. Inquieto, Heitor imaginara-o, entretanto, no Palácio Urbino, rejubilando-se com seus salvadores. Mas eis que os de Vincenzio acabavam de chegar desacompanhados dele, pretendendo cumprimentá-lo!

Afetando surpresa, o marido de Adélia declarou que efetivamente assistira à libertação do amigo, em cuja companhia deixara a fortaleza, mas que o moço de Lesparres separara-se dele logo após, concertando ambos uma reunião íntima em sua própria residência. Em vista do exposto, passou-se a aguardar o regresso de Charles a todo momento, conquanto ominosos pressentimentos consternassem o coração do pobre pai. Entrementes, Léon, de quem Guido parecia esquivar-se, excruciado pelos primeiros acicates do remorso, compreendia que seu discípulo fugia à palavra empenhada, perpetrando contra seu gêmeo o contrário do que haviam acertado. Abordou, portanto, secretamente, o jovem florentino, ao que este, prazeroso, respondeu:

— Esqueceste do exílio?... Fi-lo partir sob escolta hoje mesmo, para Verona!... Oh! como será amorável viver em Verona quando se está apaixonado!... Se voltar a Florença, morrerá!...

— Ó Guido!... E partiu sem se despedir da família, sem bagagens?...

— Por que te preocupares, amigo de Lesparres, se não amas teu irmão?...

— Enganas-te! Amo a meu irmão!

Sinistra gargalhada, que enregelou o coração do filho de Heitor, foi a resposta, não se atrevendo este, portanto, a novas inquirições...

Um ano se escoou lento, amortalhado em lágrimas, para a Mansão de Lesparres — Charles nunca mais aparecera, não obstante uma carta recebida por seu pai, na qual o jovem suplicava o seu perdão por se ausentar sem sua licença, envergonhado que ficara com o incidente sofrido. Ao fim desse tempo, novo acontecimento se verificou na pitoresca residência, acentuando o luto que a envolvera: não resistindo ao desgosto pelo desaparecimento do filho, e adivinhando-o presa de vinditas irreparáveis, o velho conde sucumbira sem jamais deixar de chorar a ausência do seu terno companheiro de operosidades agrícolas...

2

Ludibriado por Guido, certo de que o gêmeo jamais deixara Florença, uma vez que investigara as assertivas daquele, visitando Verona, Léon visitara também várias vezes a prisão em busca de informações, até que, significativamente advertido pelo governador da mesma, recolheu-se a uma atitude passiva. Não obstante, cruciante remorso entrou a deprimir a consciência do jovem latinista. À noite, supõe ouvir os gemidos do desgraçado irmão, compreendendo-o torturado pelo esposo de Adélia no segredo do cárcere. Sente suas lágrimas lhe rescaldarem o coração, e, após a morte do pai, afirma ver o espectro deste interceder pelo prisioneiro, suplicando-lhe que o socorra de qualquer forma! E tanto mais se excrucia e arrepende, quanto reconhece que não desejara tão precipitoso destino para o mano querido, senão que, em hora malsinada de impulsão colérica, tão só imaginara libertar-se da sua vigilância, sem, todavia, aquilatar das consequências de tão temerário ato. A despeito de tudo, porém, continuara as afetuosas relações com Adélia, a qual, como os demais, ignorava a trama dos acontecimentos, lamentando sinceramente o desgraçado fim do seu gentil admirador.

Uma noite, sentindo extravasar as ondas de amargura que lhe castigavam a alma repesa, o irmão de Charles revelou à Sra. de Vincenzio, em cujos apartamentos se achava, que descobrira encontrar-se este retido em masmorra secreta da prisão de X. Informara-o denúncia anônima, a qual acusava Guido de sequestrador. Guido torturava Charles inquisitorialmente. Pusera Guido em confissão e dele obtivera a narração do revoltante feito!

Impressionada até a angústia, Adélia jurou intervir arrancando de Lesparres das garras de seu marido, não a preocupando a possibilidade das reações e represálias do mesmo. Cumpria, porém, experimentar o terreno, sondar circunstâncias assegurando o bom êxito, e, por isso, ao anoitecer do dia seguinte, recolheu-se aos próprios aposentos declarando carecer de absoluto repouso. Não obstante, meia hora depois envolvia-se em trajes masculinos, encobria-se numa grande capa e, mascarando-se, e armando-se de uma espada fina e flexível como seus próprios nervos de mulher, deixou o palácio e dirigiu-se, temerária, para a prisão apontada por Léon, acompanhando-se apenas de fiel servidor trazido da terra natal.

Recebida sem delongas pelo diretor do presídio, graças à poderosa autoridade do nome que trazia, com facilidade convenceu-o de que se achava inteirada do fato, vendo os próprios intentos coroados de êxito. Ordenou, portanto, aquela autoridade, sua descida ao segredo número seis — pois que afirmara necessitar preciosa informação do prisioneiro e Guido não conseguira arrancá-la pela violência, ao passo que ela o faria servindo-se da doçura e da persuasão...

Agitada e comovida como jamais se sentira, a estranha dama penetrou o subsolo onde, atirado qual trapo inútil, jazia o desgraçado que por seu amor experimentava todos os suplícios, sem que ela o pudesse suspeitar.

Uma vez descerrada a porta do segredo, o sinistro interior de um como túmulo úmido, infecto, miserável, apresentou-se aos apavorados olhos da Sra. de Vincenzio, que soltou uma exclamação de horror e, por um instante, vacilou... O carcereiro alumiava com uma tocha de resinas. Ela arrancou-lha da mão rudemente, ordenando:

— Deixa-me a sós com o preso... Preciso interrogá-lo...

Então, suspendeu a tocha... e um grito, rouco e débil, um gemido, qual estertor de moribundo deslumbrado com uma aparição celeste, confrangeu-lhe as fibras mais delicadas do ser:

— Adélia!...

Ajoelhou-se diante do gêmeo de Léon, que jazia sobre restos de palhas na asquerosa umidade do chão, e, prorrompendo em lágrimas, respondeu, externando nos vocábulos que então proferiu toda a ternura de que seria capaz o seu coração de mulher:

— Charles! Meu pobre amigo!...

Charles de Lesparres sucumbia lentamente, sob os tratos infligidos pela crueldade de Guido de Vincenzio. Esquálido, faminto, coberto de chagas produzidas pela tortura a que era submetido ou pelas dentadas de ratos vorazes; tiritante de febre e de frio, a tossir dolorosamente, graças à afecção pulmonar adquirida no cativeiro, seminu, pois que suas roupas se reduziam a andrajos — ali estava o seu antigo professor aguardando a morte como o supremo socorro concedido pelo Céu! E, se eram pungentes os sofrimentos físicos, atrozes seriam as torturas morais, uma vez cientificado, em todos os detalhes, pela loquacidade maligna do inquisidor, das razões por que ali se encontrava!

Mas eis que libente compensação lhe permitia a magnitude celeste, pois que Adélia, a mulher santamente amada, ali estava, lenificando as últimas lágrimas do seu intraduzível martírio!

Compassivamente, a esposa de Guido fê-lo repousar em seus braços, osculou-lhe, em prantos, a fronte e as mãos, qual piedosa irmã; e, servindo-se de delicados ardis, conseguiu-lhe a confissão de que Guido e o governador eram os seus verdugos, nada adiantando, contudo, que ao próprio irmão condenasse ou a induzisse a descobrir ser ela própria a involuntária causa da sua desventura.

— Amanhã sairás daqui, Sr. de Bayonne! — asseverou, enérgica, à despedida — ainda que eu tenha de assassinar Guido e o governador!...

* * *

Emocionada, os olhos cintilantes, marejados de cristalino pranto, Adélia narrou ao tio a descoberta que fizera, logo na manhã seguinte — asseverando haver-se informado graças a uma denúncia anônima. Sabe que se arrisca a incorrer no desagrado do severo senhor, que não lhe perdoará imiscuir-se em assuntos distantes do lar. Mas ela sente o coração fremir de pena e indignação, e tentará o impossível para socorrer o desgraçado. Sabe falar e impor-se, afirmando ao sogro convir acudir o prisioneiro a fim de se restituir a honra a Guido — e, quem a observasse, altiva, generosa, digna até a admiração, dificilmente conceberia a possibilidade da traição com que ela própria maculava a honorabilidade dos mesmos de Vincenzio.

Urbino ouvia-a sucumbido. Cem vezes fizera-a repetir a singular aventura daquela noite. E cem vezes interrogara-a se, efetivamente, reconhecera o jovem de Bayonne no pobre prisioneiro. De súbito, parou diante dela e exclamou veemente:

— Sim, minha filha: será indispensável restituir a Guido a honra dos nossos ancestrais!... Se Charles de Lesparres é criminoso, que a lei o julgue! Mas se expia um capricho de meu filho, como os muitos que lhe reconheço, havemos de salvá-lo!

Efetivamente, na tarde do mesmo dia, Urbino retirava o desgraçado jovem da prisão, impondo ao filho esse dever de Humanidade, relegando explicações para mais tarde. Não houve formalidades a preencher, visto que a detenção fora ilegal, não constando, portanto, do livro de registros, contentando-se o governador com generosa propina fornecida pelo velho Sr. de Vincenzio.

Charles foi conduzido à Mansão de Lesparres por seu próprio salvador, que previamente fizera participar a Léon os inesperados acontecimentos; ao passo que o algoz, acovardado, refugiava-se em casa para se meter no leito e fechar o dossel, ocultando-se a todas as vistas.

Foi por entre lágrimas que Léon recebeu o irmão a quem sua inconsequência desgraçara. Toma-o nos braços, carrega-o para seus aposentos, trata-o como a um menino, fazendo vir um facultativo. Posta-se à sua cabeceira e esquece até mesmo Adélia, sem outros raciocínios que não fossem refrigérios para o gêmeo, despreocupado até mesmo do abismo que diante dele se escancarava, uma vez fosse Urbino cientificado dos acontecimentos. E cenas compungidas se desenrolam então, na solitária mansão de onde a felicidade desertara para sempre. Possuído de ardentes, ineludíveis remorsos, Léon dir-se-ia enlouquecer frente ao deplorável estado do irmão, quando este, contemplando-o ajoelhado à beira do seu leito de dor, desfeito em lágrimas, exclama debilmente, acariciando-lhe os anéis dos cabelos:

— Sinceramente, mano, perdoo-te! Não tiveste intenção de prejudicar-me tanto, bem o sei!... Apenas uma inconsequência a mais... Oh! Foge, Léon, volta para a França enquanto é tempo, porque tudo se descobrirá agora, e estarás perdido!... Se soubesses do que é capaz este pobre Guido! Vê quanto me fez sofrer, apenas porque suspeitou... Por isso desejei afastar-te de Florença...

Finalmente, alguns dias depois, Charles cerrava para sempre os olhos nos braços do irmão, que parecia enlouquecer de dor. Mas, ao expirar, recuperara a palavra, perdida desde algumas horas antes, para exclamar, como alucinado e pávido frente a impressionante visão:

— Meu Deus, compadecei-vos de minha alma!... O sangue do pobre Cesare derrama-se sobre minha consciência... Ó Césare! Eu solverei este débito, um dia, dentro da eternidade!...

* * *

Uma vez desaparecido Charles, a honradez do Sr. Urbino de Vincenzio, que se mantivera, até então, em expectação, passou a exigir do filho explicações sobre o dramático evento. Este, no entanto, que temia e respeitava o pai, esquivava-se, visivelmente contrafeito, não suportando sem violentas impressões os constantes interrogatórios aos quais era submetido. A conformidade de Léon, por sua vez, impressionava mal ao preconceituoso fidalgo, que esperara um desafio para Guido, o rompimento das relações entre as duas casas e até uma vindita, contra a qual tratava de se premunir. Mas, com assombro, verificou que o conde de Bayonne não só comparecia às suas audiências, continuando a corte nas antecâmaras do Palácio Urbino, como até mesmo não cogitara de um entendimento pessoal com ele próprio ou com seu filho, do qual, no entanto, parecia esquivar-se. Até que, certa noite, alguns dias depois do trespasse do jovem de Lesparres, e após três horas de interrogatório intransigente, a que submetera Guido, este, domado pela violência do prélio, cedeu exausto:

— Falarei, senhor! Falarei! Não posso mais!...

— Há um mês que de ti não exijo outra coisa, desgraçado! Fala, ordeno-te!...

— Senhor! Charles de Lesparres era o amante de minha Adélia!...

Urbino de Vincenzio saltou, suscitando terrores ao impressionável e débil mancebo:

— Quê?!... E só hoje me confessas?!... E não os trespassaste, a ambos, com tua espada?... E te arrastas aos pés de tua mulher, qual cão servil?... Enlouqueceste!... Já não sabes o que dizes!...

— É a verdade, senhor! Por isso castiguei o infiel!

— Ah, sim?... Pois considero-te um esposo infame, porque proteges a adúltera! Mereces a masmorra onde guardaste o teu rival e tenho ímpetos de atirar-te nela! Eia, sus! Corramos à adúltera, apedrejemo-la, trucidemo-la, bebamos-lhe o sangue, aluguemos novamente o secreto número seis, para que, ali, ela se extinga miseravelmente, como o amante!...

O moço sobressaltou-se, tornando-se lívido, observado pelo astuto pai.

— Oh, não, meu senhor, expressei-me mal, não é bem isso... Charles era platônico... Adélia está inocente... jamais suspeitou de algo... Charles guardava segredo dos próprios sentimentos... Tecia-lhe poemas, os quais não lhe entregava, temendo ser descoberto...

De Vincenzio arrastou para junto do filho a poltrona em que se sentava. Tranquilamente, retirou de preciosa caixa de porcelana, posta sobre a secretária do moço, alguns tabletes de chocolate; e, pondo-se a roê-los distraidamente, perquiriu naturalmente, inspirado, porém, em aterradora malícia:

— Como descobriste que Charles amava tua mulher se ele segregava os próprios sentimentos?... E como te inteiraste de que lhe dedicava poemas, se jamais lhos revelava?...

— Ó meu pai! O próprio irmão pôs-me a par dos acontecimentos, cauteloso pelo futuro... O irmão é leal amigo... Mostrou-me os versos...

Estridente gargalhada, que teve o poder de confundir e escandalizar o sensível esposo de Adélia, foi a resposta do ilustre florentino, o qual, levantando-se em seguida, afagou os cabelos do filho com os dedos, nervosamente, exclamando:

— Obrigado, meu filho! Releva a teu pai os dissabores que te há causado!...

***

Contrariamente ao que esperava o jovem florentino, seu pai não mais tratou do desagradável assunto. Parecia satisfeito com a explicação, não mais preocupado com o caso. Enganava-se, porém, porque de Vincenzio se aprofundava em ilações inquietantes, maturando, pesando os acontecimentos com a justeza fria do ponderador abalizado.

Com que então, Léon de Lesparres denunciara o próprio irmão a um marido apaixonado, valendo-se de motivo tão ingênuo?... Não previra, então, a reação da parte ofendida? — pensava, castigando a mente, absorto em reflexões ardentes. E uma vez Adélia inocente, por que tão precipitado zelo, causando a desgraça do próprio gêmeo, preterido em favor de um simples amigo?... Estimava Charles, em cujo caráter admirava as áureas qualidades diariamente comprovadas. Que grande delito cometeria esse jovem, amando uma dama em segredo, retraindo-se nobremente, fiel aos princípios da moral e do dever?...

Desgostoso e impressionado, deixou-se guiar por um cotejo severo das circunstâncias... e tomou agentes de sua inteira confiança para seguir e observar Léon e espionar a nora, dentro ou fora dos perímetros do Palácio. Em poucos dias, então, a realidade se apresentou isenta de quaisquer dúvidas, desmascarada em toda a perfídia da sua ignominiosa expressão: Léon de Lesparres, e não seu desgraçado irmão, seria o amante de Adélia de Molino!

Todavia, no momento em que se esclarecia a ignóbil situação, não castigou os culpados, como nada revelou ao filho. Sabia que, uma vez comprovando este o delito da esposa, levaria ao inconcebível a própria exasperação! Guido mostrava-se frágil de ânimo e de caráter, era excessivamente emotivo e impressionável, um quase anormal. Compadeceu-se e adiou a ingrata informação para o mais tarde possível. Apesar, porém, da aparência serena e acomodatícia, Urbino preparava uma represália típica, pensando requintá-la com caprichos próprios dos de sua raça, e na sua execução locupletar-se até o indefinível! Ódio feraz, indescritível — que se estenderia dobrando séculos — pelo jovem conde, contaminou-lhe o coração, a mente, o próprio espírito, que se conturbou, infelicitando-se para o porvir. Contava, de início, lavrar o flagrante de adultério e encarcerar os culpados no próprio presídio em que sucumbira Charles... preferindo para Léon a terrível masmorra secreta em que atirara o irmão... Depois, no decurso dos acontecimentos, adviriam inspirações para o vero castigo...

Entrementes, havia muito, a própria Sra. de Vincenzio mantinha espionagem dentro do próprio Palácio e fora imediatamente informada de que se descobrira sua ligação com o moço de Bayonne. Rápida mensagem a Léon, levada por um fiel pajem trazido de Mântua, informara-o da situação e com ele concertara, para aquela mesma noite, a fuga já delineada desde o passamento de Charles. E, pois, enquanto de Vincenzio se perdia em elucubrações sobre o flagrante, e Guido, como sempre, experimentava rimas na solidão do seu gabinete de trabalho — ela abandonava o lar conjugal disfarçada em pajem, transpunha cautelosamente portas secretas, galgava um ginete ligeiro que a esperava pelas proximidades, às mãos de Léon, e deixava Florença, cavalgando destemidamente dentro das trevas, em busca da França! Acompanhava-os Marta, solidária com o crime que cometiam.

A surpresa e a dor do esposo ludibriado foram violentas, inconcebíveis, tais como previra seu pai... Se até então o desgraçado sofrera, supondo Charles o sedutor da esposa, restava-lhe, todavia, o refrigério de julgá-la alheia ao mal, como afirmara o delator. Agora, porém, a venda que lhe interceptava a verdade se despedaçara e a realidade era vista em toda a brutalidade da sua caliginosa expressão! Em vão o pai incitara-o à desforra, propondo-se acompanhá-lo em perseguição dos fugitivos. Guido não se reanimava, tornando-se incapaz de qualquer reação. Antes, sucumbido de dor e de vergonha, preferiu pôr termo à própria existência! E foi assim que, dois dias depois, golpeou a carótida com um terrível punhal florentino, prostrado diante do leito da esposa, sufocado em lágrimas convulsas que se misturaram bem depressa ao sangue quente e vivo que corria aos borbotões...

* * *

Apenas instalados na França, depois de viagem acelerada e extenuante, Léon e Adélia compreenderam que, não obstante unidos pelas cadeias de uma paixão absorvente, não lograriam desfrutar de felicidade. O terror à perseguição dos dois de Vincenzio — pois ignoravam o suicídio de Guido — destruía a serenidade de que careciam para a estabilização do futuro. De outro lado, insidiosa série de adversidades porfiava em desorientá-los sem perspectivas lenificadoras. Bem cedo escassearam recursos que lhes permitissem viver sem apreensões. A fuga precipitada impedira a ambos recolher cabedais suficientes para uma temporada de expectação, e, por isso mesmo, Léon houve de se dar ao trabalho logo na primeira localidade francesa em que aportaram, sendo amavelmente recebido nas boas casas a que batera, e uma a uma visitando diariamente, para o comércio das lições que ministrava como para o desempenho da sua arte — a Pintura. Todavia, uma tarde, passados dois meses, o gêmeo de Charles retornou ao lar pensativo e acabrunhado. Fora despedido por todas as casas em que servia! Estupefato, não encontrava explicações para o insólito acontecimento, permanecendo profundamente impressionado. Em vão, pelos dias subsequentes, tentou adquirir novos alunos, propagando pelas herdades e palácios das imediações, como pelos castelos e residências burguesas, os dotes intelectuais que possuía. Assim sendo, tornou-se rapidamente conhecido da população. Por onde transitasse, porém, parecia-lhe perceber comentários a seu respeito, reconhecendo-se alvo de inusitada curiosidade. As relações, conquistadas de início, retraíam-se inexplicavelmente; decepcionava-se vendo que não mais o cumprimentavam e que até mesmo as casas comerciais a que recorria, para a aquisição do necessário, negavam-se a atendê-lo. Até que, de uma feita, descendo as escadarias de certa residência burguesa onde seus serviços foram rejeitados, ouviu que dois criados comentavam sombrios e acintosos:

— É o conde de Bayonne — um fratricida!...

No dia seguinte, locomovia-se a pequena família para outra localidade — e, passados alguns dias mais, repetia-se o fenômeno. A situação financeira agravava-se. A miséria ameaçava-os, impiedosa. Avançaram à procura de novo domicílio, avançavam sempre, mas, em curto prazo, por toda a parte, sofriam idênticos dissabores... e prosseguiam na peregrinação pungente, até que alcançaram Paris...

— Afirmo-te, minha querida! — exclamava para a companheira o desgraçado conde, presa de angustiantes pressentimentos. — Urbino e Guido perseguem-nos e perpetram represálias programadas, sistemáticas! Quando nos puserem as mãos, definitivamente, estaremos irremediavelmente perdidos!...

Efetivamente, Léon não se enganava com suas ominosas previsões, pois que, certa manhã, Marta, que saíra no desempenho de tarefas que lhe eram devidas, regressara subitamente, declarando a Adélia, entre surpresa e aterrorizada:

— Senhora, estamos perdidos! O Sr. de Vincenzio está entre nós e ronda esta casa!... Vi-o ao descer da residência do marquês de M., onde o Sr. conde renova as telas da família!...

À noite, ao regressar Léon com a notícia de que fora dispensado dos serviços do marquês de M., narrou-lhe a moça, alarmada, a descoberta de Marta, deixando apavorado o apaixonado companheiro. Sombrias e ameaçadoras perspectivas avassalaram suas mentes e seus corações, seviciando-os com as impressões de um inconcebível terror. E no dia seguinte, quais réprobos indefensos, refugiavam-se em novo bairro da grande cidade, desesperançados, porém, de lograr serenidade para viverem a ventura do seu amor.

Eis, no entanto, o que se passava.

Urbino de Vincenzio — a quem desoladora viuvez fizera voltar-se para o único filho com ternura insuperável, uma vez sepultado este, e passados os mais ásperos dias de sofrimento, durante os quais o inconsolável pai vagara alucinado pelas dependências desertas do suntuoso domicílio agora tragicamente enlutado — jurara sobre o túmulo do desgraçado jovem uma vingança modelar, que se desdobraria através do tempo, capaz de fazer estremecer suas cinzas nas profundezas do túmulo. Para iniciar o terrível juramento, dando asas aos próprios instintos, como satisfações à sociedade que, estarrecida, assistira à tragédia, arrasou a Mansão de Lesparres com temeroso incêndio, ao qual nem mesmo inocentes avezinhas, aninhadas nas copas frondosas do arvoredo e nos pombais, puderam escapar! Em seguida, fechou com selos de pesado luto o seu dourado reduto e partiu em perseguição dos fugitivos, cuja pista fácil lhe fora descobrir, levando à tortura os fiéis pajens da dama de Mântua. Encontrando-os, e agindo com discrição e inteligência, inteirou-se das condições de existência do moço francês, reconhecendo-as precárias e difíceis. Visitou, consequentemente, as principais casas onde obtivera acolhida o laborioso fidalgo, fez o relato documentado dos acontecimentos de Florença, tendo o cuidado, porém, de agravá-los com insídias porventura ainda mais dramáticas; exibindo, a par, ordem de prisão, firmada pelo preboste da cidade, contra de Lesparres e sua amante. Por sua vez, os comissários florentinos que, a peso de ouro, arrastara da terra natal, propalavam pelas ruas, em agrupamentos maledicentes, os mesmos sinistros acontecimentos e respectivas ordens de detenção, assim tornando o desgraçado moço execrado pelas sociedades em cujo convívio pretendia recuperar-se! Desejava o odiento florentino reduzi-los à miséria extrema como à demência pelo terror; e, depois, caçando-os, reconduzi-los à sociedade de Florença, para, então, se extremar na aplicação do castigo — um castigo digno dos seus antepassados! O início decorrera auspicioso e o infeliz genitor de Guido esperava plenos triunfos no futuro.

Entrementes, graves perturbações de ordem psíquica se aliavam ao vingador, seviciando os culpados. Sonhos alucinadores, visões terríveis, gemidos, gritos de angústia, estertores de agonia — despertava-os à noite, impossibilitando-lhes o repouso. A figura perturbadora de Guido de Vincenzio impunha-se a Léon em plena vigília, atestando a própria deserção do número dos vivos, compelindo-o, não raro, a crises singulares de pavor, a indômitos estertores, tal se as ânsias imanentes do espectro o contaminassem da sua virulência. Por sua vez, a terna lembrança de Charles despertava-lhe saudades tão ardentes no coração, remorsos de tal forma cruciantes e aflitivos, que o impossibilitavam para o trabalho. Frequentemente, Adélia ou Marta encontravam-no em prantos recalcitrantes, a chamar pelo irmão, como acometido de demência. Se tentava esboçar um retrato ou uma figura artística, insensivelmente o semblante afável do gêmeo surgia do pincel; ou se um poema ou uma peça literária qualquer — eram súplicas doloridas do mano desaparecido, de envolta com impressionantes narrativas do drama passado. E Adélia, excruciada pelos dissabores e terrores imanentes, voltava-se para Deus, só logrando lenitivo nas longas horas em que se deixava permanecer pelas naves dos templos, em orações.

Uma noite, quando mais indúctil era o cerco programado por Urbino, mais suplicante o frio da miséria que se alongava sobre o humílimo domicílio a que se viam reduzidos, Léon escrevia peças oratórias para fidalgos discursarem em seus festins, na solidão do cubículo que valia de gabinete de trabalho, enquanto Adélia se recolhia. Vezes inúmeras tentara o trabalho. Todavia, surpreso, via que a pena traçava vigoroso poema em sextilhas, ao estilo de Guido, dirigido a Adélia, como em carta, narrando a intriga dele mesmo, Léon, a respeito daquele e de Charles. Jamais a história de um vilipêndio fora tão legitimamente descrita e o remorso tão dramaticamente demonstrado por meio da confissão do delito, como o fizera Léon nessas páginas que, aterrorizado, traçava pressentindo Guido a seu lado, como colado à sua personalidade! Por mais que as rejeitasse, rasgando-as, irreprimível impulso violentava-o a prosseguir, renovando a tarefa. Enraivecido, blasfemou, conjurando a consciência a deixá-lo em paz; rogou à lembrança de Charles, prorrompendo em pranto, a desaparecer de suas cogitações; vociferou contra Guido, discutiu com seres invisíveis, arremeteu contra móveis, mais uma vez cedendo às crises que aterrorizavam Adélia. O insólito alarido despertou a jovem, que acudiu temerosa pelo bem-amado.

Transpondo os umbrais do cubículo, porém, Adélia distingue a figura trágica do marido junto de Léon, cujas vestes estão em desalinho, cujos cabelos estão revoltos e eriçados, e cujos olhos dir-se-iam incendidos por ardores infernais. Tenta fugir, apavorada, aturdida. Mas Léon se arremete e segura-a, obedecendo ao impulso vibratório do fantasma que o assedia. Leva-a à secretária. Dá-lhe o poema a ler. E porque recuse atendê-lo, ele próprio o lê, narrando, à viva voz, como em inusitada confissão, o feito abominável contra o próprio irmão e por amor a ela própria, realidade ainda por ela ignorada. Roja-se, no entanto, a seus pés, chora e lhe suplica reconforto e perdão. Mas a moça, como transportada às inimagináveis regiões do horror; Adélia, que entrevê Guido junto de seu antigo professor, acometida, subitamente, de chocantes, incontroláveis sugestões, num gesto irremediável para o torturado jovem de Lesparres, repele-o brutalmente, foge, exasperada, de sua presença, atirando-lhe esta suprema ofensa, que o abateu como um raio:

— Fratricida! Tenho-te horror!...

Então, ele caiu, perdendo os sentidos...

Quando tornou a si, murmurou de mansinho, certo de que a dedicada companheira velava:

— Adélia...

O silêncio, porém, persistiu em torno. Não sentiu, como de outras vezes, dois cariciosos lábios atenderem ao seu doce queixume, nem o suave refrigério de compressas geladas sobre a ardência da sua fronte fatigada. E por isso repetiu, mais terno, mais queixoso:

— Adélia!...

Mas Adélia não ouvia, ali não se achava para correspondê-lo com blandícias e súplicas...

Então descerrou as pálpebras. Um raio de sol, intrometendo-se pela janela entreaberta, ofuscou-lhe a vista, fazendo-o compreender que o dia avançava para o seu esplendor. Penosamente movimentou-se, reconhecendo que continuava estirado no chão, e chamou com mais vigor:

— Adélia! Adélia!...

Levantou-se, reunindo energias sob o impulso da vontade e pôs-se a procurá-la, aflito.

Não a encontrava, porém!

Todas as dependências da habitação singela, até o jardim e o interior dos velhos armários de uso, foram investigadas. E sua voz, e suas expressões, e seu semblante alarmado por um crescendo de indômita exasperação, e todo o seu ser, aterrorizado, conflagrado por uma previsão alucinante, se resumiam neste brado atroz, expressão trágica de superlativa desesperação:

— Adélia!!... Adélia!!...

Qual o fogo sinistro que rasga as nuvens para as hecatombes das alturas, raciocínio repulsivo castigou-lhe a mente, mostrando hecatombes na realidade:

— Adélia fugira dele como fugira de Guido! Adélia abandonara-o!

Recordava-se. Ela repudiara-o num momento crítico, chamando-lhe *fratricida*! Sim, ela! Por amor de quem se infamara tanto, e, ao tombar como fulminado, ouvira-a bradar em desesperos:

— Marta! Socorre-me! Salva-me, por Deus! Fujamos, partamos! Este homem está maldito!...

Assim refletia, as fontes da vida como reduzidas à perquirição angustiosa do paradeiro da bem-querida, suores gelados a lhe inundarem a fronte, quando sentiu que se abria a porta de entrada, de mansinho. Num salto correu para ela, certo de que era a amante que voltava. Mas era apenas Marta, cujos olhos pisados denunciavam uma noite insone e lágrimas copiosas.

A decepção arrefeceu o ímpeto do desgraçado. Marta observou-lhe expressões de loucura. Tudo no antigo artista de Florença causaria piedade e terror. De vez em quando rilhava os dentes como se frio intenso lhe seviciasse as carnes. Léon de Lesparres — faces lívidas, olhos dilatados e rebrilhantes como dois focos de demência, cabelos em desalinho, vestes despedaçadas — era a dor petrificada, a desgraça e a ruína moral tragicamente estampadas numa figura humana!

De mansinho, o tom vocal sinistramente sereno e moderado, perguntou à serva apavorada:

— Marta, onde está a minha Adélia?...

Ela o sabia, era até mesmo portadora de uma missiva da estranha dama de Mântua para o seu companheiro de desventuras. Mas sabia também que aquela carta esmagá-lo-ia inapelavelmente, e balbuciou indecisa:

— Ignoro-o, Sr. conde... Talvez...

— Mentes! Tu a levaste! Onde a puseste?... Fala, desgraçada, ou morrerás pelas minhas mãos!... — e sua voz, alterada, ecoou pelos compartimentos do pequeno domicílio.

— Senhor! Não tive culpa!... Esta manhã a senhora deu entrada no Convento das Arrependidas de Santa Maria Madalena... Trago-vos esta carta...

Então, o desgraçado leu, possuído do terror que deixaria de sentir se lesse a própria condenação à morte. Depois do que, emitindo um grito que seria o eco de todas as suas faculdades cruciadas por um castigo inconcebível, saiu correndo pelas ruas em direção à sombria penitenciária das arrependidas do pecado, sem medir a distância ou sentir fadiga, sem se lembrar de uma viatura, sem notificar a surpresa dos transeuntes, sem se magoar sob as pedradas e zumbaias da criançada que ia ao seu encalço.

Eis a carta de Adélia:

"Meu bem-amado amigo,

Não mais me será possível continuar sofrendo a calamidade da nossa desgraçada situação e recolho-me a uma casa santa a fim de me penitenciar e rogar a Deus a salvação de nossas almas. Eu não te abandono, não te desamparo, meu Léon, porque sinto que continuarei amando-te para todo o sempre! Apavoro-me, porém, ante nossas faltas e repugna-me permanecer num lar construído sobre a desventura de teu irmão e o sangue do meu pobre Guido! Os remorsos esmagam minha alma e jamais tornarei ao mundo! Sei que o único prudente caminho que nos resta é o da renúncia com os trabalhos do arrependimento e as boas obras pelo amor de Deus. Aconselho-te, como derradeiro ósculo que te concedesse, a imitares o meu gesto, confiando-te aos Irmãos Trapistas. Crê, porém, no meu amor, Léon, porque ele permanecerá no meu coração ainda e sempre, como na eternidade permanecerá a minha alma imortal!"

3

Efetivamente, Adélia de Molino, que, desde algum tempo, se voltara, fervorosa, para a regeneradora ideia de Deus, nessa noite dramática sentiu inconciliável horror pela situação que vivia e, tomando resolução irrevogável, confiou-se à proteção das monjas de Santa Maria Madalena para um serviço de expiação em regra. A verdade era que a jovem fidalga se vinha deixando guiar pelo confessor desde muitos dias antes, o qual, generoso, vendo-a atormentada sob as injunções dos remorsos, recomendou-lhe a medida que lhe pareceu acertada, uma vez ciente da sua permanência em abominável infração. Pela manhã, dera, pois, entrada no convento, depois de uma noite insone sob as arcadas do portão de entrada, e a cuja superiora fora apresentada antes pelo próprio pastor de almas, como pretendente ao ingresso na ordem. Confidenciando-se longamente com a religiosa, nessa manhã, desta ouviu a seguinte sugestiva exposição, como era de praxe, após a solicitação do abrigo:

— Sabeis, minha filha, que de renúncias e sacrifícios se vos exigirão nos serviços de expiação, desde o momento em que transpuserdes estes umbrais regeneradores, rumo do noviciado, os quais tantas almas delinquentes há encaminhado para o cumprimento do dever?...

"Nossa ordem é severa e impõe deveres tão ríspidos que sou compelida a delinear os horizontes rigorosos que vos esperarão... De início, sabei que as consolações que logrardes obter serão frutificações do vosso próprio esforço, porque hauridas na vossa consciência, à proporção que com ela vos reconciliardes, ou no ardor da vossa fé, quando a obtiverdes a ponto de, por meio dela, vos consolardes... Muitas noites, mesmo no inverno, haveis de repousar sobre lajes duras, ou permanecer em orações e jejuns diante do altar, sob a vigilância da irmã fiscal, a fim de que o sono vos não atraiçoe as forças e o desânimo vos não enfraqueça o fervor da penitência... Vosso corpo será flagiciado até correr o sangue de vossas carnes, a fim de que vossa alma se mortifique pela dor e o vosso orgulho e a vossa soberba, vossa vaidade, como as inclinações imundas do vosso caráter, se reduzam ao mínimo... Vossas necessidades, quaisquer que sejam, até mesmo a fome, jamais serão devidamente saciadas... Vosso talhe gracioso desaparecerá sob os feios sudários de buréis grosseiros... Vossos lábios se esquecerão dos sorrisos, como vossos olhos, que perderão o brilho da vivacidade, crestados nas lágrimas que só no amor divino encontrarão socorro e refrigérios... Vossa juventude findará antes da época normal; e aqueles que vos amam e a quem amais morrerão para vós e morrereis para eles... Somente os enxergareis novamente quando, identificada nas renúncias, puderdes fitá-los sem desviar, por amor deles, vossa devoção para com o Todo-Poderoso!

"Mas ainda não é tudo, porquanto — humilhações e servidão experimentareis, sob todos os matizes! Sereis governada — vós, dama da aristocracia — como a última das servas! Trateis dos mais ínfimos misteres, desde as pocilgas e currais das nossas dependências campestres, até a higiene nos compartimentos da comunidade! Empunhareis a enxada e a pá; lavareis as roupas e os assoalhos e carregareis às costas a lenha para a lareira... Velareis à cabeceira de enfermos, mesmo quando se trate de doenças contagiosas, pelos hospitais da indigência; pensareis chagas asquerosas e tratareis da higiene de criaturas imundas e boçais, que vos insultarão pelo bem que lhes fizerdes... E se resistirdes a todo esse espinhoso programa, singrareis os mares, completando vossos testemunhos em países longínquos, entre povos semibárbaros, onde certamente sucumbireis, ignorada e sofredora, à exaustão ou ao contágio de infecções mortais... mas — talvez! — já reconciliada com a consciência..."

Seguiu-se emocionante silêncio, durante o qual a digna religiosa fitou a penitente como a interrogá-la, após o que a cúmplice de Léon exclamou, sufocada em lágrimas copiosas:

— Aceitai-me na vossa ordem, senhora! Sou uma condenada, que não merece senão a sentença que acabais de proferir!...

E assim foi que, observadas as fórmulas iniciais, Adélia foi conduzida à capela das penitentes, depois de escrever ao desgraçado Léon a carta que conhecemos.

* * *

Era meio-dia quando de Lesparres alcançou o Convento. Fora reaver a amante. Como reavê-la?... Não sabia. O que sabia era que lhe seria impossível a existência uma vez desamparado da sua presença, e, por isso, urgia o seu retorno ao lar. Conhecedora da verdade, integralmente exposta pela penitente, a Superiora da nobre instituição, após ouvi-lo com bondade e atenção, não obstante certa de que o interlocutor omitia particularidades de real importância, tentou convencê-lo com prudentes conselhos e advertências, terminando por concitá-lo ao respeito pelos sentimentos religiosos da pobre criatura que nada mais desejaria senão se submeter a Deus a fim de conseguir reabilitação para a consciência apoucada pelos erros. Que se resignasse a esperar alguns dias mais — a Adélia de Molino seriam facultados sete dias de meditação antes da primeira confissão. Se, extinto o prazo, desejasse retornar ao mundo, ser-lhe-ia concedida a dispensa. O desvairado amigo de Guido de Vincenzio, porém, cujo coração se estorcia em angústias irremediáveis, depressoras, não se convencia a tão sensatas ponderações. Arrebatou-se, blasfemou, ameaçou. Transportado a crises impressionantes de alucinação e desesperança, deixava-se vencer por dramático descontrole consciencial e caía em pranto convulsivo, narrando os erros praticados, como a truculência dos remorsos que o abatiam. Condoída, a excelente dama, tentando serená-lo, aconselhou-o a um estágio de repouso e meditação entre os irmãos trapistas, e, fiel ao desejo de amenizar os sofrimentos que presenciava, prometeu convidar Adélia a entender-se com ele, certa de que resultaria solução aceitável para ambos, e realmente o fez, por deferência especial diante da gravidade do caso. Mas a emissária voltara da capela das penitentes declarando que a pecadora respondera ser inabalável a resolução de permanecer onde se achava, sem se avistar com quem quer que fosse.

Léon, então, retirou-se, sem mais pronunciar uma palavra. Os pesados portões se fecharam sobre ele, encerrando para sempre aquela que constituía tudo em sua vida, e por cujo amor se desgraçara. Sentou-se em um degrau da escadaria, entregando-se a supremo desconforto íntimo, a irremediável desânimo. A noite desceu triste, fria, com seu cortejo de impressões dominantes, encontrando-o na mesma dolorida posição. Marta viera, tentando confortá-lo, suplicando-lhe retornasse a casa a fim de refazer-se, pois não se alimentara em todo o dia.... Mas ele concitou-a, baixinho, a que se retirasse, antes que fosse estrangulada...

De súbito levantou-se e, qual autômato, afastou-se lentamente, sem se voltar para uma derradeira despedida às velhas muralhas... Dir-se-ia a própria dor cristalizada, a figura impressionante do irreparável!

O silêncio continuou em torno do Convento, monótono, inalterável, desolador! Mas, da capela das penitentes, onde Adélia chorava convulsivamente, parecia distinguir-se as lentas e pesadas passadas do infeliz que se afastava, sucumbido sob o terrível castigo consequente dos próprios erros!

O jovem de Lesparres chegou a um herbanário, cujo proprietário conhecia.

Servindo-se de sinistra serenidade, o amante de Adélia exclamou, com inflexões que aterrorizaram o modesto droguista:

— Velho, dá-me um tóxico violento, que mate sem delongas nem remissão...

O herbanário — um egípcio, dado a conhecimentos medicinais e psíquicos — tremeu interiormente. Contemplou firmemente o singular visitante e compreendeu que o desgraçado se encontrava comprometido por uma entidade vingadora do Plano Invisível. Tratava-se, esta, de um jovem trajado à florentina, com um punhal cravado na garganta, de onde o sangue se despejava em hemorragias espumantes, e cujas feições ressumbravam dor, ódio, desespero! E compreendeu que, entre aquele homem desalinhado, petrificado pelo sofrimento, que lhe pedia um tóxico, e a alma torturada do Invisível, feria-se um desesperador duelo em que, certamente, sucumbiria o homem!

Sobressaltado, respondeu o lojista, conciliativo:

— Senhor, não disponho de tóxicos... São simples ervas e essências medicinais...

— Mentes! — bradou, colérico, o alucinado fidalgo. — Acolá, no laboratório, oculto num velho armário, na última prateleira, à esquerda, há um frasco de louça branca e, dentro dele, bela quantidade de certo licor mortífero, violento, oriundo de tua pátria...

Disse-o; e, num salto brusco, impossível ao pobre droguista de evitar, galgou o limite que separava a loja do exterior, dirigindo-se, rápido e firme, ao armário citado, enquanto, perplexo, o egípcio, observando-o sob positiva influenciação do desesperado fantasma que o acompanhava, ensaiou, ligeiro, uma tentativa a fim de detê-lo. Mas, sem que ensejasse tempo suficiente para ser socorrido, o irmão de Charles retirou, resoluto, o frasco de louça do seu esconderijo, destapou-o com gesto enraivecido... e sorveu, sem indecisão, o seu conteúdo!...

No auge da aflição e do assombro, o velho químico correu para a rua, a gritar por socorro.

Entrementes, o desgraçado conde de Lesparres tombava ao solo fulminado, debatendo-se nos espasmos de uma cruciante, porém, rápida agonia, que precedera a morte violenta, sem delongas, tal como desejara...

Aos brados do velho egípcio, que necessitava testemunhar a própria inculpabilidade naquele acontecimento brutal, surpreendente, que tivera por palco a sua casa, acorreram vizinhos assustados e curiosos. Um transeunte, que ia e vinha, enigmático, pelas proximidades do herbanário, parecendo haver seguido ao encalço do infeliz Léon, desde a retirada do Convento da Madalena, entrou sem constrangimento, postando-se junto do corpo ainda quente do suicida, que acabava de expirar e jazia estirado sobre as lajes do chão, pondo-se a contemplá-lo. Sua fronte carregada, suas feições endurecidas, seus olhos frios, como velados por inauditos desgostos, não se alteraram em presença do pungente quadro. Dir-se-ia um fidalgo florentino... E era, com efeito, Urbino de Vincenzio, que, fiel à perseguição encetada contra os algozes de seu filho, não perdera um só dos dramáticos pormenores que infelicitavam a existência de ambos, louvando-se em satânica alegria a cada nova desgraça que os destroçava, enquanto contribuía, ele próprio, para cercear a pequena probabilidade que tinham de viver tranquilos.

Intrigado diante da incomum impassibilidade, um assistente interrogava-o humilde, enquanto o dono da casa tratava de se entender com a ronda, que se aproximava:

— Sois, porventura, um amigo desse infeliz jovem, meu fidalgo?... pois que se trata também de um aristocrata?...

Ao que o Sr. Urbino retorquiu abruptamente, fitando-o com odienta expressão:

— Não, bom homem! Sou seu inimigo! Seu inimigo mortal! E aqui me encontro para amaldiçoá-lo na morte!

A cabeça loura de de Lesparres pendia para o local onde se postara o seu inimigo. Urbino de Vincenzio, proferida a imprecação blasfema, aproximou-se do cadáver, cuspindo-lhe no rosto e, com a ponta da bota, tocou-a rudemente, repetidas vezes, ferindo-a, para que tomasse a posição normal. Fê-lo e saiu enigmático, odioso, sofredor, causando repulsa aos demais visitantes, que o seguiram com expressivo olhar...

Uma pobre mulher, banhada em lágrimas, entrou em seguida. Era Marta, que viera reclamar o cadáver do seu querido menino...

E na sua irremediável desgraça o infortunado conde de Lesparres ainda logrou obter lágrimas sinceras e piedosas orações que acalentassem sua alma e orvalhassem sua sepultura....

4

Quando as geladas sombras da morte envolvem o invólucro carnal, em que a alma imortal temporariamente estagiou, a serviço da própria evolução, que julgas, leitor, suceder?...

Não será, certamente, a podridão consequente da desorganização de moléculas que se dispersam, que isso é a finalidade natural do mesmo invólucro, o qual, não é o ser, e sim o instrumento apropriado às necessidades momentâneas da vida infinita do ser.

Não será, do mesmo modo, o *nada*, porque o *nada* é abstração, e a abstração é incompatível com a realidade concreta do Universo fecundado pela Inteligência criadora e mantenedora. Tampouco será o olvido eterno, porque este, derivação daquele, implicará aniquilamento, que não poderá subsistir à sombra da gerência divina, que tudo revivifica e aquece.

Seria, então, porventura, a bem-aventurança imediata para cada um?...

Também não, porque a lógica indica a inviabilidade da esperança de vida celeste para a alma animalizada, enredada nas emanações apaixonadas que inferiorizam...

Ou será a condenação eterna, o eterno inferno?

Ainda não! Porque Aquele que criou a Humanidade, predestinando-a à glória de atingir a sua imagem e semelhança, não se reduziria, a si mesmo, repudiando a sua própria essência!

Quando o túmulo se fecha para sempre, sob o aparelho carnal que serviu à alma imortal para aprendizados glorificantes, segue-se a *Vida*, leitor, simplesmente a *Vida*! — intensa, real, ao seu decurso natural, volitando a alma para fase nova do seu destino infinito!...

A nova etapa, todavia, será o fruto das ações, como das obras articuladas pelo ser durante o período de permanência no envoltório material. Abandonado o instrumento somático, cenários, dramas, sequências, frutificações novas, ou talvez as rotinas do próprio ambiente terreno, se descortinarão às vistas espirituais do ser, daquelas mesmas atitudes oriundas; o qual, então, entra a se convencer daquilo que nem sempre teve interesse de ser informado devidamente: é que — a morte é ilusão, expressão carente de substância lógica! É que — somente vida existe nas coisas como nos seres, no Universo como em Deus — fonte inesgotável, eterno distribuidor de vida, de cujo seio tudo se deriva para se eternizar na escalada infinita em busca da perfeição! E o ser, a alma imortal, reconhece, porque outro recurso não haverá senão reconhecer, talvez deslumbrada, geralmente contrafeita e pávida, que, depois da morte, o que se segue é sempre a vida, simplesmente a vida, nada mais!

Foi o que aconteceu ao desgraçado Espírito do conde Léon de Lesparres.

Ingerindo o tóxico e imediatamente sentindo fervilhar em si o mal-estar resultante do envenenamento violento, experimentou, igualmente, a execrável sensação de que as próprias entranhas, assim a estruturação nervosa, como ainda a mente, e até as faculdades anímicas, se destroçavam em calamitoso fragor, sob sinistra repercussão de torturas violentas, porém, incompreensíveis e inconcebíveis na sua monstruosa intensidade, qual se todas as moléculas de que se compunha a sua tessitura humana, e todas as vibrações de que se investia a sua individualidade moral e anímica, fossem acometidas cada uma em particular, mas ressentindo-se todas, coletivamente, das mesmas fragorosas repercussões, perfazendo, tal conjunto, o mais doloroso e surpreendente coro de sofrimentos que um ser humano estará à altura de conceber! Subitamente, porém, fez-se o vácuo, as trevas geladas e apavorantes de um abismo de inconsciência humilhante, a paralisação das energias de todas as faculdades que lhe traduzissem a individualidade, as quais como que submergiram nos pélagos temerosos de uma letargia aniquilante...

Passaram-se horas...

Para sempre tombado o corpo carnal — Léon de Lesparres tinha a alma desfalecida pela violência do choque, nesse impressionante delíquio que invariavelmente acompanha o fenômeno da morte, e em particular da morte violenta. Nada distinguia, senão trevas, nada sentia além de uma vaga, porém, torturante sensação de abismo, de terror excruciante, entre os quais se via enredado como se um e outro gerassem dele próprio!

Passaram-se dias... Longos, enigmáticos, insidiosos dias de atra expectativa, eternidade flagelada de dúvidas e incertezas...

Agrilhoado a macabro pesadelo, como que oriundo de desequilíbrios catalépticos, vislumbrou, todavia, rostos confusos que se inclinavam sobre ele — banhados em lágrimas, sacudidos por choro convulso, uns; cruéis e odiosos outros. Uns, dirigiam-lhe imprecações blasfemas ou pungentes; outros, maldiziam dele e o insultavam, vociferando ameaças chocantes, enquanto ainda outros, gargalhando em risos de loucura, de onde acenavam a blasfêmia, o medo, a amargura, o despeito, a maldade, a inveja, o remorso, o desespero inconsolável, entrechocavam as próprias ânsias num embate diabólico de sugestões maléficas, macabras, absolutamente indescritíveis em linguagem terrena! E envolvendo-os de uma moldura infame, seguindo-os, como caudais onde aflitamente bracejassem réprobos inapaziguantes, extensas faixas negras, turbilhões de fumaças sufocantes, atando-os a singular circuito de animalidade, de fealdade e degradação —, falange inferiorizada pelos próprios complexos, até a infâmia e o horror!

Léon, contudo, vislumbrava tão extravagante cortejo confusa e longinquamente, sem compreendê-lo devidamente, atendo-se aterrorizado, como que em pesadelo...

De mistura com essa escória repelente, eis que um vulto se destaca — um homem, posto a seu lado, fitando-o com olhar selvagem e vingador, o que o levou a estarrecer de infinito pavor — era Urbino de Vincenzio!... Urbino, que lhe cuspinhava o rosto, ferindo-lhe a face e a fronte com a ponta da bota, repetidas vezes... E atrás do pai, envolto no turbilhão de nuvens caliginosas, que se mesclavam, agora, do sangue rubro que se despejava da sua carótida seccionada, a figura alucinada e sofredora de Guido, o belo Guido, de Florença, agora transformado em ser hediondo e diabólico, homiziado com a caterva repelente...

Passaram-se mais dias ainda...

Ele perdera, entre outras, a noção do tempo...

Passaram-se dias, meses ou anos?...

Sabê-lo-ia, porventura, o desgraçado reduzido a tal estado?...

Todavia, de certa feita, lentamente, dificultosamente, começou a recuperar as faculdades que centralizam a personalidade espiritual. Foi a *memória* a primeira a se desentorpecer... e o primeiro impulso do seu pensamento, ao se desvencilhar da treva degradante daquele colapso inferior, foi o brado esmagador, a recordação pungente da sua desgraça:

— Charles, meu pobre irmão!...

Amor e ódio

— Adélia!... Ó Adélia, por que me abandonaste?!...

Seguiu-se o raciocínio — recordou-se de quanto acontecera, sentindo a cada evocação o renovamento das angústias que o impeliram ao desespero... Cenas de sua vida surgiram pouco a pouco, frente ao seu exame aterrorizado, impondo-se a uma análise meticulosa, malgrado suas tentativas para dela se esquivar... Partindo do momento de sua entrada na loja do herbanário, houve de se submeter às visões do panorama de sua própria vida, até a infância, em sentido retrospectivo... voltando, em seguida, do berço ao suicídio, tudo revendo como em tela mágica, e vivendo, uma segunda vez, a vida que acabava de destruir... De súbito, finda a dramática exposição, que abalara todas as fibras da sua sensibilidade nervosa e psíquica, acometido da suprema exasperação que o levara ao suicídio, surpreendeu-se ainda vivo, confuso, desapontado, ante a insuficiência da droga sorvida.

— Oh!... Não posso morrer!... Estou vivo ainda!... Onde me encontro?... Em completo abandono... Ninguém me socorre... O tóxico do Egípcio era, então, falso?...

Entretanto, sentia que o corrosivo lhe despedaçava as entranhas com selvagem truculência. Dir-se-ia que fogos devastadores crepitavam no seu interior, lavas ferventes subindo do estômago, sufocando os pulmões opressos e pesados, triturando-os sob despedaçamentos atrozes, extravasando, depois, para o esôfago, a faringe, chegando à boca para acometer a língua, requeimando-as, para se despejarem, depois, em golfadas sanguíneas e espumantes, asquerosas e pastosas, sobre seu corpo que se inteiriçava entre convulsões ininterruptas, danadas, mortíferas! Contudo, não expirava! Continuava sentindo-se vivo, debatendo-se em agonia torturante, que se prolongava indefinidamente... No entanto, as causticantes lavas cresciam novamente em suas vísceras requeimadas... subiam ao aparelho nasal, produzindo penosa asfixia... atingiam os olhos, cegando-os entre dores inimagináveis, coavam-se pelos escaninhos auditivos, ensurdecendo-os...

Tomavam rapidamente o cérebro, diluindo-o em matérias ferventes, congestionando-o, enlouquecendo-o!

No entanto, a vida persistia em animá-lo!...

Desesperado, bradou, em dado instante, valendo-se de inaudito esforço, agrilhoado às garras da confusão:

— Piedade, egípcio amigo! Salva-me deste inferno! Traze, ligeiro, um contraveneno!...

O mais aterrador silêncio cercava-o, entretanto, e, despeitado, vociferou:

— Socorro!... Socorro!... Egípcio, salva-me!... Adélia! Marta!... Ó Adélia, compadece-te de mim!...

Mas apenas a repercussão de suas imprecações nos refolhos da própria mente respondiam ao seu dilacerante apelo... Endoidecido, réprobo atacado da execrável fobia da inconformidade, atirou aos ares a suprema imprecação:

— E tu, Deus, prova-me a tua existência arrancando-me esta vida que, dizem, Tu me deste, mas que rejeito e te devolvo...

Estrondo sinistro, qual queda de um mundo que se precipitasse no abismo, abalou-o violentamente, como se abomináveis atrações de um magnetismo inferior acabassem de atá-lo a um todo que com ele se afinasse... Eram gargalhadas furiosas, partidas das figuras que entrevia entre sombras denegridas, bramindo de um gozo vil, ulular bravio de verdugos obsessores, que possuídos de júbilos infames aplaudiam, gostosos, a blasfêmia enunciada. Brandindo o punhal agitadamente, em gesto irrequieto e incontrolável, o qual, de vez em quando, adaptava à ferida da garganta para arrancá-lo, em seguida, entre esgares de dor, no persistente automatismo da reprodução do gesto de suicida, Guido, de repente, impôs silêncio à turba, que se conteve, vencida pela vontade imperiosa do seu inspirador, ou chefe. A passos comedidos, aproximou-se do seu antigo amigo de Florença, enquanto os sequazes, a distância, se dispuseram a assistir, interessados, ao desenrolar dos acontecimentos. Suas expressões eram oblíquas, estudadas para melhor efeito. De Lesparres viu-o aproximar-se, com inexcedível terror. A presença do antigo discípulo produzia-lhe imensuráveis torturas, provocando em sua mente paroxismos de alucinação, tais as recordações que suscitava, os excessivos distúrbios conscienciais que despertava adentro de suas potencialidades anímicas. Acercando-se, porém, Guido falou de mansinho, quase humilde, mascarando com hipocrisia as molestas intenções de que se animava:

— Amigo de Lesparres, lembras-te de mim?...

O outro titubeou, oprimido de angústia. Mas, compelido por uma força incoercível, a que seria impossível resistir, a qual o imantava à vontade dominadora do amigo de outrora, respondeu, tentando evadir-se da penúria do momento, por um sofisma:

— Não!

O fantasma obsessor sorriu, numa fácies sinistra:

— Pois quê?!... Tão mesquinha a tua memória, que depressa olvida os amigos diletos, os convivas mais assíduos?... Pois, conde de Bayonne, já te auxiliarei a recordar! Reviverei essa capacidade inferior, que negligencia os deveres de amizade. Sou Guido de Vincenzio, teu amigo leal; leal amigo do teu infame gêmeo, o mesmo que apontaste como requestador de minha esposa. Sou aquele que franca e generosamente te coadjuvou na tua pobreza de fidalgo arruinado. Sou a mão prestativa e desinteressada que te levantou da obscuridade em que vegetavas para te tornar cortejado pela nobreza de Florença, onde residíamos. Sou o discípulo que te levou honorários régios, procurando auxiliar-te sem te suscetibilizar o amor-próprio! Porém, sou também o esposo apaixonado de Adélia de Molino, a quem maculaste com tua sedução. Sou o marido ludibriado, o amigo atraiçoado e infamado, o homem desonrado pela tua ignomínia, o caráter envergonhado pela tua vileza, o coração despedaçado pela tua ingratidão, e que para sempre se desgraçou sob as torrentes da tua traição, na vida como no seio da morte, na qual nem consolo, nem esquecimento, nem paz logrei encontrar... E tu dizes que não te recordas de mim?!...

— O Guido de Vincenzio que conheci em Florença era nobre e gentil, e tu és monstruoso e repulsivo — retrucou, atando-se à ingenuidade do sofisma.

— Ah, sim?... — bradou, exasperando-se, o perseguidor de Além-Túmulo. — Pois toda a singular transformação, que a ti próprio assombra, é a ti que a devo! Tal me encontras, sou obra tua! Nivelaram-me à ignomínia do renegado, do ímpio de Além-morte, o ódio, como a dor, que tuas ações geraram em minha alma... Pois bem! Não obstante as graves ofensas que me infligiste, desejo prestar-te nova assistência, já que meu depravado destino é auxiliar-te, ontem como hoje! Quero dizer-te, Léon, esclarecendo as incertezas em que te aprofundas, que habitas um cemitério, pois morreste! Sim, caro latinista de Florença! Não te admires da nova que te reservei: estás morto, és cadáver! Pois que, assim como me impeliste ao suicídio com tuas torpezas, eu te impeli ao mesmo gesto, com a minha vingança! Tão profundas e leais, no passado, a minha estima e a minha confiança, como intransigente se conduzirá, para o futuro, o meu rancor!... Que importa se me perca a alma nas voragens deste inferno em que me sinto soçobrar?... Se me perco, levando-te de roldão comigo, estarei recompensado do meu caliginoso destino e rejubilar-me-ei de gozo sob os esgares da minha perdição, vendo-te padecer ao meu lado o rigor das algemas da minha vindita, que não esmorecerá jamais! Por isso, persegui-te, "matei-te", induzindo-te a te matares por ti mesmo, a fim de melhor exercer a minha possessão vingadora, que apenas começou!...

Disse-o, e, sem que o desventurado de Lesparres pudesse prever as suas intenções, vociferou espumante e trágico, sem imaginar que, efetivamente, prestava inavaliável serviço ao seu algoz de ontem:

— Provar-te-ei o que afirmo! Tu estás sepultado... e nesta imunda cova permanecerás enquanto se dobarem séculos através da eternidade!... Anda! Movimenta-te, infame perjuro!... Arriba! Sai desse covil de porcos! Vem aqui, ordeno-to!...

Léon sentiu-se agarrado por duas tenazes irresistíveis, como suspenso do fundo de um negro buraco, ao qual não tivera ainda ensejo de examinar. Confuso, aturdido, sofredor, extremamente debilitado, via-se ao lado de Guido, à beira dessa cova, enquanto multidão de indivíduos feios e repelentes os rodeava, aplaudindo a cena. Guido fê-lo dobrar-se brutalmente, apontando para baixo:

— Olha para tua cova, examina-a... Que vês?... — verberava, gargalhando, enquanto o outro emitia feraz uivo de terror, de delírio supremo, e a multidão vaiava, rindo em estertores epilépticos:

— Oh!... Maldição! Sepultaram-me "vivo"... Um cadáver putrefato! Sou eu! Eu! O meu cadáver!... Reconheço-o, a desfazer-se em imundícies!... Mas... não estou aqui em cima também?... Sentindo-me lá, apodrecido; e aqui, aflito, também podre, mas vivo, aqui e acolá?...

— É que morreste...

— Mas... Guido, meu amigo, não estou vivo aqui, a teu lado, falando-te?... Como estarei morto?... Que sortilégio o teu? Queres enlouquecer-me?...

— Não te suicidaste, imbecil?...

— Não!... Ingeri certo tóxico, mas não consegui matar-me...

— Como, então, estás aí sepultado, apodrecendo?...

Risadas frenéticas silvaram ante a perplexidade do desgraçado, que não tinha forças para raciocinar. Léon pôs-se a chorar convulsivamente, diante do próprio túmulo, em que realmente se desfazia o corpo material que ele aniquilara, ao qual, porém, o seu espírito continuava atado pelas forças imponderáveis das leis de afinidade que presidem aos fenômenos da encarnação como da desencarnação, leis que resistem, dramaticamente, ao ato violento do suicídio! Mas já o obsessor, irritado, intervinha, pondo-o de pé com empuxão irresistível, prevalecendo-se da fraqueza geral do desgraçado, como apregoando em leilão:

— Ei-lo! É Léon de Lesparres, paladino das Artes e das Ciências! Poliglota e filósofo, pesquisador de Dante,[41] declamador de Virgílio, versado em Homero,[42] devasso e libertino, sedutor de mulheres casadas, destruidor de lares e honras alheias, aventureiro e intrigante, amigo infiel, traidor e mentiroso! Ei-lo! O mau filho que fez chorar seu venerando pai! Ouçam! Ouçam, nobres amigos que me acompanhais! É também fratricida! Tinha um irmão, a quem desgraçou! Quem de vós conheceu um fratricida?... Pois contemplai este exemplar! Vede! Está hediondo como o próprio caráter! Trata-se de um miserável completo, nada lhe falta! Castiguemo-lo, amigos, porque é meu, tenho direitos sobre ele!... Apanhei-o nas redes de um suicídio! Ajudai-me na minha vingança... pois eu mesmo, eu! sou sua vítima! Tive uma esposa, a quem adorava, e ele ma roubou, aviltando-a! Traiu-me a confiança de amigo, de mim fazendo um marido ludibriado, um coração dilacerado, uma alma enodoada de ódio e de vergonha para a consumação dos evos!...

Guido gargalhava e chorava entre bramidos de amargura suprema, exaltando-se em raivas crescentes, à proporção que enumerava para sua malta de afins os crimes de Léon, omitindo, porém, a parte que ele próprio tomara na flagelação ao infeliz Charles, no presídio de Florença, enquanto

---

[41] N.E.: Dante Alighieri (1265-1321), poeta italiano, autor de *A divina comédia*.
[42] N.E.: Poeta épico grego, dos século IX a.C., considerado o autor da *Ilíada* e da *Odisseia*.

aquele, estarrecido, ouvia sem poder reagir. Mostrava-se perfeito demônio, capaz de todos os excessos, até mesmo de cruas perseguições a estranhos que topasse em suas rotas, como de sugestões maleficentes a outros tantos homens terrenos para que infamassem os próprios amigos, como Léon o fizera a ele próprio, apenas por desabafar os despeitos humilhantes que o cruciavam. E nesse infeliz rebelado que não sabia exercer a sublime virtude do perdão, para a si mesmo oferecer consolações e refrigérios, logrando compensações imediatas da ternura daquele que, dos braços de um madeiro, preconizou a sua excelsitude, não se saberia o que mais lamentar: — se as dores inconsoláveis que lhe flagiciavam sem tréguas o Espírito ou o abismo que escancarava para si próprio, negando-se a esquecer de ofensas, abandonando-se a sentimentos vingativos!

Subitamente, no auge da excitação e da raiva, o esposo ultrajado arremetera sobre o rival, atirando-o para o fundo da prisão tumular, num repelão brutal, irresistível. Sentia-se Léon cair em queda retumbante, enquanto a multidão desaparecia sob o comando de Guido e o silêncio pesava absoluto, enervante, aterrador. Trevas impressionantes acompanhavam-no, dilatando o mal-estar que lhe seviciava o ser. Sensação de fadiga extrema acabrunhava-o... Onde se encontrava?... Sentiu-se deitado, inerte, rígido, enregelado, comprimido em local estreito e incômodo, tolhido nos movimentos. A umidade e o frio penetravam-lhe os ossos, contaminando-lhe todo o corpo. Moveu-se dificultosamente. Reconheceu-se pesado, retido como se vigorosas raízes o atassem a um tronco de gelo. A treva sufocava, viciando o ar, que escasseava, afligindo-o. Contemplou-se. Examinou-se perplexo, vexado, enlouquecido! Verificou, então, encontrar-se em inconcebível estado de miséria — as vestes molhadas, rotas, pegajosas, empapadas de repugnantes camadas de matérias que lhe pareceram sangue deteriorado, gorduras corrompidas, carnes putrefatas, matérias vis que lhe extravasavam das entranhas para o exterior... Sentou-se, amargurado por inquietações torturantes, decepcionado com o tóxico do herbanário, ao qual reputava falso. Cheiro nauseabundo de podridão humana, insuportável e revoltante, escapou-se dele próprio, contrariando-lhe soberanamente o olfato. Como louco — mas um louco na desgraça inconcebível do senso de ajuizar — continuou examinando-se:

Sim, era ele mesmo! Cheirava horrivelmente mal, exalava odores fétidos, asquerosos até a odiosidade!... Guido dissera, então, a verdade?... Fora, realmente, sepultado?... Morrera, com efeito, sob a ação do tóxico asiático?... Mas como... se continuava vivo?...

No entanto, vermes e vibriões brotavam dele, mordiam-lhe e devoravam-lhe as vísceras e as carnes, perfuravam-lhe os olhos sem, contudo, cegá-los, formigavam-lhe no aparelho nasal e auditivo, roendo-os como enxames famintos que se locupletassem; picavam-lhe furiosamente a língua num efervescer pestífero, voraz; agrupavam-se, embolavam-se, agitados, ao longo de todo o corpo, remexiam-se, ferozes, dentro de suas entranhas, produzindo-lhe convulsões e ânsias inimagináveis para o entendimento alheio; despejavam-se, envoltos em babas pestilentas e matérias infectas, por sua boca transformada em chaga infame, provocando-lhe ascos violentos, forçando-o a vômitos ininterruptos, o que o obrigava a enojar-se de si próprio, incapaz de compreender o que em realidade se passava! Lembrando-se, porém, de que Guido afirmara encontrar-se ele em um cemitério, entrou a bramir colérico, sentindo lufadas de loucura requeimar-lhe o raciocínio:

— Marta, ó Marta, socorre-me! Retira-me daqui!... Adélia, vem por misericórdia! Por que me abandonaste a este ponto?... Socorro, socorro, salvem-me, por piedade, salvem-me!...

Gritou, blasfemou, chorou, ululou, enfureceu-se, bateu-se, remordeu-se, atacado de supremo furor, de suprema desgraça, de supremo sofrimento, de suprema aflição, de desespero supremo! Odiou-se a si próprio! Castigou-se ferazmente, insultou-se, estrangulou-se, danado! Mas nada, nada conseguia exterminar a vida que continuava heroica, persistindo apesar do acervo de calamidades que o surpreendiam! E, quanto mais se enfurecia e revolvia, mais os vibriões se agitavam, mais o fétido intraduzível crescia, flagiciando-lhe as faculdades! Uma saudade incoercível, deprimente, da mulher amada, das suas carícias de amor, do lar humilde que ele pretendera tornar ditoso, levantando-o sobre a desgraça alheia, espicaçou-lhe no peito, porventura com maior impetuosidade, as amarguras que o vinham enlouquecendo. Que sucederia a Adélia?... Amá-lo-ia ainda?... Oh! Porque o abandonara, indiferente à sua desgraçada sorte?... E chorava, em convulsões enfurecidas, lágrimas ígneas que lhe escaldavam o peito transformado em fornalha de inconsoláveis angústias... Em dado instante, descobriu Guido debruçado sobre a sua ignóbil prisão, sinistramente risonho. Cínico, pérfido, motejador, como cabe a todo chefe de falange obsessora, o filho do rico Sr. Urbino interrogou-o:

— Que fazes aí, caro poeta de Florença?...

Ao que o suicida respondeu, por entre lágrimas:

— Não sei, Guido!...

— Quem te algemou no fundo desse abismo, nobre e virtuoso irmão de Charles de Lesparres, ó venturoso amante de Adélia de Molino?...

— Ó Guido, por quem és! Compadece-te de minhas desgraças! Piedade! Piedade! Perdoa-me, perdoa-me!... — bradou o suicida, sucumbido e humilhado.

Mas acintosa gargalhada abafou os soluços compungidos que acompanharam sua comovente súplica:

— Piedade, queres?!... Ousas rogar-ma!... Acaso te compadeceste tu, de mim, quando conservavas minha esposa em teus braços?... Piedade! Perdão!... Ó Léon de Lesparres!... Eu fui teu sincero amigo!... Mas hoje te odeio, execro-te com todas as forças do meu ser condenado ao revés, e te perseguirei, e te desgraçarei enquanto pulsar inteligência nas fontes de minha vida! Perdoar, a ti que me desonraste e desgraçaste? Só os felizes podem perdoar, Léon, e tu me transformaste num desgraçado!... Julgas-me, porventura, feliz, porque gargalho na minha vingança?... Mais desgraçado sou ainda do que tu, pois não disponho de forças para triturar-te até te reduzir a átomos dispersos, para que nem o próprio Deus soubesse o que de ti fora feito!... Feliz, eu, quando Adélia te preferiu com extremos de renúncias de que por mim não foi capaz?...

Fez uma pausa, como dominando expansões de pranto amargo, e prosseguiu, revelando nas entonações entrecortadas ou sucumbidas o martírio que também a ele enlouquecia:

— Julgas que me permito vê-la a pensar em ti, no Convento, e a Deus rogar que te conceda refrigérios?... Não permito que pense ou suplique senão por mim, que sou o único a trazer direitos sobre sua pessoa! Quando a percebo preocupando-se contigo, isto é, alimentando o perjúrio, aproximo-me, censuro-a, acuso-a, arrebato-me, encolerizo-me, dou-lhe pancadas, prostro-a vencida por longas horas! Julgam as inocentes freirinhas encontrar-se a infame atacada pelas artes do demônio e surram-na sem comiseração, obrigam-na a flagícios desumanos, a penitências ininterruptas!... Ah! Ah! Ah! Ela o merece, visto ser desprezível adúltera, mesquinha e relapsa nos deveres conjugais!... Deixá-la padecer, deixá-la!... Demônio, satanás sou eu, o marido ludibriado, que também chorou, que sofre todas as ânsias, todas as raivas dos infernos!...

Impressionado e pávido, Léon calou-se, compreendendo, surpreso, que Guido também sofria, muito mais, infinitamente mais do que ele próprio...

5

Quanto tempo permaneceu retido junto dos despojos carnais, pelas leis de afinidade que ele pretendera destruir com o suicídio, as quais suas tendências sensualistas, suas vibrações inferiorizadas pela animalidade solidificavam?...

Não poderia saber... conquanto se lhe afigurasse que uma eternidade mediava entre o momento em que sorvera o conteúdo do frasco do egípcio, e o presente... Guido, entretanto, com ardis mistificadores, servidos, habitualmente, por obsessores, mentia ao afirmar que Léon ali se conservava graças ao poder da sua vontade. Não! O certo era que Léon, confuso, fraco, aturdido, julgando-se sepultado vivo por não compreender o fenômeno que em si mesmo presenciava, ligado, que se conservava ainda, aos restos materiais por complexos psíquicos e mentais, como por leis de atração magnética que o ato do suicídio não consegue arredar com facilidade — era que, por isso mesmo, se prendia ao próprio túmulo, impossibilitando-se de se locomover para locais distantes. Entretanto, muitas vezes — o que é frequente entre Espíritos suicidas — perambulava, contundido e atoleimado, pelas ruas do campo santo, nas imediações da própria tumba. Feio, cabelos revoltos, olhos desvairados, contorcendo-se em dores insanáveis a cada lembrança do corrosivo que lhe requeimara as entranhas; a fisionomia transtornada pelos esgares de um sofrimento superlativo, deixava também a descoberto, na sua organização espiritual, qual fotografia deprimente da estruturação carnal sobre aquela refletida, as entranhas corroídas e convulsionadas pelo veneno atroz, dando-se a espetáculo apavorante aos demais fantasmas, como ele, que se ativessem à inferioridade da permanência no cemitério, os quais fugiam temerosos, ocultando-se dele... Um dia, no entanto, sem que ainda lograsse atenuantes para o calamitoso estado em que se surpreendia, viu Guido aproximar-se empunhando provocador açoite, fazendo-se acompanhar de sequazes igualmente armados.

— Venho buscar-te, amigo de Lesparres — disse, desabridamente.
— Iremos a Florença...

O desgraçado tentou protestar:

— Não, não iria!... Em tão lastimoso estado, empapado de imundícias, andrajoso, corroído pelos vermes, fraco, miserável — como se apresentaria à sociedade florentina?...

Irritado, o filho de Urbino açoitou-o barbaramente, levando-o ao paroxismo da revolta e do desespero. Pô-lo à frente, obrigando-o a caminhar, seguido da falange, que, pelo trajeto, o espancava enquanto enunciava, com minúcias, em escandalosos alaridos, seu passado de ignomínias, assim atraindo a atenção de outras falanges que com eles se cruzavam.

Efetivamente, após dias e noites de caminhada exaustiva, o infeliz Espírito Léon de Lesparres, indefenso e humilhado, transpôs as portas da cidade em cujo ambiente refulgira, requestado e amado por leais admiradores. Afigurou-se-lhe, então, que de todo o imenso casario de Florença acorriam multidões a se inteirarem do acontecimento, isto é, do seu retorno sensacional, e que de todas as bocas insultos e represálias eclodiam, execrando-o à lembrança de seus crimes, que Guido e seus comparsas proclamavam por meio de impiedosa algaravia.

O terrível inimigo levou-o, de início, ao Palácio Urbino. Fê-lo examinar todas as dependências da sombria habitação, que uma tragédia interditara; e Léon, como subjugado por truculento pesadelo, nem se podendo explicar a natureza do fenômeno de retrospecção do passado provocado pelas vibrações ambientes, reviu as ações deploráveis praticadas em detrimento do amigo atraiçoado; contemplou, sem modo de se forrar à realidade do que se destacava do pretérito e acometido de estupor e vergonha, a ignomínia da própria conduta junto de Adélia; presenciou, apavorado e aflito, a cena da própria fuga com a esposa do amigo; a descoberta de Guido na manhã seguinte, sua desolação inconsolável em face da realidade, e, por fim, o suicídio, num momento de exasperação suprema, à beira do leito ultrajado da esposa; a agonia dilacerante, enquanto pronunciava o nome adorado e osculava o manto esquecido sobre o tapete que se tingia de sangue vivo e fumegante... E por um ato de atração magnética comum entre afins da mesma falange, Léon sentiu repercutir nos refolhos ignotos do seu Espírito os inauditos sofrimentos que infligira ao desgraçado jovem de Vincenzio, aquilatando então, na sua justa significação, a profundidade do erro que cometera desviando a pobre e frágil Adélia dos seus deveres conjugais!

No entanto, Guido apressava-se. O sugestivo ambiente do solar onde nascera e do qual tão tragicamente desertara da vida objetiva, suscitava-lhe insólitas aflições, centuplicando as suas já tão cruciantes amarguras. Arrastou, ligeiro, o inimigo para mais longe. Mostrou-lhe a Mansão de Lesparres arrasada pelo furor de Urbino, reduzida a ruínas dramáticas de um passado tornado desgraçado por ele próprio, Léon. Premido por mortificante série de recordações, o gêmeo de Charles reviu, entre aquelas ruínas, o desenrolar minucioso de sua própria vida, no sacrossanto aconchego do lar paterno, desde a infância... e sua consciência, então, punia-o com o látego implacável dos remorsos, que o acusavam pelas desgraças advindas depois...

— Piedade, Guido! — bramiu desfeito em pranto de lancinantes saudades. — Leva-me a qualquer outra parte, mas afasta-me daqui, não posso mais!...[43]

---

[43] Nota da médium: Efetivamente, o leitor não poderá avaliar, na sua justa expressão, o que seja uma impressão forte ou um sentimento experimentado pela criatura desligada do seu fardo carnal. Certa vez, durante um transporte em corpo astral, tive ocasião de experimentar o sentimento de *saudade* e, de outra, o de *compaixão*. Foi o que de mais intenso, de mais doloroso e enlouquecedor pude conceber, atingindo proporções fabulosas de cruciamento e dor moral. Daí se deduzirá o que seja o

O algoz gargalhou jubiloso:

— Oh! Oh!... Tu mesmo o disseste: — *a qualquer outra parte*!... Pois bem! Visitarás certo local delicioso!... Reminiscências ternas acorrerão ao teu sensível coração... Eia! avante, amigos queridos!... Formai o cortejo para o fratricida!... às pedras... Lapidemos o sedutor, linchemos o fratricida nas ruas de Florença!... Às pedras! Às pedras!... para que se decida a prosseguir!...

Arrastando-o, em seguida, sob nefastas atuações obsessoras, qual se, efetivamente, o apedrejassem, e, dessarte, arrancando-lhe brados compungidos de revolta e amargura, Guido, depois de percorrer a cidade de um a outro extremo, acabara por penetrar os sinistros umbrais da prisão que tão conhecida lhe era. Aproximaram-se ambos, tangidos por idênticas impulsões da consciência culposa, da porta do calabouço secreto onde a vileza de ambos aprisionara o infeliz Charles de Lesparres. Aterrorizaram-se acovardados e pávidos ante as íntimas acusações que lhes vergastavam a alma. Tentaram retroceder, distanciar-se, fugir à visão do espectro dolorido do mártir, que suas mentes delituosas contemplavam supliciado naquele covil de trevas. Não o conseguiram, porém. Ignoto poder os impelia a transpor os umbrais malditos, enquanto a porta chapeada se escancarava, silenciosamente, às suas suposições mentais sugestionadas pela culpa, oferecendo-lhes passagem... Temerosos, os sequazes do obsessor terrível se afastavam, enquanto um coro demoníaco de choro e lamentações, de gemidos e blasfêmias — ecos dos dramas contemplados por aquelas velhas muralhas, que durante séculos receberam e encobriram do mundo o martírio de tantas vítimas —, repercutia no âmago dos visitantes, impressionando-os até o pavor!...

Entraram... Mas, no mesmo instante, um grito de angústia, de terror inconcebível, lhes escapou do peito convulsionado: a porta se fechara,

---

remorso e outros sofrimentos morais para os Espíritos delinquentes arrependidos. É quando, a fim de atenuá-los, se resolvem eles às mais dramáticas reencarnações, sempre preferíveis a tão aflitivo estado espiritual.

aprisionando-os no próprio covil onde estivera Charles! Então, nas sombras sinistras do túmulo que haviam cavado para outrem, entraram os dois réprobos a se insultar mutuamente, um ao outro responsabilizando pelo crime contra a pessoa do jovem de Bayonne, quando, nos refolhos do próprio Espírito dementado, descortinavam o panorama do martírio por aquele heroicamente suportado durante um ano de prisão sob maus-tratos inquisitoriais. Assim, atiraram-se à face um do outro toda a lama que extravasava de seus corações inferiorizados pela animalidade. Não houve deslize, por insignificante, que um praticasse, que o outro não recordasse para fustigar do comparsa a consciência, acompanhando-se de gritas maldosas e abomináveis vitupérios! Estavam hediondos — demônios truculentos, degradados pelo excesso das paixões! Atracavam-se em lutas corporais deprimentes, furiosos; batiam-se, mordiam-se, rebolcavam pelo chão úmido, espumantes de furor e de ódio, no fundo da masmorra nefasta, tomados pela fobia das paixões, chispantes e convulsionados, entenebrecendo com as próprias influenciações o já repulsivo ambiente em que tantos e tantos males haviam sido praticados anteriormente... Jungidos ambos ao tronco da mesma culpa, criminosos enredados em complexos degradantes, ali permaneceram por um tempo que lhes não fora possível aquilatar...

Entretanto, certo dia, surpreendidos, perceberam que suave raio de luz, qual réstea de sol tonificante e alentadora, se projetava docemente sobre suas almas delinquentes, blasfemas. Guido de Vincenzio, aterrorizado com o acontecimento insólito, emitiu um brado de maldição e blasfêmia e fugiu espavorido, tremente, já se não sentindo prisioneiro, uma vez reconhecendo a porta aberta... Léon, porém, deixou-se permanecer onde se encontrava, estirado sobre as lajes imundas, nas quais agonizara seu desgraçado gêmeo... Sentia-se exausto! Carecia, sem mais delongas, de repouso e consolo! Contundido por um acervo de dores insolúveis, inconsoláveis; vergada sua pobre alma sob os impositivos de um remorso mui sincero pelas torpezas cometidas, agora a si mesmo afirmava que, efetivamente, o melhor que lhe cumpriria era a conformidade com a prisão, uma vez que se sentia réu de vultosos crimes... Aquietado, deixou que o consolativo raio de luz o envolvesse, retemperando-lhe as forças deprimidas, aplicando-lhe, na alma calcinada pelo sofrimento, sedativos benfazejos... Eis, porém, que, à sua audição exausta das algaravias das blasfêmias, dúlcidos sussurros se impuseram, quais abendiçoadas expressões de amor... e, como se transportado por visão celeste, vislumbrou indecisamente, como refletido na réstea de sol que o visitava, um vulto de religiosa a orar fervorosamente por ele próprio, à frente de um altar... Nessa religiosa, pálida, esmaecida, envelhecida, cujos olhos tristes e apagados vertiam lágrimas lentas, que lhe inundavam as faces, reconheceu Adélia... Adélia! por cujo amor se desgraçara! Nenhum alvoroço em suas sensibilidades depois de tantas desgraças! Nenhuma súplica ou brado de revolta, ao entrevê-la!... Apenas duas lágrimas, suaves, resignadas, orvalharam seus doridos olhos espirituais:

"...e envolvei a sua alma torturada nas graças da vossa misericórdia, ó grande e poderoso Deus! concedendo-lhe ensejo para a salvação..." — dizia a antiga dama de Mântua, sinceramente compungida...

Pouco a pouco a imagem idolatrada se afastava, ausentando-se da circuito luminoso que o envolvia... Agora, porém, surgia Marta, a boa serva que lhe fora mãe afetuosa... Trazia uma braçada de flores, frescas e perfumosas... Viu-se, inexplicavelmente, sempre aquecido pelo doce raio de luz benfazeja, acompanhando-a lado a lado, humildemente, como nos tempos de menino... Marta penetrava o campo santo, o mesmo onde, sentindo-se vivo, fora sepultado... Tentou fugir, apavorado, acovardado... Mas aquele reflexo vivificador e terno guiava-o imperiosamente, tolhendo-lhe branda, mas irresistivelmente, os impulsos, persuadindo-o a obedecer-lhe. Então, viu Marta aproximar-se da odiosa campa onde tanto padecera, supliciado por inconcebíveis dores. Viu-a prostrar-se de joelhos sobre a terra úmida e, piedosamente, espargir sobre a campa as flores que trouxera, acompanhando-as de lágrimas e orações... Em momento dado, o raio de sol distendeu-se sobre a sepultura florida... Seguiu-o pávido, perplexo... e distinguiu, no fundo, um corpo humano a se extinguir nos últimos bocados de carne apodrecida... E esse corpo,

Amor e ódio

esse montão de ossos, apresentando ainda as linhas da armação corporal humana, era o seu próprio corpo, dele mesmo, Léon de Lesparres!... Novamente, graças à generosa entidade por quem era assistido, em linha retrospectiva reviu, como em minucioso panorama, a dramática cena do seu suicídio... e compreendeu, finalmente, que, com efeito, se aquele corpo de carnes extintas, que ali estava, fora destruído por um ato da sua vontade mal dirigida, sua verdadeira personalidade — a espiritual, a moral e intelectual — continuava em plena posse da vida, resistindo a todas as lutas e desgraças, marchando para o porvir, eterna e soberana como o próprio Foco de Luz Suprema de que descendia!...

* * *

Quinze anos se passaram depois de tão dolorosos acontecimentos...

Quem transitasse, agora, pelas ruas de Florença, seria levado a deparar, aqui e além, sob as arcadas dos grandes edifícios, abrigando-se das intempéries do tempo na penumbra das galerias, um adolescente que ninguém sabia ao certo como aparecera na cidade, de onde viera, qual o nome daqueles que o haviam atirado ao mundo ou o seu próprio nome de batismo... As crianças chamavam-lhe Mudinho, e assim se tornou conhecido de todos, pois, com efeito, tratava-se de miserável mendigo surdo-mudo, acometido, ademais, de doenças ignotas, às quais, no entanto, sua organização resistia, a despeito do desconforto e da miséria em que vivia. As mesmas crianças, que se compadeciam dele, atraídas pela meiguice que transluzia de seus olhos cheios de melancolia, davam-lhe doces, que ele recebia cortesmente, como um menino de bom trato social, e roupas velhas para se defender do frio e da nudez. Invariavelmente acometido de profunda tristeza, esse jovem mendigo, que não contava com a assistência de um único afim consanguíneo, e cujo semblante impressionaria as mentes pensadoras, se pudesse lograr para sua mesquinha personalidade outras atenções além das dos pequenos vagabundos, debatia-se, ainda, frequentemente, em plena via pública, sob injunções de crises epilépticas compungidas, entre esgares de dor e sofrimentos indescritíveis, tal se se empenhasse em luta com um inimigo invisível ou se convulsionasse em agonia tormentosa... Feio e repulsivo, com sua carantonha dolorida e trágica, não lograra jamais, o desgraçado — na cidade dos palácios e dos templos das Artes —, encontrar corações suficientemente compassivos que o agasalhassem sobre as palhas da estrebaria, após essas crises das quais se erguia exausto e tremente, contundido e, não raro, ensanguentado, visto que se debatia de encontro às lajes dos pisos públicos ou dos degraus de alguma escadaria...

— Parece um intoxicado nas vascas da morte!... — exclamavam os transeuntes que estacavam à frente do humilhante espetáculo. — Contorce-se como se fogos infernais lhe requeimassem as entranhas...

— Dizem que este pertence aos planos das trevas — acudiam as beatas palradoras —, pois é possesso de um demônio, que o persegue...

— Habituou-se a vagar sozinho, dias e noites, pelas ruínas malditas da antiga Mansão de Lesparres, onde viveu um fratricida — acrescentava outra —, a soltar grunhidos como se chorasse ou clamasse por alguma coisa... Alguém o viu, certa vez, beijar as pedras que o incêndio denegriu há mais de vinte anos...

Supunham-no louco, débil mental. Todavia, não era louco! Não era um débil mental na expressão lata do termo. Era, simplesmente, um pobre obsidiado, com intermitências de lucidez e raciocínio! Era, sim! — um suicida reencarnado, enredado nos complexos vibratórios que o malsinado gesto do pretérito carreara para o presente... Era Léon de Lesparres — revivido em corpo novo, que a sabedoria e a misericórdia do Altíssimo, por meio da justiça de leis indefectíveis, lhe outorgara, concedendo-lhe oportunidade para se aliviar dos desesperadores impasses perispirituais adquiridos com o suicídio, permitindo-lhe, assim, reajustamento do mecanismo natural das próprias vibrações desequilibradas, dolorosamente contundidas, traumatizadas pela violência do gênero de morte a que se dera outrora! Com essa nova existência carnal, logicamente acerba, cruciante, uma vez sequência do seu gesto do passado, seria possível a Léon de Lesparres reorganizar-se mental, moral e espiritualmente, em busca de outros ensejos futuros para os trabalhos de testemunhos e reparações, constantes do programa de evolução das almas filhas de Deus![44]

Oh! aquele mesmo Léon que acusara o irmão inocente, delatando-o como implicado em ação ignóbil que antes era de sua própria autoria; o egoísta inconsequente, que despedaçara corações alheios para a si mesmo permitir satisfações; o rude coração cujas paixões incontroláveis levaram a destruição ao próprio lar paterno, como ao lar de amigos dedicados, volta a uma existência imediata, refazendo-se do traumatismo vibratório provocado pelo suicídio — abandonado, repudiado pela própria família ante a anormalidade que apresentara desde o nascimento; sem lar, sem amigos, impossibilitado até mesmo do dom da fala!... Havia mesmo quem dissesse dele que, nascido entre saltimbancos, estes o abandonaram, de certa feita, nos arredores de Florença, ainda em tenra idade, havendo-se criado, até a adolescência, pelas soleiras das portas e arcadas das catedrais...

Certa manhã, contudo, encontraram-no morto nas ruínas da Mansão de Lesparres... Em torno dele, os pombos saltitavam à procura do alimento que se habituara conceder-lhes — sobejos de doces e côdeas de pão com que a criançada e rapazotes da sua idade o obsequiavam pelas ruas...

* * *

— Levanta-te, meu pobre filho! Reanima-te nas promessas da esperança!... É sempre tempo para a criatura marchar para a conquista da própria reabilitação!... O Senhor Todo-Poderoso ouve os teus íntimos apelos... apieda-se de tuas desventuras e concede-te recursos novos com que ressarcir os deslizes até agora praticados em oposição aos ditames do dever e da justiça!... Não estás abandonado!... Jamais o estiveste!... Deus

---

[44] N.E.: Vede *Memórias de um suicida*, da mesma médium, editado pela FEB.

é contigo a todos os instantes, porque teu ser é parcela de sua essência sempiterna... e manda-me a ti, por intermédio de sacrossantos dispositivos de sua indefectível legislação, para que te receba nos umbrais da espiritualidade... Nova etapa se descortina para o teu Espírito delinquente, que entrará, dentro em pouco, nas fases das reparações e dos testemunhos inalienáveis... Que te animem sãos desejos de obediência aos ditames da Lei para a consecução da vitória — eis os votos que ao Altíssimo elevo em tua intenção...

O mísero Mudinho julgava sonhar...

Quem lhe falaria assim, tão afetuosamente, despertando-lhe energias insólitas nos recôncavos do ser, infundindo-lhe benfazeja confiança?...

Bem-estar indefinível lenificava-lhe o organismo contundido e sofredor... Doce entorpecimento conservava-o sob a injunção de restaurador repouso... Lembrava-se de que, chegando às ruínas da Mansão de Lesparres, cujos arvoredos frutíferos, ressurgidos do incêndio que — diziam — ali se verificara havia muitos anos, costumavam-lhe saciar a fome, caíra pesadamente entre as pedras enegrecidas, acometido de uma crise, magoando-se dolorosamente... E, agora, suavemente despertava, depois de sono longo... Pela primeira vez, sentia-se reconfortado pelo aconchego de leito tépido e macio... Aragens marítimas como que envolviam sua organização em balsamizantes refrigérios, quais reconstituintes poderosos a lhe revigorarem as forças... E julgava até mesmo ouvir o inconfundível rumor do oceano, ora doce qual terno queixume de amor, ora raivoso e rude, esboroando vagas entre rochedos...

Continuava, porém, qual dúlcida carícia maternal, o sussurro afável aos seus ouvidos, sem que, no entanto, pudesse descerrar as pálpebras e encarar quem assim se lhe dirigia, bondosamente:

— O local em que te encontras, para o qual gravitaste sob minha vigilância alguns dias após o teu decesso nos planos físico-materiais, é propício à meditação, como ao preparo imprescindível do teu Espírito para os prélios de futuras reações em teu próprio benefício... Aqui te deterás durante muito tempo, em aprendizados propícios à consolidação do progresso que se impõe no teu carreiro de Espírito... Nada mais és, meu caro Léon, que mísero infrator, mais ignorante das imponderáveis forças do Bem e, portanto, frágil, do que conscientemente mau... e a quem, agora, se fornecerão elementos para os serviços de reabilitação... uma vez que, nas potências sagradas do teu ser, despertadas foram, pela dor, tendências aproveitáveis para um ressurgimento de valores morais...

Pôde, então, descerrar as pálpebras...

Encantadora silhueta de um ser angelical diluía-se em centelhas adamantinas, furtando-se à sua visão... Reconheceu-se estirado sobre cetinosa alfombra, em imenso parque, qual santuário fecundo de majestosos arvoredos e flores perfumosas... Mais além, o oceano azul movimentando-se em tonalidades multicores aos reflexos miríficos da luz caridosa que irisava o ambiente, emprestando-lhe belezas edênicas... Levantou-se tímido, deslumbrado ante a paisagem inédita, e murmurou entre surpreso e satisfeito:

— Meu Deus!... Dir-se-ia as costas da Normandia, elevada ao plano do ideal!...

Caminhou longas horas ao léu, marginando o oceano, deixando-se envolver por suave encantamento... Vagou pelo parque, sozinho e sereno, sem fadiga, sem qualquer constrangimento, sem o imperativo de quaisquer necessidades... Palmilhou ruas e avenidas suntuosas, cujo casario nobre, fechado e silencioso, dir-se-ia desabitado... Encontrava-se em grandiosa metrópole gótica, do Mundo Invisível, cuja ideal perfeição de linhas e detalhes a Terra não conheceu ainda... E por muitos dias assim se ateve, em completa solidão, meditando, refletindo, docemente comovido...

Pouco a pouco emergiram lembranças dos refolhos da alma... Recordou... Reconheceu-se... Reviu-se em Florença... Primeiramente, mendigo, surdo-mudo, a esmolar o pão cotidiano... as ruínas da Mansão de Lesparres... Oh! Sim!... Nem sempre fora mendigo, a dormir sobre as soleiras das portas... habitara aqueles palácios, outrora... Convivera naquela sociedade brilhante... Chamara-se Léon de Lesparres!...

As lágrimas jorraram indômitas, angustiosas...

Deixava-as correr livremente, enquanto, entre doloridos anseios, murmurava, ao passo que as flores continuavam rescendendo seus perfumes e o oceano cantava estranhas melopeias, irisando-se em galeios multicores:

— Charles, meu irmão, perdoa-me!... Guido! Urbino! Adélia, cem vezes querida e inesquecível! — perdoai-me, todos vós, a ignomínia com que aviltei vosso destino!... E vós, ó Grande Deus, Poderoso e Justo! — permiti-me novos ensejos de testemunhar obediência às vossas Leis!...

E assim foi que, algum tempo depois, terminado rápido aprendizado nos planos espirituais; examinados, frente à justiça da incorruptível legislação, os méritos adquiridos, como as agravantes do passado precipitoso, e impelido por inconciliáveis pesares — retornou à Terra para novo reajuste dos campos conscienciais, disposto a testemunhos e resgates decisivos...

Na mesma ocasião renascia Charles, também disposto a auxiliá-lo, interpondo-se entre ele próprio e o testemunho de resistência à frente de um adultério, que, justamente com Adélia, deveria oferecer à própria consciência...

Do Além-Túmulo, porém, acompanhara-os, desde o nascimento, a vigilância odiosa de Guido de Vincenzio...

FIM DA QUARTA PARTE

Quinta Parte

O discípulo de Allan Kardec

Mas o pai disse aos seus servos: Trazei depressa o vestido melhor, e vesti-lho, e ponde-lhe um anel no dedo, e alparcas nos pés. E trazei o bezerro cevado, e matai-o; e comamos, e alegremo-nos; porque este meu filho era morto e reviveu, e tinha-se perdido e é achado. E começaram a alegrar-se. E seu filho mais velho estava no campo; e quando veio, e chegou perto de casa, ouviu a música e as danças.

(Jesus Cristo – Parábola do Filho Pródigo
– *Lucas*, 15:22 a 25).

1

Pouco a pouco raiava o astro-rei por entre os esplendores de uma alvorada tropical. O céu, envolto nas indecisões do crepúsculo matutino, tingia-se docemente de tons róseos-esmaecidos, que bem depressa se definiam em claridades coralinas até o ouro fulgurante que lhe é peculiar. E o Oceano, exausto das procelas da noite que passara, agora marulhava mansamente, deprimido em suas forças pela vazante que o desfigurava...

Gaston d'Arbeville despertou docemente, como protegido por celestes eflúvios. Sublime sensação de reconforto percorria-lhe as sensibilidades anímicas, imprimindo-lhe insólito vigor ao Espírito combalido pela dor das provações. Vultos etéreos, formosos e muito amados, falavam-lhe, adejando à beira do seu miserável leito de presidiário. Neles reconheceu Georges de Soissons e seu próprio pai, Augustus d'Arbeville. Mas havia ainda um terceiro cujo nome lhe escapava às conjecturas, mas ao qual se sentia ligado por laços de uma atração sobre- humana, que o arrebatava e aturdia. A beleza peregrina desse vulto, o qual só entrevia indecisamente, sob a ação confusa de um torpor que se desfazia, deixava-o maravilhado e perplexo. Tratava-se de Instrutor, sob cuja vigilância acabara de rever e examinar, uma vez ainda, o próprio passado espiritual...

Subitamente, essa mesma formosa entidade impeliu-o resolutamente para o leito, levando-o a se reapossar do fardo carnal e despertar definitivamente, enquanto ele próprio, emitindo profundo gemido, qual lamento de angústia, se sentou vagarosamente na enxerga, não, porém, sem deixar de ouvir que murmuravam ainda aos seus ouvidos a derradeira advertência:

— Esquece!

Que se passara?... Não se recordava, efetivamente, por maiores que fossem os apelos da própria vontade às camadas mentais, para que à memória objetiva descrevessem o sucedido, porquanto sentia, nos arquivos do ser, que algo incomensurável, sagrado, se passara com o seu Espírito durante o longo e pesado sono que o abatera em toda a noite...

Não obstante, no presídio os dias se sucediam sob a rotina de idênticos labores e pressões disciplinares, tais como os que se habituara a viver durante aqueles dez longos e inconsoláveis anos. Sensível transformação se operava diariamente no estado geral do marquês cativo. Restauradora conformidade lhe retemperava as forças, tal se exuberante eclosão de valores, até então latentes em sua personalidade, se verificasse agora, augurando-lhe conquistas redentoras para o Espírito, para o próprio destino! Os companheiros de desventura observavam, simpatizados, que já não se isolava tanto durante as horas de folga, antes, bondosamente os procurava, sustentando palestras amistosas, durante as quais recordavam a pátria distante, os afetos ali deixados, mas nunca olvidados! E, não raro, tratando da pátria, falando de seus progressos e glórias, apresentava-lhes *O livro dos espíritos* e lembrava seu antigo professor — esse Allan Kardec que firmava o compêndio magistral, mas a quem conhecera noutro tempo sob o verdadeiro nome de Hippolyte Léon Denizard Rivail. Lia-lhes, então, o código admirável ditado pelos Espíritos das altas esferas; e sobre aquelas fulgurantes páginas se debruçavam todos, sedentos de luz e de justiça, estudando-as por meio de inteligentes comentários e saudáveis discussões. René de Robin exultava, animava o discípulo e, à noite, no segredo da cela a que miserável candeia de azeite iluminava, confabulavam ambos com seus mortos queridos, recebiam conselhos e esclarecimentos de Instrutor, que generosamente guiava o pupilo na enluarada caminhada de que *O livro dos espíritos* era o fecundo devassador! Então, Georges habitualmente se materializava, ou palestrava intimamente com o amigo, enquanto de Robin, caído em transe, lhe favorecia os intentos, emprestando de suas forças e elementos para o grandioso feito. E assim foi que o pobre Gaston teve as próprias ânsias aquietadas, os desgostos amenizados por aquele nobre amigo que expirara em seus braços, pois este lhe tecera o resumo das causas do drama compungido que haviam vivido, declarando que sua morte, por um acidente trágico, se verificaria dentro daqueles breves dias, fosse qual fosse o motivo que a provocasse, uma vez que se tratava de uma dívida do pretérito, que necessitava expungir... Adiantou mais — que o fato de se matrimoniar com Henriette visava, unicamente, a ambos auxiliar na resistência à prova de adultério. Ao reencarnar, penalizado ante os duros testemunhos com que se haveriam os dois entes que lhe eram tão caros, pedira às Potestades supremas a missão de se interpor entre ambos a fim de lhes facilitar, de algum modo, a reparação do antigo delito, porquanto confiava em que, sendo ele próprio, Georges, o esposo de Henriette, Gaston se sentiria bastante forte para dominar a tentação que o testemunho importa!

De certa feita, o luminoso fantasma disse ao amigo, comovido e agitado, quando, como habitualmente, de Robin lhe servia de veículo:

— Não tardará muito o dia em que serás libertado... A prova do cárcere foi expungida... E dizer-se, Deus meu, que é por mim, somente por mim, que sofres os ferros deste cativeiro!...

Referia-se, porém, ao drama do pretérito, em Florença, do qual o antigo marquês não se poderia lembrar durante a vigília. Mas este, supondo referências aos acontecimentos do castelo de Soissons, na França, retorquiu, compungido, como envergonhado:

— Sabe que desejaria aqui permanecer para sempre, Georges!... Resignei-me ao inevitável, visto que errei... e sofrerei por ti de muito bom grado... Não vejo, no entanto, como escapar ao cativeiro... Há oito anos Henriette e minha mãe se empenharam junto a Luís Napoleão a fim de conseguirem a revisão do meu processo ou o meu perdão, simplesmente, sem lograrem despertar o seu interesse para o caso arbitrário do meu degredo...

— Tua vinda arbitrária para este local operou a tua salvação, meu Gaston, movida que foi pela misericordiosa Providência!... Não será, com efeito, preferível a Guiana cheia de sol e de vida, faiscante de esplendores naturais, com uma pátria livre por vizinha — o Brasil, a um calabouço das prisões francesas, a vigilância hostil de carcereiros endurecidos no mister de algozes?... E que importa o Imperador, Gaston?... Sairás a despeito do seu desinteresse, porquanto cumpriste a pena frente ao tribunal divino... e novos rumos se esboçarão no teu destino... o que não se daria se permanecesses na França...

Entrementes, decorria o tempo sem que perspectivas de libertação se apresentassem. Mais dois anos se escoaram... Resignando-se, Gaston não mais se confrangia com a expectativa de terminar seus dias no degredo acerbo. Horizontes novos se descortinaram para seu coração, por intermédio das meditações perseverantes sobre *O livro dos espíritos*, e da convivência com seus mortos queridos e amoráveis amigos do Invisível, que acorriam a instruí-lo, consolá-lo e aconselhá-lo durante as singelas, mas muito sinceras reuniões com René de Robin e Manuel Felício, ele se reconhecia revigorado para as lutas, como investido de novos cabedais morais que lhe garantissem serenidade e paciência frente ao inevitável...

— Oh! — pensava, muitas vezes, meditando sobre aquelas elucidativas páginas. — Onde, na Terra, honrarias e glórias mais legítimas do que essas que conquistara agora — a possibilidade de falar com os mortos, de penetrar os sublimes segredos do Invisível, concedida por misericordiosa complacência do Deus eterno para com as criaturas conturbadas nas asperezas da jornada expiatória?... Que maior triunfo do que esse de obter, de incansáveis amigos do Além, solicitude e amparo em todas as horas, certo dos seus afetos, dos seus desvelos fraternais?... E colher notícias detalhadas sobre a vida de Além-morte, conhecer o porvir das criaturas no grande amanhã, através da eternidade?... Ah! não mais a desolação de saudades inconsoláveis dos que nos precederam nas solidões do túmulo! Não mais desesperações ou incertezas sobre o olvido mentiroso da morte, visto que todas as dificuldades existentes entre a Terra e o Invisível estavam, suave e logicamente, aplainadas com aquelas elucidações ditadas do Além-Túmulo ao Sr. Allan Kardec — o seu caro professor e amigo Rivail, de outrora!... De posse o mundo de tão grandiosa dádiva concedida pelo Céu, presenteados os filhos de Deus com esse sublime testemunho de verdades até então apenas vagamente suspeitadas, quem, em consciência, se poderia julgar deserdado ou infeliz?...

Empolgado até o arrebatamento pelo estudo criterioso do livro magistral que se não cansava de admirar, como pelas confabulações com entidades desencarnadas moralizadas e fraternas, sua existência na penúria da condenação execrável modificou-se sensivelmente. Sob a serenidade das horas de descanso ou ao soar do martelo, como do machado ou da serra monótona, que agora manejava, como forçado que era, e como outrora empunhara a harpa e o piano, falava aos companheiros das aparições de Georges e de seu pai, expunha as leis contidas em *O livro dos espíritos*, cujos trechos comentados, discutidos, assimilados ao influxo norteador de fecunda inspiração, iam esclarecer a inteligência dos demais forçados, aquecendo-lhes os corações sedentos de reconforto e esperanças! Oh! Agora, ele trazia, ademais, indelevelmente impresso nas sensibilidades ânimicas, o vulto sedutor daquele amorável Rabi da Galileia, a quem aprendera a compreender e amar na convivência com os seus amigos do Invisível — que dele lhe falavam ardorosamente, cheios de respeito e veneração... E tão precioso cabedal, vibrando em sua alma sinceramente convertida ao desejo do bem, revolucionava-a, elevava-a a surtos fecundos de raciocínio e ilações; e tantas efusões superiores, extravasando dos recessos generosos do seu Espírito, tornavam-no jubiloso e forte, revigorado por uma alentadora coragem moral, para lutar contra a adversidade e vencê-la, certo de um futuro promissor que lhe apresentaria, de uma forma ou de outra, as palmas do triunfo!

Então, ao impulso da mais legítima alegria, a alegria do Espírito que se sente renovar para Deus, ele cantou novamente, como outrora nas reuniões elegantes de Paris! Recordou antigas *romanzas* e elegias, enquanto o machado afiado, reluzindo ao sol, rangeu picando o tronco secular do arvoredo, que se abateu em dramática derrocada... À luz faiscante do sol tropical, sua voz maviosa de tenor não mais esqueceu as antigas composições, agora, porém, orquestradas pelo hinário dos pássaros, das aves que, ocultas nos rendilhados das matas, com ele se rejubilavam, enquanto ao longe o oceano respondia em trechos sugestivos, qual um órgão melodioso e incomparável que homenageasse Apolo imortalizado na figura heroica de um homem que errara, que sofrera, mas que, ao embate de trabalhos e sacrifícios, se reconciliava com o dever e a justiça, ressurgindo para Deus! Porém, Gaston não se limitava a tão só recordar antigas produções. Outras criou ao influxo de novas vibrações de sua mente fecunda e irrequieta. Agora, eram hinos a enaltecerem a consoladora certeza de um eterno Amor velando sobre a Humanidade; eram oblatas à Natureza, traduzindo a presença do Ente supremo entre os homens! E eram louvores à sublime centelha que nos escaninhos do ser das criaturas lentamente se engrandece através dos milênios, glorificando a própria origem em cada novo renascimento ou etapa evolutiva! Para tais hinários criava igualmente música arrebatadora, sinfonias que traduziam as belezas fortes da Natureza tropical — o bramir do oceano como o gorjear dos pássaros; o rugir das feras e o esfuziar das tempestades; o romper da aurora ou o coaxar das rãs!... E, se alguém adoecia ao seu alcance, desvelava-se em dedicações, pungido por sincera piedade pelos sofrimentos presenciados, esforçando-se por se desdobrar em consolações e encorajamentos para quantos se abatiam sob as dilacerações da adversidade. Tão nobres disposições, hauridas na rutilância dos exemplos daquele Mensageiro celeste de que falavam, enternecidos, os eminentes Espíritos com quem se comunicava frequentemente, e cujos abnegados feitos o Novo Testamento sedutoramente relatava às suas ponderações, permitiram florescessem de sua alma faculdades magnéticas preciosas, lídimos dons de reação às influências deletérias que contundem as criaturas desavisadas no

Amor e ódio

carreiro terrestre. Assim era que curava enfermidades orgânicas ou psíquicas, valendo-se da imposição das mãos, simplesmente, as quais transmitiam para o paciente salutares eflúvios magnéticos, de que era polo adamantino; calmava ânsias de revolta ou delíquios de desânimo por generosa assistência fraterna, de um conselho, uma advertência, afastando, ainda, crises de loucura ou investidas obsessoras, servido por seus mentores espirituais, que de sua boa vontade, como de suas inclinações generosas, se serviam para socorro dos desolados precitos que o acompanhavam. À própria esposa de Manuel Felício curou, por essa forma, de grave infecção tífica; e a seus companheiros, como a vários rapazes da região, conseguira meio de lecionar não apenas a Música e a Literatura, como também as primeiras noções de Letras e de Matemáticas.

Ter-se-lhe-ia, então, deparado, em pleno degredo, a felicidade integral, reconhecendo-se plenamente feliz, olvidando pesares e desventuras, afetos e saudades, isentando-se do sofrimento?

Não, certamente! Muitas vezes, o velho sacerdote encontrava-o pungido pelas lágrimas, no refúgio do penhasco à beira-mar, onde habitualmente se reuniam para orar, evocando, saudoso, a pátria distante, sua pobre mãe, cuja lembrança o comovia até o desalento, a noiva inesquecível da sua juventude, cuja imagem se decalcara, indelével, no seu coração excruciado de saudade! Nesses momentos desoladores, que lhe extraíam das recordações um acervo dramático, esflorava o código redentor dos ensinamentos cristãos, e era como se passasse a perceber o Nazareno, como outrora, à margem dos lagos plácidos, ou palmilhando aldeias humildes para brindar corações aflitos ou almas desconfortadas com as alvíssaras da Boa Nova:

> Vinde a mim, vós que sofreis e estais sobrecarregados, e Eu vos aliviarei... Aprendei de mim, que sou manso e humilde de coração, e encontrareis descanso para as vossas almas...

> Bem-aventurados vós, que chorais, porque sereis consolados...

Não era, pois, feliz. Mas ao consolador amparo dos ensinamentos de Jesus, que lhe falavam ao coração sedento de esperança e de justiça, como às elucidações lógicas de *O livro dos espíritos*, que lhe enriqueciam o raciocínio, tomava-se forte, valoroso, resignado, para os labores do progresso moral que nele se operava por meio da dor dos testemunhos irremissíveis, inerentes à condição humana!

Por uma tarde serena de domingo, durante a prédica doutrinária habitual, René de Robin explanava o assunto palpitante da ação do Pentecostes sobre os discípulos do Nazareno. Todavia, conquanto conhecedor profundo das doutrinas secretas, ao capelão seria vedada a satisfação de se arrojar a uma exposição filosófica ou científica, que se chocaria contra os impositivos dogmáticos que a Igreja, a que se filiara, acatava e defendia. Os maravilhosos, sublimes dons de curar, como o das profecias; a faculdade de falar línguas estrangeiras sem as ter aprendido; a de confabular com os mortos, de vê-los; como a particularidade de se impor a "Espíritos imundos" (obsessores) e arredá-los de suas vítimas, circunscreviam-se, na exposição de René, ao privilégio concedido por Jesus aos seus discípulos mais íntimos, e a alguns luminares da mesma Igreja. Ouvindo-o, o antigo marquês inquietava-se qual se, do Invisível, alguém lhe murmurasse intuições mais lógicas, mais amplas e fecundas sobre o acontecimento, que encerrava profunda tese científico-transcendental. Lembrava-se de que os nobres Espíritos que com ele se comunicavam, assim *O livro dos espíritos* — e a lógica e o raciocínio o aprovariam — afirmavam serem aqueles dons apanágio não apenas dos cristãos primitivos, mas de todos os homens *edificados nas renúncias do mundanismo, convertidos aos veros ideais da espiritualidade, harmonizados com as vibrações superiores ao Infinito*; e que, a época decorrente, como o futuro, confirmariam a indubitável justiça do Senhor, que a todas as criaturas, sem distinção, concedeu excelentes faculdades que lhes facilitassem a ascensão para o melhor, o intercâmbio com o Céu. O sol portentoso emoldurava com rutilâncias peregrinas o quadro sugestivo criado sob a pujança das frondes, a que o hinário incansável das aves emprestava mirífico encanto. Corria, sussurrando melodias por entre as ramagens perfumosas, a brisa refrigerante que o oceano enviava, homenagem da imensidão à verdade que se entrevia ali, à sua vista, pois não longe rugia ele em consecutivos aplausos, rítmicos, isócronos, de ondas que se chocavam quais se desejassem avançar até o Templo majestoso cuja umbela azul — o Céu — abendiçoava os ecos das suaves preleções inspiradas no Evangelho do divino Mestre. Os condenados, ungidos por piedosa vibração do Invisível, que tenderia a conceder-lhes tréguas para as angústias, silenciavam respeitosos, dando os próprios corações a insólitas, doces emoções. E entidades espirituais, formosas, leves quais silhuetas estruturadas em névoas cintilantes, aqui e além velavam, sublimizando com sua presença o pitoresco ambiente saturado dos perfumes fortes da vegetação.

René calou-se. Fatigado, enxugou o suor copioso da fronte veneranda, sentando-se na relva macia. O fantasma azulado e risonho de Georges de Soissons, que parecia cintilar ao sol da tarde, apresentou-se, de chofre, diante do amigo, e disse autoritário:

— Fala tu, agora!

— Mas... eu, Georges?... — retorquiu, na profundeza do pensamento. — Falar... de quê?...

— Sobre o mesmo assunto! Fala!

Então, Gaston falou também, sobre o Pentecostes! Então, aquela inteligência peregrina, aquele coração chamejante de ardores espirituais, aquela alma vibrante de sinceridade, aclarada pelos resplendores da verdade, deixou tanger suas cordas mais sensíveis sob os acordes da inspiração sublime do Além, que em seu ser encontrou maleável instrumento, límpido, independente de preconceitos e dogmas, precioso para a transmissão das revelações do Céu para a Terra! Jamais, outrora, esse homem fora tão belo, rodeado das galas dos salões, quanto agora sob os andrajos de forçado, mas aureolado de um resplendor celeste, que o inundava todo, qual o dom imarcescível de um novo Pentecostes! Jamais esse homem de ferro fora mais audaz, mais valoroso, mais sedutor do que ao traduzir para os companheiros de infortúnio os celestiais murmúrios da Doutrina da Espiritualidade, que lhe eram segredados por aquele Georges virtuoso e honesto, que voltava sorridente sempre, atendendo à necessidade de progresso do irmão de outrora, consolando os demais com as edificantes lições que, por sua vez, no Além, obtinha de mentores e assistentes devotados!

Gaston falou. Descortinou o panorama evangélico à luz do Espírito como se faria um século mais tarde, isto é, nos dias atuais! Expôs, com lógica irresistível, a tese magnificente, destacando do conjunto admirável a personalidade incomparável do Mestre nazareno, tornando-a, por assim dizer, compreensível àquela triste assembleia sedenta de consolo e esperança, a qual recebia a palavra da Revelação, inspirada a um dos seus, certa de que uma nesga do Céu lhes concedia dadivosas bênçãos por meio do mirífico vocabulário, até então inédito para sua compreensão! Ao influxo vibratório do Alto, ele conseguiu apresentar Jesus irmanado à Humanidade; encurtou, por intermédio de raciocínios e ilações justas e profundas, a suposta distância, a desoladora distância julgada existente entre o Mestre e as criaturas terrenas, e tais foram os conceitos emitidos, as sedutoras e reais ponderações, que os míseros forçados se julgariam regredidos aos milênios passados, distinguindo o grande Amigo, sob injunções mentais, às bordas do mar ou à sombra das tamareiras floridas, como ao alto de colinas coroadas de cedros frondosos, repetindo, agora para eles, o convite imortal que ressoa há dois mil anos sobre a Humanidade desvairada, e o qual nenhuma apreciação humana saberá aquilatar na sua justa grandeza: "Vinde a mim vós que sofreis e estais sobrecarregados, e Eu vos aliviarei... Aprendei de mim, que sou manso e humilde de coração, e achareis repouso para as vossas almas..."

E, rematando tão formosa preleção com a síntese da nova doutrina da comunicação com os mortos e suas consequências moralizadoras no seio da sociedade, revelou-se também apto a servir aos Espíritos do

Senhor para as pelejas redentoras que se iniciavam com o advento de *O livro dos espíritos*...

René de Robin, vidente cujas apreciáveis qualidades o levavam a viver na sociedade de dois mundos — o visível e o Invisível —, pasmava-se observando a multidão de entidades imateriais que acorriam do Além atraídas pelo verbo cintilante do orador da Nova Revelação. Misturavam-se entre os forçados, sobre a relva. Havia-os de todas as classes sociais terrenas. Ressumbrando orgulho, uns; banhados em lágrimas, aflitos no pungir de dores incomensuráveis, quase todos. E dentre tantos — ó poderosa força das leis superiores do Universo — Guido de Vincenzio, reconhecido pelo generoso sacerdote por meio das descrições de Georges de Soissons e do próprio Gaston, e também por este suspeitado; Guido, cujos olhos dilatados de pavor e gestos despeitados, fitando o orador, diziam do abalo profundo que em suas potencialidades ânimicas produzia o quadro que cercava o seu desleal amigo de outrora — rodeado de nobres Espíritos lucilantes; aureolado de estranho fulgor, que, das Alturas, se despejava sobre sua cabeça — a confirmar a tradição do Pentecostes —, atapetado o chão rude que pisava como de olentes rosas que resplandeciam como gotas de orvalho ao sol...

— Céus! — blasfemou o antigo suicida-obsessor, e suas vibrações pesadas repercutiram desagradavelmente na sensibilidade do velho capelão. — Céus! Como poderá ser?... Este homem é um miserável, irmão infame, amigo desleal!, e, como eu, réprobo da suprema blasfêmia! Como, então, o encontro coroado de bênçãos?...

Então, a vibração amorável de uma entidade angelical feminina, que o observava atentamente, e em quem, intuitivamente, René compreendeu a própria genitora do desgraçado suicida de Florença, morta durante a primeira infância do mesmo, interveio, dirigindo-se ao filho:

— Se nem os sofrimentos amaríssimos que há mais de um século o fazem expiar e ressarcir seus erros sob embates superlativos; se nem o arrependimento sincero e construtivo, pelos desvarios cometidos por amor mal orientado, apenas, e não por ódio; se nem a fereza das tuas represálias desumanas, odiosas, agravadas pelos recursos diabólicos de teu pai, que o abateram, humilhando-o dolorosamente; se nem *duas* novas existências corporais, vividas entre amarguras, decepções e testemunhos remissores; se nem as sadias resoluções que tomou o seu Espírito convertido ao dever, de seguir as pegadas do divino Redentor, por quaisquer provas de sacrifícios, lhe valessem a assistência espiritual que acaba de conquistar à custa do esforço próprio... — um gesto seu, um só! que teve, desde o início do lamentável drama que vos enredou a todos, seria suficiente para elevá-lo no conceito das sociedades brilhantes do Invisível...

— Oh!... Um gesto?... Não compreendo... Não compreendo...

— Foi o leal, o generoso *Perdão* que a ti, como a teu pai, espontaneamente concedeu, sem jamais desejar revides, em troca dos martírios cruciantes que o fizestes padecer sob as impiedades das vinganças...

2

Certo dia, o antigo marquês se abismava nas suaves leituras do Evangelho, acompanhando-as com ilações sobre *O livro dos espíritos*, quando se aproximaram René e Manuel Felício a fim de compartilharem a meditação.

— Vejo que a paz do Céu visita o vosso ambiente íntimo, Sr. marquês — exclamou o sacerdote —, pois que vos encontro em palestra com o Senhor...

— Como assim, meu padre?...

— Meditais sobre o Evangelho... É Jesus que fala em suas páginas enternecedoras, tornando-se presente por intermédio do vosso pensamento...

Os três homens palestraram fraternalmente, sobre o magno assunto. Sentiam adejar em torno gratas influências de Além-Túmulo. Alguém, certamente muito afeiçoado, pertencente ao plano imaterial, os visitava, sem, todavia, desejar comunicar-se. Respeitando-lhe a vontade, também não o evocaram. Subitamente, Gaston, sorrindo, brejeiramente, exclamou:

— Esta noite, presa de sonho delicioso, vi-me abandonando o presídio, em sensacional fuga pelo mar!...

Gargalhou com vontade e prosseguiu:

— Não consegui chegar ao término da aventura... Mas confesso que me alegraria de voltar à França ao menos em sonho... mesmo a nado...

Felício baixou a cabeça, pensativo, e René atalhou:

— Quem sabe?... Aquele que veste os lírios dos campos e alimenta as aves do ar possuirá também infinitos recursos para dirigir os destinos de seus filhos... Um sonho poderá ser também uma profecia... Recordai-vos de que de Soissons, há algum tempo, vos informava de que vossa pena fora resgatada perante os tribunais divinos?...

— Contudo, venerável padre, Napoleão III tem-se negado a se interessar por mim...

— Sinal de que não será pela mão do nosso Imperador e que o Onipotente vos favorecerá...

Manuel Felício pôs-se de pé, emocionado, olhos dilatados, e brilhantes:

— Senhor! — interveio — nosso padre tem razão... Nada virá da França em vosso benefício... Mas uma fuga a são e salvo será possível agora, dentro de dois dias, se Deus vos assistir a fim de conseguirdes a devida coragem!... Agora, ou nunca mais!...

O presidiário fitou-o incrédulo, enquanto o sacerdote sorriu. Felício acocorou-se mais junto do "divino Apolo", circunvagou em torno o olhar perscrutador, acariciou o cachimbo e concluiu:

— Sim, pelo mar!...

— Voltarei à pátria, portanto, a nado, ou talvez em jangadas guianesas?...

— Esqueceis, senhor, de que, evadindo-se, nunca mais podereis tornar à França?...

— É verdade, meu bom Felício, estive a gracejar...

— ...Porém, o Brasil é aqui perto...

Gaston sentiu o coração pulsar com violência, acariciando a extensão marítima com olhar penetrante. Felício continuou vibrante:

— Ontem pela manhã fomos surpreendidos com a entrada de um veleiro do Brasil, necessitado de reparos para a volta, na sua mastreação, visto para aqui ter sido arrastado por uma tempestade...

— Essa embarcação não me receberá, Manuel...

— Não, certamente, se vos apresentardes ao seu patrão e solicitardes cumplicidade para a evasão... Sim, porém, se implorardes socorro em meio das ondas do oceano, às ocultas de nós outros... Eu vos ajudarei, senhor! Eu tenho fé! Eu creio no auxílio do Céu para esta causa...

Entraram a delinear sobre o plano de evasão. Os três homens sentiam-se agitados por uma flama de confiança. Conhecedor da região como do movimento do porto, Felício tecia o plano, instruindo o prisioneiro. Tudo combinado, o antigo marquês escrevera a sua mãe, como à viúva de Soissons, longa missiva expondo as próprias decisões e esperanças, rogando-lhes esperassem novas notícias pelo espaço de três anos. Se, dentro desse prazo, não voltasse à França ou enviasse outras notícias, era que sucumbira durante a evasão! Essa carta confiou-a Gaston ao digno sacerdote para que a levasse pessoalmente ao palácio de Soissons, pois de Robin regressaria à pátria dentro de alguns meses, dando por finda a missão na América do Sul. Se Gaston, descoberto, fosse novamente detido, a missiva seria destruída pelo seu depositário.

E finalmente raiou nos horizontes guianeses a aurora da liberdade para um de seus forçados... que sobre seu solo áspero gemera durante catorze anos de opressão!

O barco partiria naquela tarde.

Queixando-se de febres, d'Arbeville conseguiu esquivar-se ao serviço daquele dia, a fim de repousar, enquanto Manuel Felício, de guarda ao pátio, deixou-o calmamente sair. Todavia, se alguém os observasse, ouviria que o guianês, enquanto fornecia fogo para o cachimbo do sentenciado, fazia as últimas advertências:

— Tudo pronto, Sr. marquês... Será questão, porém, de vida ou de morte! Não podereis sequer arrefecer a força dos remos... O veleiro partirá dentro de duas horas... E que Deus vos abençoe e guarde...

Gaston saiu naturalmente. Ninguém lhe interceptou os passos. Os feitores e vigias acompanhavam os condenados, presos aos afazeres distantes. Acresce a circunstância de que ali as fugas eram miragens: — o mar, as matas, as feras, os selvagens, os abomináveis atoleiros seriam, na Guiana, os maiores defensores das leis da França.

No entanto, ele em nada mais pensava senão no ensejo que o "acaso" apresentava. Não mediria consequências, esse eterno inconsequente que, agora, invocava Deus em seu auxílio, valendo-se do sagrado direito que tinha — o de se furtar a uma opressão indébita; e, por isso, procurava-o alongando o olhar pelo azul do firmamento, como na rutilância daquele benfazejo sol que parecia abençoar-lhe os intentos...

O presídio não distava muito do porto. Felício delineara o itinerário — Gaston fugiria pelo lado oposto ao em que estacionava o veleiro. Contornaria, pois, parte do rochedo, pelo qual se escaparia e, após esse rodeio feito à força de remos, ganhando o largo, passaria à sua frente ou seguiria imediatamente ao seu encalço, a fim de conseguir ser salvo, fazendo-se de náufrago. Galgou, portanto, o precipício, ali encontrando roupas e utensílios de pescador, fornecidos pelo filho de Felício. Depois desceu o dorso do monte pelo lado oposto — já não seria visível do presídio. Jogava, no entanto, com a vida. Um passo em falso e se despedaçaria nos arrecifes que se eriçavam do seio das águas. Acolá encontrou o bote do jovem nativo. Cumpria, agora, acionar forças para contornar o monte e atingir a linha da trajetória da embarcação, ao largo do mar. Sussurravam-lhe na mente as observações do dedicado amigo:

— Rasgai vossas roupas e arremessai seus trapos por entre os escolhos, fazendo supor um suicídio do alto do monte onde gostáveis de contemplar a paisagem... Tentai o impossível, para vos colocardes à frente da nau, na rota justa que fará, ou, então, que a alcanceis de muito perto. Tendes duas horas para o arrojado intento... Porém, se vos deixardes ficar muito para trás; se ela se fizer ao largo sem possibilidade de vos distinguir no torvelinho das ondas, estareis perdido — será o naufrágio sem salvação! Ide, Sr. marquês! Eu creio no auxílio do Céu para vós!

Saltou para dentro do bote e se pôs a remar.

— Sim, meu Deus! — murmurou comovido. — Como Felício, eu creio no vosso auxílio e me confio a vossa proteção! De qualquer forma, não perecerei, porque sou imortal, e estarei em liberdade!...

E remou com energia e fé, com o ardor próprio do seu caráter inquebrantável. Para trás ficava o presídio, terminava o cativeiro!...

O sol fulgurante reluzia sobre as águas quais chamas liquefeitas, enquanto as ondas irrequietas pareciam saudá-lo, a sorrir. Eram damas ataviadas de pedrarias homenageando Apolo intimorato e heroico, dominando a imensidão com a simples expressão da vontade!

E remou, remou... retesando os músculos, requisitando todo o cabedal de forças físicas, toda a reserva de coragem moral que a culminância do grandioso momento exigia do seu valor. Remou durante longo tempo, ansioso, emocionado...

Por onde marcharia o veleiro naquele momento?...

Alongou o olhar ansioso pela vastidão fulgurante, à sua procura. A profusão de luz interceptou-lhe a visão. Mas continuou remando na direção indicada pelo nativo, confiado no Senhor dos mundos, amparado na vontade de vencer. O vento, porém, esfriava, as ondas cresciam encrespadas e rudes. Já não eram damas graciosas, mas despeitados titãs em luta com um rival.

Sobressaltou-se. A solidão marinha e a potente grandeza do oceano se impuseram à sua fragilidade. Teria forças para lutar ainda?... Era preciso tê-las. Teve--as, lembrando-se de que fora um forçado durante catorze anos, e que, agora, não devia sucumbir. E remou vigoroso, cheio de fé!

De súbito, aflitivo grito de angústia perdeu-se no turbilhonar dramático das águas — o veleiro avançava, sobranceiro, à sua frente! O traçado de Felício, não sendo, de certo, observado a rigor, a nau brasileira se estendera com rapidez imprevista, não ensejando ao infeliz alcançá-la com a facilidade imaginada.

O instinto de conservação, sagrado patrimônio de defesa num planeta eivado de situações amargas e perigos diários, falou mais alto nas faculdades poderosas de Gaston do que o terror diante da visão tétrica do naufrágio. Entrou a tentar o impossível para ser percebido da embarcação. Remou com todas as forças da alma, conclamando todos os poderes da fé que adquirira a que o ajudassem a vencer as fauces da morte, que o ameaçavam tragar. O suor escorria-lhe do corpo retesado por esforços supremos, misturando-se aos punhados da água que lhe batiam como amedrontando-o em provocações acintosas; os nervos rangiam, estalavam, levados a uma suprema tentativa de vitória! O sol desaparecia, as vagas subiam sempre, trazendo no dorso violentamente agitado um vento cortante, que sufocava. Ele mediu o abismo com o olhar alucinado e compreendeu que ia sucumbir!...

Então, o Céu se revelou, concedendo-lhe a bênção excelsa da sua proteção. Mais forte do que os ventos e as tempestades, mais vigorosa do que os terrores dos abismos e as impossibilidades humanas, é a força imarcescível do Amor!

O Amor veio em socorro de Gaston.

Subitamente, Georges de Franceville apresentou-se a seu amado irmão de outras vidas e murmurou com veemência à sua audição psíquica, e esse murmúrio do Invisível, mais vigoroso que o rugido do oceano, penetrou qual chama reanimadora no ser desesperado do antigo marquês de Saint-Pierre, centuplicando milagrosamente a sua resistência, como a sua fé, chamadas, uma vez ainda, a duras provas:

— Coragem, meu Gaston, Deus é convosco!

Os olhos do "divino Apolo" faiscaram deslumbrados! A boca entreaberta, na emoção penosa da aflição suprema; o olhar alucinado, fixo no veleiro distante; os cabelos açoitados pelos ventos; as vestes encharcadas, coladas ao corpo, os braços exaustos, mas firmes na manobra desesperada dos remos, ele parecia gênio apocalíptico dominando a morte em meio do abismo! Suas forças atingiram o incompreensível, o inenarrável! Ele remou como jamais depois dele outro homem remaria! Georges dirigia-o: luminoso, belo na tonalidade cinza do crepúsculo que avançava; atraído da sua esfera de harmonias até aquele incomensurável inferno para socorrer o amigo querido em perigo de morte, era ele a legítima expressão do Amor, que "tudo esquece, tudo sofre, tudo perdoa"...

Dir-se-ia a d'Arbeville que as ondas se transmudavam em legiões de seres alados, que, às ordens do nobre Espírito de Soissons, arrastavam o pobre barco, empurravam-no para que alcançasse a nau brasileira! E, com efeito, assim fora! Georges atraíra um como exército de auxiliares. Eram amigos a quem sua encantadora bondade conquistara em esferas diversas, através do tempo, em existências planetárias e nas sociedades do Invisível, todos, por sua vez, seguidos do círculo de suas amizades e relações espirituais. E por isso, a cada impulso que Gaston imprimia nos remos, o barco avançava miraculosamente, rompendo o entrave das vagas, vencendo o sopro rijo do vento! Dentro do perigo supremo, a mente do náufrago retrocedeu nas vias do passado, despertando dos arquivos conscienciais recordações em catadupas.[45] Gaston reviu a própria vida desde a primeira infância. Sua afeição por Georges, mais que qualquer outra particularidade, delineou-se com acentos pasmosos. As singulares impressões a respeito desse amigo incomparável, as quais o acompanharam através da existência com fulgores de reminiscências de um pretérito espiritual, se positivaram então, porventura com mais ampla convicção. Depois, a catástrofe — o palácio de Soissons, os festejos de honra... um impulso de fraqueza recordando uma paixão sufocada... o mal-entendido deplorável... Georges morrendo em seus braços aflitos...

Ele bramiu no auge da aflição, e sua voz ecoou como a voz de um Titã entre as raivas do Atlântico:

— Meu Deus! Meu Deus! Que é isto, pois?!... Então, Georges, meu amigo, meu irmão, que és tu em minha vida?...

E o sussurro amoroso não se fez esperar, respondendo com uma vibração dulcíssima, a que a visão do horror marinho não conseguiu anular:

— Eu sou, simplesmente, um coração que te ama...

Finalmente, o barco despedaçou-se. Era tempo! Da embarcação brasileira já fora notado o pobre náufrago — quem sabe se por mercê dos préstimos dos amigos espirituais de Georges?...

---

[45] N.E.: Fenômeno comum aos náufragos, mesmo quando não sucumbem.

Naufragado, Gaston agarrou-se aos destroços do barco de Manuel Felício. Atiraram-lhe cordas, a que se agarrou, e içaram-no. E Georges, lucilante sobre o crepúsculo cinza, sorriu novamente, enternecido:

— Deus salvou-te a vida, meu Gaston!...

D'Arbeville desfaleceu ao pisar as tábuas do navio. Suas mãos eram chagas de onde escorria o sangue. Trataram-no com solicitude. Não o interrogaram. Para quê?... O presídio não ficara acolá, bem perto?...

— Descansa, pobre rapaz! — exclamou o patrão do veleiro. E foi só.

Exausto, deixou-se cair sobre rolos de lona que se estendiam sobre o tombadilho e adormeceu profundamente.

Findara o cativeiro. Um página se voltava...

3

Após alguns dias de viagem amena, durante a qual, agradecido, procurou tornar-se amável servindo nas cozinhas, polindo o assoalho do tombadilho como dos beliches, auxiliando em todos os misteres, Gaston d'Arbeville aportou em São Salvador,[46] velha capital do estado da Bahia. O comandante estimou-lhe os modos. Ofereceu-lhe lugar definido a bordo e soldo regular, ignorando tratar com um fidalgo. Este rejeitou, porém, explicando tencionar fixar-se no Brasil, onde esperava recuperar-se de longos estágios adversos. Pagaram-lhe convenientemente o valor dos serviços prestados e nunca mais se tornaram a ver.

Graças a esses pequenos recursos pôde o antigo titular fazer frente às primeiras imperiosas necessidades da nova condição em terras de Santa Cruz. Pouco a pouco, no entanto, resignado ao anonimato, porquanto, confessar a verdadeira identidade seria provocar comentários ardentes, expondo-se ao ridículo, senão denunciar a própria qualidade de forçado foragido; e encorajado por sua fé entusiasta, de que não se descurava e em cujos mananciais se provia de energias revigoradoras, dominou os percalços e dificuldades que o ameaçavam, de início, desanimar. Nas páginas singelas vividas na lendária cidade brasileira, valeu-se do aprendizado fiel, observado durante o cativeiro, para honradamente viver a coberto da miséria. Assim foi que se utilizou nobremente dos instrumentos próprios do operário laborioso e humilde, compreendendo,

---

[46] N.E.: Hoje, apenas Salvador.

comovido e satisfeito, mais uma lição que o destino oferecia aos seus preconceitos de antigo aristocrata, isto é, que também o martelo, a serra, como o machado e a picareta — são honrosos padrões de nobreza, credores de admiração e respeito.

Em meio dos rudes labores e peripécias deparados em Salvador, expediu cartas para a França, minuciosas e ardentes. Sua mãe era a sua preocupação intensa e angustiante. Oh! poder voltar à pátria a fim de recompensar aquele coração dilacerado, com atenções vívidas e ternas, para ele restabelecendo os dias venturosos e longínquos de Saint-Pierre!

E Henriette?... Amá-lo-ia, ainda e sempre?...

Já não pensava em desposá-la. Para que se torturar com as ânsias do impossível?... Fora sonho inatingível, que se perdera com o desaparecimento da mocidade e que a madureza da idade já não poderia reter, miragem enlouquecedora que o desgraçara, cujas recordações eram o seu calvário e o seu conforto supremo, a um só tempo, sua saudade imorredoura e bem-querida! Sabia a nobre senhora integrada no movimento reformador chefiado pelo insigne Allan Kardec, à frente de responsabilidades grandiosas com a direção de um orfanato que criara sob advertências de Georges, com quem entretinha — também ela — confabulações periódicas, durante as experiências efetivadas por aquele mestre, aturdida com os numerosos deveres impostos por sua nova fé; para pretender ser ainda lembrado como prometido — senão como irmão de ideal — por seu coração que se desdobrava em dedicações ao próximo. Ademais, uma de Lacordaire, de Soissons, abnegada e desprendida que fosse dos prejuízos sociais, concordaria em desposar um ex-forçado dos presídios da Guiana?...

Suas expressões, ardentes e dolorosas para sua mãe, mas muito discretas para a antiga noiva, foram lidas e amorosamente interpretadas pelas duas mulheres que tão profundamente o amavam, provocando lágrimas e comentários. Henriette, porém, que jamais se resignara à impossibilidade imposta pelo destino entre ela própria e o bem-amado, exultara, sabendo-o livre, após longos meses de aflitiva expectação, em vista da carta confiada a René de Robin, não se conformando, também, com a desistência do caro sonho que desde a juventude se habituara a cultuar nos repositórios do coração, desistência que parecia ser revelada na tocante missiva a ela dirigida, e, por isso, entregava-se a continuadas crises de pranto e protestos.

Por esse tempo, o visconde de Lacordaire havia falecido, depois de cruciante enfermidade agravada pela neurastenia. Esse caráter sombrio e rancoroso desaparecera do proscênio terrestre negando-se a reconhecer a inculpabilidade da filha frente a um suposto adultério, cruciado pela vergonha com que, na sua orgulhosa conceituação, ela havia maculado os brasões de seus avós. A viscondessa, libertada da férrea opressão conjugal, procurara sem constrangimentos a amorável companhia da filha, e no palácio de Soissons passara então a residir, ao lado também da sua antiga amiga de Saint-Pierre, que igualmente vivia ao lado de Henriette. A carta de Gaston fizera-a refletir profundamente. Compadecia-se da moça, que por esse amor sofria desde a juventude lentas dilacerações da alma, cujo amargor tão bem avaliara seu sensível coração materno, e a qual, agora, como prêmio de tão dilatada abnegação, apenas conquistava o olvido daquele a quem amava! Todavia, a este fazia, igualmente, justiça. Que poderia d'Arbeville pretender ainda da antiga prometida, depois de catorze anos de trabalhos forçados?... Sua altivez de homem probo e a dignidade de fidalgo banido injustamente da pátria justificariam o gesto! Madeleine, porém, era um coração generoso a quem o despotismo do esposo calcara durante muitos anos, mas a quem, não obstante, também ensinara a ponderação justa, alvitres acertados, prudentes. Pensou ser de justiça socorrer Gaston, que, proprietário na França, possuidor de cabedais apreciáveis — uma vez que Henriette e Assunción reergueram, operosas e perseverantes, a estabilidade da casa de Saint-Pierre — não necessitaria continuar provando tão ardentes dificuldades como as que transpareciam das missivas expedidas do Brasil. Conferenciou demoradamente com a filha, associando a viúva de Saint-Pierre ao importante conclave doméstico, e o resultado foi que alguns dias depois Roland Martini, conservado fielmente, por Henriette, no posto de criado de quarto do inesquecível ausente, partiu na primeira embarcação que levantou ferros da França para a América do Sul, ao encontro do antigo amo. Levava não apenas recursos financeiros ao seu legítimo dono, mas, principalmente, o reconforto moral, como representando a família, o lar, a pátria cuja ausência o cruciava havia tantos anos! A pobreza do amo, porém, a quem encontrara facilmente, graças ao teor das missivas, impressionara o fiel servidor, que não pudera conceber o antigo príncipe das salas reduzido a tão humilde condição. Admirou-se das cãs que lhe aureolavam a fronte, ao que retorquiu aquele, num resignado sorriso:

— Que queres, meu bom Roland?... Não se é jovem sempre... e na Guiana a velhice nos invade facilmente...

Três anos depois da evasão, habitava ele a cidade do Rio de Janeiro, graciosa capital da hospitaleira terra de Santa Cruz. Os recursos provenientes da pátria permitiram-lhe relativo bem-estar e possibilidades de reajustamento na sociedade. No entanto, Gaston já não poderia, como não saberia, conduzir a existência senão pelo *trabalho*, ao qual se dedicava com a generosa boa vontade que caracterizava todos os passos que desenvolvia, recordando não apenas as tendências de seus ancestrais, mas ainda a própria índole particular, pois carreara para o presente o nobre pendor que dele fizera, em Florença, sob a armadura carnal e o nome de Léon de Lesparres — trabalhador dedicado e infatigável. De hábitos austeros, porquanto os longos anos de reclusão e meditação o fizeram inclinar-se para os ambientes íntimos e solitários, dedicava-se tão somente aos estudos filosóficos e religiosos, às observações espíritas, como ao trato da fraternidade para com o próximo, que muito bem sabia aplicar, e ao trabalho generoso daquele que, por todos os meios, deseja ser útil à sociedade como a Deus. Habitava movimentada rua do centro da cidade. Então, nos proscênios do Brasil, impunha-se como dirigente a figura respeitável do seu Imperador, o Sr. D. Pedro II, magnânimo coração de patriota, alma veneranda de grande inspirado do bem. D'Arbeville ali instalou um Colégio com todos os requisitos da época, e fez-se professor, revivendo ainda do subconsciente, após choques dolorosos de ressurgimentos redentores, a profissão remota exercida em Florença. E recordando, saudoso e cheio de admiração, seu antigo mestre de Paris, o Sr. Denizard Rivail, agora universalmente conhecido sob o pseudônimo de Allan Kardec, de cujas gentilezas acabava de receber novo e precioso compêndio de assuntos espíritas — *O livro dos médiuns* —, criou, como aquele o fizera na rua de Sévres, nº 35, em Paris, cursos gratuitos para moços pobres que desejassem ilustrar-se aprofundando-se no estudo de línguas estrangeiras e matemáticas, nobre gesto que lhe valeu aplausos gerais, até mesmo do Imperador, que o recebeu em palácio, felicitando-o calorosamente, agradecido pelo interesse demonstrado pelos moços brasileiros.

Uma noite, durante certa hora de meditação à luz do candelabro amigo que lhe alumiava as páginas de *O livro dos médiuns*, dado à publicidade dois anos antes, isto é, em janeiro de 1861, Georges confirmou-se à sua visão, feliz e sorridente, murmurando intuitivamente:

— Compreendes agora, meu caro doidivanas, a razão por que foste condenado aos trabalhos forçados, como o último celerado da França, e não cerimoniosamente encerrado no segredo de uma prisão como De Villemont, por exemplo?... A Guiana foi a misericórdia do Senhor que te socorreu nas ardências das reparações, Gaston! Preso com as atenções devidas às personagens da tua classe social, sucumbirias revoltado e inútil até para ti mesmo, na solidão de um calabouço ou de uma torre inacessível... Mas no degredo arbitrário era o divino Mestre que te acenava para os serviços da sua vinha, reservando-te os tesouros da sua Doutrina de Luz, que hoje enriquece tua mente, com a renovação superior que em ti se opera...

* * *

Por uma tarde suave e tépida do mês de junho, quando os lilases e as glicínias graciosas perfumavam festivamente os jardins do velho solar de Saint-Pierre, e as esponjas e rosas silvestres embalsamavam a viração que agitava os carvalheiros da estrada, Assunción d'Arbeville, que enfermara desde algum tempo, cerrou para sempre os tristes olhos cansados de chorar. Ela desejara despojar-se do fardo carnal envolta na doçura do ambiente gratíssimo em que fora tão feliz ao lado do amorável esposo e do filho querido. Henriette Flavie, a filha do seu coração, que lhe fora arrimo na desgraça, piedosamente lhe satisfizera o desejo transportando-a para ali, ao se agravar o mal, acompanhando-lhe os longos dias de agonia. E porque o herdeiro de Saint-Pierre se encontrasse impossibilitado de cumprir a tradição da família, selando a pedra do túmulo, uma de Lacordaire de Soissons fraternalmente o substituíra... A pobre Assunción expiara dolorosamente, mas resignada e dócil. A fraqueza de critério de que dera prova outrora, na tradicional Florença de tão sombrias recordações, quando, vivendo sob as vestiduras carnais da governanta Marta, da família de Lesparres, se tornara cúmplice de um assassínio como de um adultério, favorecendo com seu consentimento, sem tentar demovê-lo, o impulso criminoso do jovem Charles contra o espadachim Cesare, e protegendo e incentivando Léon no abominável delito com Adélia de Molino, fizeram-na reencarnar no mesmo círculo afetivo, na pessoa da marquesa de Saint-Pierre, na qual vimos a dolorosa odisseia expiatória do seu coração de mãe...

O trespasse da nobre senhora, como se prevê, mergulhou a viúva de Soissons em intraduzível pesar. Certamente que se resignava ao fato, considerando-o natural. Era discípula do Sr. Allan Kardec, para quem a morte não traduzia lutos nem mistérios, para quem os chamados *mortos* eram os verdadeiros *vivos*, e com os quais convivia assídua e prazerosamente. Sabia que Assunción, festivamente recebida no Mundo Espiritual pelos entes amados que na grande jornada a precederam, encontrava-se feliz, amplamente recompensada dos dissabores pacientemente suportados durante o estágio terreno. Mas Assunción era mãe de Gaston, a quem ela própria continuava amando fervorosamente, sem esmorecimentos! Seria, portanto, um pouco, muito, do bem-amado, que ao seu lado vivia como que atraindo-o para ela própria, consolando-a das saudades, revigorando-a com os alentos da esperança. Entregue a aflitiva angústia, escrevera longa missiva ao antigo prometido participando-o da lamentável ocorrência, e a carta, pronta para ser expedida no dia imediato, sob o nome de Roland Martini, encontrava-se sobre a secretária da sofredora marquesa. Fatigada pelo esforço, Henriette reclinou-se num divã, procurando repousar. Meditou, durante alguns minutos. Lentamente, insólita sonolência sobreveio, dominando-lhe os movimentos externos, mas ativando energias favoráveis às percepções psíquicas. Sua alma, atingida por impenetráveis influenciações, pairava sobre o recinto, a viver, de preferência, o estado interior, ou psíquico, sem que, não obstante, a vencesse o sono natural. Sombras imateriais iam e vinham, dirigindo-lhe a palavra em agradáveis entendimentos mentais, e claridades ilibadas traduziam belezas inimaginadas, como alongando suas possibilidades de compreensão às percepções de estâncias glorificadas pela paz. Em meio desse inefável encantamento espiritual, ela reconheceu, de chofre, a imagem atraente de Georges, o amorável esposo cuja memória jamais deixara de cultuar com fervor. Fitou-a ele enternecido, qual se funda piedade o envolvesse, alterando-lhe a serenidade do Espírito. No entanto, sorria; e, aureolado de cintilações imateriais, a Henriette afigurou-se defrontar um santo glorificado nos Céus. Ungida de fascinação e respeito, murmurou comovida:

— Ó Georges!... Como és grande no Mundo Espiritual!...

Mas ele preferiu responder ao louvor com uma interrogação que se diria banal:

— Que te impede de te transferires para o Brasil?...

* * *

Era pouco mais de meio-dia. D'Arbeville dava aulas de línguas a numerosa classe de jovens. Resplandecia no firmamento azul sem nuvens o sol festivo dos trópicos, prodigalizando esplendor por sobre a cidade que se agitava em suas lides costumeiras. Na véspera, nau francesa aportara, trazendo passageiros e correspondência para a galante capital brasileira. Gaston d'Arbeville, porém, não fora contemplado sequer com uma missiva e ele, que havia muito não lograva notícias da pátria, nessa tarde se reconhecia grandemente conturbado, o coração estorcido por dilaceradoras saudades. Que se passaria na França?... Como resistir a outros longos meses de expectação?...

— Vai, meu bom Roland — ordenou ao servo —, e indaga quando retorna à França essa embarcação... Arriscarei tudo! Não posso mais, não posso mais!... Necessito rever minha mãe, rever Henriette, ou não terei ânimo de prosseguir!...

— Mas... Senhor! Voltar à França?...

— Não importa, irei! Vai!...

Uma hora depois, Roland encontrava-se ainda ausente. O professor emérito transitava de uma sala a outra, iniciando nova aula, quando um aluno, aproximando-se, o advertiu, após solicitar a devida licença:

— Senhor, acham-se no salão de visitas duas damas, que lhe desejam falar...

— Quem são?... — interrogou, indiferente, o "divino Apolo" de outros tempos.

— Negaram-se a declinar os nomes... Trazem luto pesado...

— Recebê-las-ei após a aula... Roga-lhes a fineza de aguardarem alguns minutos...

O aluno, porém, como todo doidivanas, ansioso pelo regresso ao lar, esqueceu-se de informar o mestre de que as damas de luto se haviam expressado em francês, e que ele próprio só com muito esforço pudera compreendê-las...

No entanto, fora iniciada a aula com minúcias próprias do professor consciencioso. Era a História. D'Arbeville apaixonava-se, os alunos aparteavam, as lições eram interessantes. Finalmente, terminou. Desceram os jovens entre algaravias e risos álacres. O professor só então se lembrou das visitantes. Dirigiu-se ao salão e entrou com desembaraço e despreocupação, fechando a porta que o reposteiro encobria...

Então, vagarosamente, como emocionadas, as duas senhoras se ergueram das pesadas poltronas de jacarandá em que se sentavam. Ele cortejou-as como o faria num salão de Paris, compreendendo-as de trato fino. Os véus espessos e negros que ambas traziam, velando o rosto, não permitiram ao marquês reconhecê-las de pronto. E, enquanto uma enxugava duas lágrimas com a ponta do lenço negro, a outra, que parecia mais moça, suspendia lentamente o véu com as mãos trêmulas, olhos enxutos fixos nele, muda e pálida como um espectro. E quando aquele rosto pálido foi, finalmente, contemplado; quando aqueles olhos enxutos foram reconhecidos, ele nada pôde dizer — caiu, reverente, aos pés daquela dama trajada de negro, abraçou-lhe, como louco, os joelhos, beijou-lhe as vestes, banhado em lágrimas, e murmurava, apenas, como se toda a sua vida e a sua alma, todo o seu ser e a sua desgraçada história se resumissem num único nome:

— Henriette! Henriette! Henriette!...

As duas senhoras eram, com efeito, Henriette e sua mãe!

Quatro meses depois, no majestoso templo de São Francisco de Paula, no Rio de Janeiro, Gaston Augustus d'Arbeville, marquês de Saint-Pierre, unia-se pelos sagrados laços do matrimônio a Henriette-Claire-Flavie de Lacordaire.

Parecendo ter voltado à primavera dos 20 anos, a noiva trajada de musselinas brancas, como durante a juventude; e sua fronte formosa ornamentada de cachos louros, que desciam, contornando o alvo pescoço, e a cauda suntuosa do vestido magnífico emprestavam-lhe o fascínio de uma princesa de balada advinda dos planos do ideal para a glória de um herói, enquanto o discípulo do Sr. Allan Kardec, como que concentrado à face de Deus, comovia-se até as lágrimas no enleio daquela ventura com que havia vinte anos sonhava, e a qual, finalmente, lhe era concedida pelas leis harmoniosas do Todo-Poderoso...

Conclusão

"E, chamando um dos servos, perguntou-lhe que era aquilo: Veio teu irmão; e teu pai matou o bezerro cevado, porquanto o recuperou são e salvo. Indignou-se, porém, ele, e não queria entrar. E saindo o pai, o rogava. Mas, respondendo ele, disse ao pai: — Eis que te sirvo há tantos anos, e nunca transgredi o teu mandamento, e nunca me deste um cabrito para alegrar-me com os meus amigos. Vindo, porém, este teu filho que desperdiçou a tua fazenda com as meretrizes, mataste o bezerro cevado para ele. E ele lhe disse: — Filho, tu sempre estás comigo, e todas as minhas coisas são tuas... Portanto, era justo alegrarmo-nos e folgarmos...

(Jesus Cristo – Parábola do Filho Pródigo
– *Lucas*, 15:26 a 32).

No entanto, se as atenções dos circunstantes não se encontrassem tão empolgadas pelo acontecimento social a que gradualmente assistiam entre risos de felicidade e hinos festivos, seria bem certo que suas percepções psíquicas, alongando-se pelo Invisível, teriam desvendado impressionante complemento, que ali mesmo se desenrolava enquanto os nubentes eram unificados pela lei da época.

Seres de Além-Túmulo rodeavam-nos, trazendo amorosos votos de ventura e paz, compartilhando das alegrias que a todos dominavam. Georges, o irmão abnegado, o amigo incomparável, mais radioso e sorridente, trazia braçadas de rosas, que se despetalavam sobre o casal enquanto se diluíam em orvalhos cintilantes para aureolarem o recinto, engalanando-o de luzeiros celestes. Mais aquém, junto dos desposados, felizes e risonhos como nos dias de doce convívio no vetusto solar da Normandia, o velho marquês de Saint-Pierre e Assunción contemplavam o filho querido, enternecidos, bendizendo a Deus na singeleza de preces extraídas dos recônditos da alma.

Não obstante, outro comparsa havia que se revelava conturbado e estupefato, não se harmonizando com o júbilo dominante, antes sofria, oprimido e humilhado em presença de quantos ali festejavam a vitória da redenção sobre as trevas do pecado — era o odioso espírito de Flávio Henri de Lacordaire. E mais para trás, como intentando furtar-se às atenções estranhas, o vulto pesado e trágico do suicida obsessor de Florença — Guido de Vincenzio... O despeito, o espanto, a indignação a custo sopitada acentuavam as atitudes do antigo visconde, cujo espírito agora se entrechocava com as realidades do Além. Não compreendia a filha e o detestado d'Arbeville homenageados também pelo Invisível, no momento dos esponsais. Protestava com veemência contra a união que considerava sacrílega, uma vez que eram cúmplices de um crime abominável, ao passo que ele, visconde, homem de princípios austeros e conduta irrepreensível no seio da sociedade, era relegado à obscuridade e ao insulamento, no Mundo Espiritual...

Entretanto, Guido confessava-se vencido, exausto!... Atirara-se ao chão, desfeito em lágrimas convulsas, tocado por insuportável desgosto contra si mesmo, finalmente compreendendo que errara, trilhando os caminhos da vingança, pois que, fazendo sofrer tanto Gaston de Saint-Pierre (o Léon de Lesparres, de Florença), auxiliara a marcha do seu progresso, precipitando ele próprio, Guido, a reparação que aquele lhe devia; e assim contribuindo para a remissão dos seus delitos e a conquista do anelo supremo de sempre: o amor de Henriette Flavie (a formosa Adélia de Molino, de outrora)! Compreendia ainda que a vingança exercida de nada lhe aproveitara, a ele, pois, não só lhe não remediara os sofrimentos como até lhe sobrecarregara a consciência com responsabilidades gravíssimas, imprevisíveis, cujo panorama o estarrecia de pavor...

Amor e ódio

Um vulto níveo, como envolto em névoas beijadas de sol, aproximou-se da infeliz entidade do Invisível. Era uma mulher jovem e formosa qual obra clássica de Florença, coroada de lindas flores, como que preparada para os triunfos do noivado. Não sorria, não chorava, não pronunciava sequer um monossílabo. Apenas seus olhos claros e luminosos fitavam tristemente Guido, alongando-se até Flávio Henri, velados por sublime sentimento de compaixão, Flávio contemplou-a. Incontida surpresa, misto de deslumbramento e pavor atingiu o mais recôndito do seu espírito. O passado fruído em Florença, pelos albores do século XVIII, elevou-se, como extraído por insólitas comoções das suas profundidades conscienciais, facultando-lhe o comovente ensejo de reeditar a própria vida de então, por meio das recordações que se fizeram novamente realidade, quando, então, vivera sob a indumentária carnal de Urbino de Vincenzio. Aquela jovem mulher era a mãe de Guido, morta no segundo ano dos esponsais realizados por um grande amor, e cujo desaparecimento deixara o esposo enlouquecido de pesar, cristalizado numa dor inconsolável. Ela aproximou-se do desgraçado filho. Enlaçou-o nos braços amorosos, falando-lhe docemente aos ouvidos qual anjo guardião ensinando-lhe os caminhos da esperança; recompôs-lhe os cabelos revolucionados, ajeitou-lhe as vestes em desalinho, deitou bálsamos e ataduras à ferida da garganta, tomou-lhe, mansamente, da mão crispada, o punhal rubro de sangue e deitou-o fora, beijou-lhe cem vezes as faces, os pobres olhos requeimados das lágrimas da desgraça...

Guido pendeu a cabeça exausta sobre o seio materno... e adormeceu, finalmente, para repousar e mais tarde renascer numa alvorada de redenção... Afastaram-se lentamente... e um velário de névoas encobriu-os pela imensidão do Infinito...

Comovido, o velho senhor de Saint-Pierre interrogou Georges, que se fizera pensativo:

— Retira-te, então, meu filho, gravitando para esferas de paz, na fruição de justo repouso, uma vez cumprida a missão que te impuseste junto de Gaston e Henriette?...

— Oh, não! — protestou veemente. — Henri de Lacordaire e Guido de Vincenzio necessitam de auxílio fraterno a fim de se reerguerem da queda em que se precipitaram levados pelo desamor e pelas vinganças... Foram nossos leais amigos, meu pai!... Muito lhes devemos outrora, em Florença... Devotar-me-ei a ambos, daqui para o futuro... e o Céu permitirá que algo realize em benefício deles...

— Sim, foram nossos leais amigos!... Seguir-te-ei na tarefa santa, meu filho, coadjuvando teus esforços... — replicou Augustus d'Arbeville, enquanto Assunción, ternamente enlaçando o companheiro, acudiu prestimosa:

— E eu imitarei teu gesto, meu caro Augustus! Cooperarei convosco no auxílio devido ao próximo...

Então, em meio das harmoniosas vibrações que dulcificavam o ambiente, e enquanto os hinos maviosos ressoavam pelas abóbadas do templo, em honra aos desposados, a forma resplandecente de Instrutor, o guia espiritual da pequena falange que nos serviu de personagens, tornou-se visível às entidades espirituais ali reunidas, as quais se quedaram em atitudes reverentes, como atemorizadas. Virou-se para o antigo visconde, que prosseguia vociferando seus blasfemos despeitos, e que, à sua vista, se aturdiu vexado e temeroso, e deixou cair sobre sua ulcerada consciência esta tremenda advertência:

— Flávio de Lacordaire! Tu e Gaston d'Arbeville acabais de encarnar um dos mais impressionantes e sugestivos ensinamentos do divino Mestre da Galileia — a Parábola do Filho Pródigo!

"Gaston é aquele filho desassisado que tornou à casa paterna arrependido e humilhado, depois de muito haver errado, é certo, mas também após sofrer o máximo pelos testemunhos com que expiou os delitos cometidos, enquanto perdoou aos algozes encontrados na romagem das reparações, reeducado, aos embates da dor, para os serviços do progresso. Tu, porém, és o filho egoísta da mesma luminosa mensagem. Não praticaste as abominações de que o outro se fez réu, é bem verdade. No entanto, contra ele próprio — teu irmão diante da suprema Lei — exerceste a atrocidade das vinganças, fiel a um orgulho e a um egoísmo que te incapacitaram para qualquer gesto que se harmonizasse com as leis de fraternidade preconizadas na regra áurea que encerra a glória de todas as conquistas do Espírito: 'Amar a Deus sobre todas as coisas e o próximo como a si mesmo'.[47]

"Perdeste a existência que acabas de deixar, Flávio de Lacordaire! Cumpre agora voltar aos proscênios terrestres, retomar um fardo carnal, renascendo em círculo obscuro e modesto, a fim de combateres o orgulho e o egoísmo que te perderam, palmilhando um calvário de reabilitação para o teu espírito... ao passo que Gaston, redimido, entra em fase nova de progresso moral e espiritual, dedicando-se a realizações benemerentes com os poderosos, adamantinos dons que distinguem a sua personalidade valorosa!... No Céu, Flávio de Lacordaire, além, onde resplandecem as superiores inteligências irradiando proteção para o planeta e dirigindo seus destinos, lavra intenso júbilo ante a conversão do meu muito amado Gaston às leis do Amor, do dever e da justiça, e todos se glorificam na misericórdia do Altíssimo,

> '...porque este meu filho estava perdido e foi achado, estava morto e reviveu.'
>
> (Jesus Cristo – Parábola do Filho Pródigo
> – *Lucas*, 15:32)."

FIM

---

[47] N.E.: Lucas, 10:27.

LITERATURA ESPÍRITA

Em qualquer parte do mundo, é comum encontrar pessoas que se interessem por assuntos como imortalidade, comunicação com Espíritos, vida após a morte e reencarnação. A crescente popularidade desses temas pode ser avaliada com o sucesso de vários filmes, seriados, novelas e peças teatrais que incluem em seus roteiros conceitos ligados à Espiritualidade e à alma.

Cada vez mais, a imprensa evidencia a literatura espírita, cujas obras impressionam até mesmo grandes veículos de comunicação devido ao seu grande número de vendas. O principal motivo pela busca dos filmes e livros do gênero é simples: o Espiritismo consegue responder, de forma clara, perguntas que pairam sobre a Humanidade desde o princípio dos tempos. Quem somos nós? De onde viemos? Para onde vamos?

A literatura espírita apresenta argumentos fundamentados na razão, que acabam atraindo leitores de todas as idades. Os textos são trabalhados com afinco, apresentam boas histórias e informações coerentes, pois se baseiam em fatos reais.

Os ensinamentos espíritas trazem a mensagem consoladora de que existe vida após a morte, e essa é uma das melhores notícias que podemos receber quando temos entes queridos que já não habitam mais a Terra. As conquistas e os aprendizados adquiridos em vida sempre farão parte do nosso futuro e prosseguirão de forma ininterrupta por toda a jornada pessoal de cada um.

Divulgar o Espiritismo por meio da literatura é a principal missão da FEB, que, há mais de cem anos, seleciona conteúdos doutrinários de qualidade para espalhar a palavra e o ideal do Cristo por todo o mundo, rumo ao caminho da felicidade e plenitude.

Edições
AMOR E ÓDIO

EDIÇÃO	IMPRESSÃO	ANO	TIRAGEM	FORMATO
1	1	1957	5.033	13x18
2	1	1958	10.000	13x18
3	1	1976	10.000	13x18
4	1	1981	5.100	13x18
5	1	1983	10.200	13x18
6	1	1985	5.100	13x18
7	1	1986	10.200	13x18
8	1	1987	20.200	13x18
9	1	1991	15.000	13x18
10	1	1994	10.000	13x18
11	1	1996	3.500	13x18
12	1	1997	10.000	13x18
13	1	2003	1.000	12,5x17,5
14	1	2004	2.000	12,5x17,5
15	1	2004	2.000	14x21
15	2	2008	2.000	14x21
15	3	2010	2.000	14x21
15	4	2011	2.000	14x21
16	1	2013	3.000	16x23
16	2	2014	3.000	16x23
16	3	2017	2.100	16x23
16	4	2018	1.000	16x23
16	5	2020	350	16x23
16	6	2022	50	15,5x23
16	IPT*	2022	350	15,5x23
16	IPT	2023	550	15,5x23
16	IPT	2024	450	15,5x23
16	10	2025	1.000	15,5x23

*Impressão pequenas tiragens

FEB editora
Livro espírita para um novo mundo
www.febeditora.com.br
@febeditoraoficial
@febeditora

Conselho Editorial:
Carlos Roberto Campetti
Cirne Ferreira de Araújo
Evandro Noleto Bezerra
Geraldo Campetti Sobrinho – Coord. Editorial
Jorge Godinho Barreto Nery – Presidente
Maria de Lourdes Pereira de Oliveira
Miriam Lúcia Herrera Masotti Dusi

Produção Editorial:
Elizabete de Jesus Moreira

Revisão:
Elizabete de Jesus Moreira
Neryanne Paiva

Capa e Projeto Gráfico:
Ingrid Saori Furuta

Diagramação:
Rones José Silvano de Lima – instagram.com/bookebooks_designer

Foto de Capa:
Jecki | istockphoto.com

Normalização Técnica:
Biblioteca de Obras Raras e Documentos Patrimoniais do Livro

Esta edição foi impressa A. S. Pereira Gráfica e Editora Ltda., Presidente Prudente, SP, (Impress), com tiragem de 1 mil exemplares, todos em formato fechado de 155x230 mm e com mancha de 116,4x179,9 mm. Os papéis utilizados foram o Off white bulk 58 g/m² para o miolo e o Cartão 250 g/m² para a capa. O texto principal foi composto em fonte Minion Pro 11,5/15,2 e os títulos em Filosofia Grand Caps 24/25. Impresso no Brasil. *Presita en Brazilo.*